AF332624

FACULTÉ DE DROIT DE PARIS.

THÈSE

POUR LE DOCTORAT.

L'acte public sera soutenu le mercredi 22 janvier 1862,
à deux heures,

Par GEORGES DUBOIS,

AVOCAT A LA COUR IMPÉRIALE DE PARIS.

Président : M. DURANTON, Professeur.

Suffragants :
- MM. PELLAT,
- ORTOLAN,
- COLMET-DAAGE,

} Professeurs.

- GIDE, Agrégé.

Le Candidat répondra aux questions qui lui seront faites sur les autres matières de l'enseignement.

PARIS,

CHARLES DE MOURGUES FRÈRES, SUCCESSEURS DE VINCHON,
IMPRIMEURS-ÉDITEURS DE LA FACULTÉ DE DROIT DE PARIS,
Rue J.-J. Rousseau, 8.

1862.

DES MUNICIPES
DANS LE DROIT ROMAIN.

INTRODUCTION.

1. L'unité politique, de laquelle résultent tant d'avantages incontestables, peut aussi, lorsqu'elle est poussée jusqu'à l'excès, présenter de graves dangers. Si le jeu régulier d'institutions municipales permanentes et sérieuses ne vient point entretenir la vie locale, que l'action du pouvoir central tend naturellement à absorber, la force qui devrait naître de l'union ne tarde pas à faire place à la faiblesse qu'engendre l'inaction. Le repos funeste auquel se trouvent condamnés les différents éléments du corps politique, privés de l'initiative qui seule peut les vivifier, doit amener partout la langueur et le dépérissement; et semblable à un corps dont les forces

vitales abandonneraient les extrémités pour refluer simultanément vers le centre, le corps social se verrait
exposé à périr par la concentration exagérée de l'action
administrative, dont la circulation toujours trop lente ne
suffit point pour entretenir dans ses membres le mouvement et la vie. Groupées, au contraire, autour d'un même
centre, auquel elles se rattachent sans s'y assimiler, et
reliées entre elles par des intérêts communs qui les
unissent sans les confondre, les unités élémentaires dont
la réunion politique constitue l'*État* contribuent, par
l'exercice libre et spontané de leur activité individuelle,
à sa prospérité ainsi qu'à sa grandeur, car c'est par l'établissement d'un régime municipal large et complet que
les forces d'une nation peuvent se développer sans
s'épuiser.

2. L'existence d'un semblable régime chez les Romains ne fut pas une des moindres causes de leur pro-
digieuse fortune : il convient de découvrir dans l'indépendance communale que la république avait coutume
de laisser aux villes dont elle s'était rendue maîtresse,
une des sources principales des vertus civiques qui dis-
tinguaient les citoyens Romains, et particulièrement de
cet attachement invincible au sol de la patrie, qui soutint
leur courage au milieu des plus redoutables épreuves.
La participation des habitants des cités à l'administration des affaires locales servait de préparation aux travaux et aux luttes inséparables du gouvernement de la
chose publique, et la vie municipale était, pour ainsi
dire, l'école de la vie politique. En même temps, les ressources naturelles ou artificielles du territoire se déve-
loppaient avec une heureuse fécondité, sous la direction

intelligente d'une administration toujours active, qui exerçait son action de près et se trouvait ainsi suffisamment éclairée sur les besoins qu'elle devait satisfaire, et sur les intérêts qu'il lui appartenait de favoriser.

L'État était une association des cités, nées elles-mêmes de l'association des familles, de telle manière qu'à la faveur de ce système, inspiré par le respect de la dignité de l'homme, la personnalité de l'individu se manifestait librement et n'était point absorbée par celle de l'État.

D'autre part, les liens politiques qui rattachèrent bientôt à Rome les populations voisines, par la concession qui leur fut faite du droit de cité, suffisaient pour réunir en un faisceau tous ces éléments divers, et pour assurer à la puissance romaine le concours dévoué de tous les citoyens : unis pour la sauvegarde de leurs intérêts communs, séparés pour l'administration de leurs affaires individuelles, les membres de ce grand corps de nation conservaient leur indépendance respective sans méconnaître leur solidarité.

Au point de vue politique, l'unité était complète : les Romains avaient deviné, avec l'admirable perspicacité qui caractérisait leurs vues en pareille matière, que cette unité politique était aussi nécessaire pour former une nation compacte et résistante que la variété municipale pouvait l'être pour faire des hommes intelligents et actifs, et, en rejetant le système fédératif, que l'expérience moderne paraît brutalement condamner, ils avaient sagement écarté des chances nombreuses de rupture et de désunion.

3. L'excès d'autonomie peut, en effet, devenir aussi fatal que l'excès de concentration ; ce fut lui qui perdit

les républiques de la Grèce : leur instinct exagéré d'isolement municipal prépara leur décadence, et permit de les réduire plus facilement en servitude. En Grèce, comme auparavant en Phénicie, les confédérations étaient surtout en faveur : les cités qui avaient une même origine demeuraient complétement indépendantes les unes des autres, se bornant à établir des ligues pour leur défense commune. Non-seulement les différentes nations de la Grèce formaient une vaste confédération dite *amphyctionie*, mais elles créaient quelquefois entre elles des ligues particulières, telles que les ligues Achéenne, Étolienne, Béotienne, etc. Malheureusement, l'égoïsme local venait souvent compromettre les avantages qu'auraient pu leur assurer leurs libertés municipales, et leurs rivalités, qu'un simple lien fédératif n'était point assez puissant pour arrêter, ne tardèrent pas à amener leur désunion et leur ruine (1). Mais, si les cités de la Grèce constituaient, à proprement parler, autant de républiques indépendantes, les villes auxquelles les Romains laissaient l'autonomie de leur administration communale n'étaient que des *municipes*, c'est-à-dire qu'elles étaient autant d'unités dont le total formait une association politique unique.

---

(1) « La Grèce fut ivre de joie le jour où les Romains proclamèrent que « toute ligue était détruite et toute cité rendue à son isolement : elle se « croyait libre, elle devenait esclave ! » (Montesquieu, *Grandeur et décadence des Romains*, ch. 5).

PREMIÈRE PARTIE.

Les municipes au point de vue historique.

4. La politique que suivirent les Romains à l'égard des peuples amis ou ennemis présente un singulier caractère d'habileté. Tant que leur puissance fut dans l'enfance, ils cherchèrent à l'accroître en se faisant des auxiliaires, et, loin d'exterminer les vaincus ou de les réduire en servitude, ils s'appliquèrent à les incorporer aussi intimement que possible à leur état naissant, soit en leur octroyant libéralement le droit de cité romaine (1), soit en concluant avec eux des traités qui leur reconnaissaient une égalité de droits, de telle sorte que la suzeraineté de Rome sur les populations qu'elle soumettait était une espèce de patronage qui lui permettait de les dominer, sans porter atteinte à leur liberté (2). Plus tard, lorsqu'ils se virent en position de se suffire par leurs propres forces, ils mirent plus de réserve dans la concession du droit de cité : renonçant à ce système de ménagements désormais inutiles, ils cessèrent d'accorder aux peuplades vaincues des capitulations honorables et avantageuses, et s'attachèrent principalement à briser les liens qui les unissaient, en concluant avec elles des traités différents qui devaient semer entre elles la

---

(1) Cicéron, *pro Balbo*, 29, 33.
(2) Cic., *De officiis*, ii, 8 ; Ff., loi 7, De captiv. et postlim. revers.

désunion (1), et en leur interdisant formellement toute ligue et tout commerce (2). Cette absence de mesures générales, cet usage constant d'imposer à chaque peuple qui se soumettait des conditions particulières, produisirent bientôt une très-grande variété dans la situation des villes de l'Italie : il y eut des municipes, des colonies romaines ou latines, des villes alliées (*civitates fœderatæ*), etc. Les municipes, dont nous nous occupons spécialement et qui étaient toujours, dans le principe, des villes ayant conclu avec Rome des traités sur la base d'une isopolitie respective (*fœdus œquum*), éprouvèrent eux-mêmes les effets de cette diversité, et se subdivisèrent en plusieurs classes : tandis que les villes rattachées à Rome par de simples traités conservaient le nom de *municipia*, ce nom fut étendu aux anciens municipes qui avaient obtenu le droit de cité. Il y eut des municipes qui conservèrent leur indépendance ; d'autres en furent dépouillés. Les uns reçurent le droit de cité complet ; d'autres, la *civitas sine suffragio*. Enfin, les conditions qui leur furent imposées par les vainqueurs furent plus ou moins rigoureuses (3).

5. Nous diviserons en trois périodes cet aperçu historique du régime municipal. Pendant la première période, qui s'étend jusqu'à la fin de la guerre latine (416 *ab U. c.* = 338 av. J.-C.), les habitants des municipes n'ont jamais la qualité de citoyens romains. Pen-

---

(1) Cic., *pro Balbo*, 13 ; Tacite, *Ann.*, xi, 24 ; Tite-Live, xxvi, 24.

(2) T.-L., viii, 14 ; ix, 43.

(3) Pauly, *Realencyclopedie des classischen Alterthums*, v° *Municipium* (article de M. Rein).

dant la seconde, qui comprend le temps qui s'est écoulé depuis la fin de cette guerre jusqu'à la loi Julia (664 *ab U. c.* = 90 av. J.-C.), un grand nombre de municipes reçoivent la *civitas* soit complète (*optimo jure*), c'est-à-dire *cum suffragio*, soit *sine suffragio;* d'autres continuent de demeurer étrangers à la cité romaine. Enfin, la troisième période, pendant laquelle le régime municipal se développe, pour déchoir à partir du règne de Constantin, commence aux lois Julia et Plautia Papiria, qui élevèrent toutes les villes de l'Italie au rang de municipes, et leur accordèrent le droit de cité complet; dans les provinces, il y eut d'assez bonne heure des villes jouissant d'un régime municipal étendu, sans posséder la *civitas* romaine, jusqu'au moment où Antonin Caracalla fit des citoyens romains (1) des habitants de toutes les villes latines ou pérégrines de l'empire (2).

---

(1) Ff., l. 17, De statu hominum.

(2) Nous pensons avec MM. Niebuhr, Walter et Rein, que cette division en trois périodes peut servir à expliquer le passage suivant de Paul Diacre, v° *Municipium*, p. 127, éd. Müller, qui a donné lieu à une foule d'interprétations contradictoires : « Municipium id genus hominum dicitur, qui, cum Romam venissent, neque cives Romani essent, participes tamen fuerunt omnium rerum ad munus fungendum una cum Romanis civibus, præterquam de suffragio ferendo aut magistratu capiendo; sicut fuerunt Fundani, Formiani, Cumani, Acerrani, Lanuvini, Tusculani, qui post aliquot annos cives Romani effecti sunt. Alio modo, cum id genus hominum definitur, quorum civitas universa in civitatem Romanam venit, ut Aricini, Cærites, Anagnini. Tertio, cum id genus hominum definitur, qui ad civitatem Romanam ita venerunt, uti municipia essent sua cujusque * civitatis, et coloniæ, ut Tiburtes, Prænestini, Pisani, Urbinates, Nolani, Bononienses, Placentini, Nepesini,

---

   * Ce passage est évidemment corrompu; on doit lire : *Uti municipes essent suæ quisque...*, ou bien : *Uti municipia essent suæ cujusque.....*

CHAPITRE I.

LES MUNICIPES JUSQU'A LA FIN DE LA GUERRE LATINE.

(Première période.)

6. Dans le principe, les Romains traitaient les étrangers comme des ennemis (*hostes*), et leur reconnaissaient également le droit de faire subir les mêmes traitements aux citoyens romains qui tombaient en leur pouvoir ; mais, dans le but de prévenir les cruautés auxquelles cet usage barbare donnait naissance et les représailles qui en étaient la conséquence habituelle, ils ne tardèrent pas à former avec les peuples de l'Italie des liens plus ou moins étroits. Les conventions qu'ils avaient coutume de conclure en pareille circonstance avaient l'un des trois caractères suivants : *amicitia, hospitium,* ou *fœdus* (1).

Sutrini, Lucenses. » — Il nous paraît évident que, dans le premier paragraphe, Paul Diacre entend parler de ces habitants des villes amies qui, sans être citoyens romains (*neque cives Romani essent*), participaient, lorsqu'ils venaient à Rome, à tous les devoirs et à tous les droits des citoyens dans la sphère du droit privé, à l'exclusion de tout ce qui se rattachait au droit public : ce qui le prouve, c'est que les villes qu'il cite sont des villes du Latium (Tusculum, Lanuvium), ou de la Campanie (Cumes, Fundi, Formies, Acerra), qui reçurent plus tard, ainsi que l'atteste Tite-Live (VIII, 14), le droit de cité romaine (*qui post aliquot annos cives Romani effecti sunt*). Si le premier paragraphe a trait à la première période, il est vrai de dire aussi que le second se rapporte à la seconde période, pendant laquelle plusieurs villes reçurent la cité romaine en perdant leur autonomie (*quorum civitas universa in civitatem Romanam venit*). Enfin, le dernier paragraphe fait bien certainement allusion à ces villes auxquelles la loi Julia conféra le droit de cité sans leur enlever leur indépendance municipale (*ad civitatem Romanam ita venerunt, uti municipes essent suœ quisque civitatis*), et se réfère, par conséquent, à la troisième période.

(1) Ff., l. 5, § 2, De captiv. et postlim. revers.

L'*amicitia* était une simple convention d'amitié, par laquelle on stipulait que les différends seraient, autant que possible, réglés à l'amiable, et que les citoyens de chacune des deux nations seraient protégés sur le territoire de l'autre par la puissance publique (1).

L'*hospitium* était un contrat qui conférait les avantages et les honneurs de l'hospitalité. On distinguait l'*hospitium privatum*, formé entre particuliers qui s'engageaient réciproquement à se recevoir et à se défendre en justice (2), et l'*hospitium publicum*, qui se rattache plus particulièrement à notre sujet. Il pouvait être lui-même de deux espèces : il était accordé par une ville à un particulier (3) ou à une autre ville (4). Cette convention, analogue à la προξενία des Grecs, conférait au particulier, ou aux habitants de la ville avec laquelle elle était faite, une foule de droits réels et honorifiques (5).

---

(1) Ff., I. 19, § 3, eod. tit. — Rome fit une convention de ce genre avec Albe (Denys d'Halicarnasse, iii, 3), et à deux reprises avec Carthage (Polybe, iii, 22 et 24).

(2) T.-L., i, 45; xlii, 1; Aulu-Gelle, v, 13; Cic., *divin.*, 20. — Cette convention était symbolisée par un échange de présents et la remise d'une *tessera hospitalis* (Servius, *ad Æn.*, ix, 360; Plaute, *Pœn.*, v, 1 et 2).

(3) T.-L., i, 45; v, 28.

(4) Les Romains l'accordèrent à la ville de Cære après l'invasion des Gaulois (T.-L., v, 50; Aulu-Gelle, xvi, 13; Strabon, v, 2, § 3).

(5) Walter, *Geschichte des römischen Rechts bis auf Justinian*, nos 82 et 83. — M. Mommsen, *Römische Tribus*, p. 159, croit voir dans le sénatus-consulte *de Asclepiade Clazomenio* un décret relatif à l'*hospitium publicum*. — M. Rudorff (*De municipiis et municipibus*, Berlin, 1838) a cru trouver l'étymologie du mot *municipium* dans cet usage de solenniser par un échange de présents (*munera*) la formation du contrat d'*hospitium* : le mot *munus*, dit-il, a trois sens : celui de *donum*, celui d'*onus* et celui d'*officium*, et c'est dans ce dernier sens qu'il est pris par Varron (*de l. Lat.*, v, 179), Aulu-Gelle (xvi, 13) et Ulpien (loi 1, § 1, Ad municip.); mais, si l'on avait voulu donner

Le *fœdus* était un contrat qui emportait pour chacune des deux nations l'obligation de se prêter mutuellement, en cas de guerre, un secours effectif (1). Il conférait aux citoyens des deux États les mêmes droits que l'*amicitia* ou l'*hospitium* : quelquefois même, il les assimilait au point de vue du *commercium* et du *connubium*.

Dans les premiers temps, les mots *municipium* et *hospitium* furent employés comme expressions synonymes,

---

aux *municipes* leur nom à cause des *onera* ou *officia* qui leur incombent, on aurait dû les appeler *munifici* plutôt que *municipes*, de même que l'on donne le nom de *munifices* ou de *munifici* aux soldats chargés des *munera militaria* (ff., 1. 18, *De verb. sign.*; Végèce, *De re milit.*, ii. 7) : en effet, CAPERE *munera* serait inexplicable dans cette acception, et il faudrait absolument dire FACERE *munera*. Au contraire, cette locution se justifie d'elle-même dans le système d'interprétation qui donne au mot *munus* la signification de *donum*. Il était d'usage de donner et de recevoir des présents (*capere munera*) en concluant un *hospitium* : on donna donc tout naturellement le nom de *municipes* aux *hospites* à l'égard desquels existait l'usage de se faire réciproquement des présents publics, et le *publicum hospitium* lui-même tira de cet usage le nom de *municipium* ; mais il faut reconnaître que ce premier sens tomba en désuétude. Lorsque le droit de cité romaine cessa d'être un bienfait et fut imposé comme une charge, sans la jouissance du *jus suffragii* et du *jus honorum*, on n'entendit plus par *municipes* que des citoyens romains d'une espèce nouvelle, qui supportèrent les charges publiques sans avoir part aux honneurs de la cité; ce mot ne servit plus à désigner des hommes *qui dona caperent*, mais bien des hommes *qui munia * capesserent*. Ce changement d'acception provint aussi de ce que, lorsqu'une ville entrait dans la cité romaine, on cessait, à cause du nombre toujours croissant des ambassades (*legationes*) des peuples étrangers, et aussi du lien plus étroit qui unissait cette ville au peuple romain, de donner des présents à ses envoyés (Plutarque, *quæst. Rom.*, c. 40).

(1) Rome forma des alliances de ce genre avec les Sabins (Denys d'Halic., iii, 33, 4; v, 40; T.-L., i, 13), avec les Étrusques (T.-L., i, 55), avec Gabii (Denys d'Halic., iv, 50) et surtout avec les Latins.

* Le mot *munia* veut dire charges (ff., L. 239. § 3, *De v. s.*; Isidore, *Orig.*, ix, 4; xv, 2).

pour désigner la position faite à Rome aux citoyens d'une ville amie, et réciproquement : cette position était telle qu'ils y jouissaient de tous les avantages et y étaient assujettis à toutes les charges du droit privé. Plus tard, la dénomination de *municipium* s'appliqua aux villes soumises à la puissance romaine, et celle d'*hospitium* aux peuples étrangers seulement.

7. Pendant cette première période, les citoyens des municipes étaient, on le voit, des espèces d'alliés qui avaient stipulé des Romains, à titre de réciprocité, des avantages civils dont, naturellement, ils ne pouvaient faire usage que lorsqu'ils venaient s'établir à Rome : en pareil cas, ils étaient admis, sans toutefois devenir citoyens romains, à participer à tous les droits et à tous les devoirs privés des citoyens, notamment au *commercium* et au *connubium*, mais ils n'avaient point la jouissance des droits publics, tels que le *jus suffragii* et le *jus honorum* (1). Les Romains avaient formé des relations de ce genre avec les Latins (2) et les Herniques (3) : ainsi, lorsque les habitants de Cære prirent part aux charges de la cité romaine, tout en conservant leur autonomie et leurs lois propres, il fallut nécessairement inscrire sur une liste spéciale, dite *tabulæ Cæritum*, les *Cærites* qui venaient se fixer à Rome (4).

---

(1) Paul Diacre, loc. cit. C'est ce que confirme Festus, v° *Municeps*, p. 142, éd. Müller : « municipes erant, qui ex aliis civitatibus Romam venissent, « quibus non licebat magistratum capere, sed tantum muneris partem. »

(2) Denys d'Halicarnasse, iv, 95 ; vi, 95 ; Tite-Live, i, 49 ; ii, 33.

(3) Denys d'Halicarnasse, viii, 69, 72, 74 ; xi, 2.

(4) Walter, loc. cit., n° 85. — D'autres auteurs ne font remonter qu'à l'époque de la défection de Cære l'origine des *tabulæ Cæritum* (V. infra, n° 11).

CHAPITRE II.

LES MUNICIPES DEPUIS LA FIN DE LA GUERRE LATINE JUSQU'A LA LOI JULIA.

(Deuxième période.)

8. La ligue latine, formée par les Latins avec Tarquin l'Ancien, puis avec Tarquin le Superbe, avait été brisée et renouvelée à plusieurs reprises, notamment après la chute de la royauté et après l'invasion des Gaulois. Au commencement du cinquième siècle de Rome, les Latins voulurent s'arroger dans le gouvernement une part égale à celle des Romains, et tirèrent avantage de la guerre que ceux-ci soutenaient contre les Samnites pour faire valoir leurs prétentions : ils demandaient que l'un des deux consuls fût élu dans le Latium et que la moitié des sénateurs fût prise parmi les Latins (1). Ils furent complétement battus, quoiqu'ils fussent soutenus par les Campaniens et par quelques autres peuples (338 av. J-C. = 416 *ab U. c.*).

A la suite de cette guerre heureuse pour ses armes, Rome considéra comme brisés les anciens traités qu'elle avait conclus, et régla d'après des bases toutes nouvelles ses relations avec les différentes villes du Latium (2) :

---

(1) T.-L., vii, 25; viii, 3, 4, 5.

(2) Lanuvium fut la seule ville qui conserva sa position primitive, car Rome n'osa pas violer l'indépendance de cette ville ancienne, qui était son berceau; le *fœdus* qui avait été conclu avec elle fut renouvelé à la fin de la

quelques-unes d'entre elles reçurent le droit de cité plus ou moins complet ; d'autres formèrent avec Rome des alliances qui présentèrent un caractère très-varié (1). Le nom de municipes continua d'être conféré, de la même manière que pendant la première période, aux villes étrangères qui concluaient des traités avec Rome, dans le même temps que les anciens municipes, qui jouissaient depuis la guerre latine du droit de cité romaine, conservaient eux-mêmes cette dénomination. On doit donc faire, à cette époque, une double distinction entre les municipes : 1° au point de vue de l'étendue du droit de cité qu'ils avaient obtenu ; il y avait des municipes *cum suffragio* (2) et d'autres *sine suffragio ;* 2° au point de vue de leur administration intérieure ; il y avait des municipes qui avaient conservé une constitu-

---

guerre latine et répété chaque année, et l'union religieuse de Rome et de Lanuvium dura jusque sous l'empire (T.-L., VIII, 11 ; Macrobe, III, 4). — Cf. Rein, dans Pauly, *Realencycl. d. class. Alterth.*, v° *Municipium*.

(1) T.-L., VIII, 14.

(2) On a contesté (Peter, *Zeitschr. f. Alterthumswiss*, 1844, n°s 25 et suiv.,) que, d'après le système organisé en l'an 338 av. J.-Chr., les habitants d'aucun municipe eussent eu un droit de cité plus étendu que la *civitas sine suffragio :* la *civitas optimo jure*, dit-on, n'aurait été concédée que plus tard et par degrés, et l'on se fonde sur cette considération, que le droit de suffrage aurait donné aux Latins une influence prépondérante dans les comices, tandis qu'un certain nombre de citoyens vivant à Rome en étaient exclus. Mais cette exclusion était une exclusion de fait et non de droit, et, d'ailleurs, le petit nombre des villes latines qui devaient jouir du droit de suffrage et leur distance de Rome, où ce droit pouvait exclusivement être exercé, devaient contribuer à restreindre l'influence des Latins. Enfin, nous devons remarquer que l'on créa à cette époque deux tribus nouvelles (T.-L., VIII, 17), ce qui n'avait lieu que lorsque l'on faisait entrer dans la cité romaine de nouveaux membres *optimo jure*.

tion communale indépendante, un sénat et des magistrats particuliers ; d'autres, qui s'étaient fondus entièrement dans la république romaine, avaient perdu toute espèce d'existence politique (1). Il y a là deux divisions parallèles, complétement étrangères l'une à l'autre (2), et la seconde distinction, qui n'avait trait qu'à l'autonomie des municipes, n'avait aucune influence sur la question de savoir si les citoyens de ces municipes jouissaient ou non du droit de suffrage, question dont la solution dépendait uniquement de la volonté du peuple romain.

La concession du droit de cité romaine devint ainsi, suivant la manière dont ces diverses conditions furent combinées, un bienfait ou un châtiment. Pour beaucoup de villes, la concession de la *civitas sine suffragio*, accompagnée de la perte de leur existence communale, fut bien réellement une peine, car elle les mit dans une position subordonnée et inférieure à celle des peuples alliés ; pour d'autres villes, au contraire, telles que Fundi et Formies, cette même concession de la *civitas sine suffragio* (3), accompagnée du maintien de leur indépendance politique, fut un avantage véritable.

---

(1) Festus parle des premiers, tels que Cumes, Acerræ, Atella, lorsqu'il dit, v° *municeps* : « rempublicam separatim a populo Romano haberent. » Paul Diacre parle des autres, tels que Aricia, Cære et Anagnia, quand il dit, v° *municipium*, p. 127 : « Quorum civitas universa in civitatem Romanam « venit. » Cf. Rein, loc. cit.

(2) Beaufort, *La république romaine*, vii, 3 ; Giraud, *Introduction à l'étude du droit romain*, p. 106. — C'est ce qu'a méconnu Roth, *De re municipali Romanorum*.

(3) Fundi et Formies ne reçurent le *suffragium* qu'en l'an 188 av. J.-Chr., époque à laquelle elles entrèrent dans la tribu Æmilia (T.-L., xxxviii, 36).

9. Les principales villes qui conservèrent leur indépendance communale furent Tusculum (1), Lanuvium (2), Cumes, Atella, Calatia et Capoue (3) : la liberté de leur administration fut assurée par un sénat particulier et par des magistrats choisis dans des comices municipaux (4); l'assemblée du peuple y exerçait, comme à Rome, l'autorité première. Les traités qui furent conclus avec les villes qui n'entrèrent point dans la cité romaine, n'apportèrent aucun changement dans la constitution intérieure de ces villes et laissèrent même subsister, en principe, les liens politiques qui unissaient les différentes communes appartenant à un même peuple (5). Quant aux villes qui reçurent le droit de cité *sine suffragio*, elles ne tardèrent pas longtemps à obtenir les droits politiques qui leur manquaient, et plus de cent ans avant la guerre sociale la plupart des villes de la Sabine et du Latium, jusqu'au Liris et au Volturne supérieur, paraissent avoir été en possession de la *civitas optimo jure* (6).

---

(1) Tusculum avait reçu auparavant la *civitas sine suffragio*, et resta dans la même position (T.-L., viii. 37).

(2) Lanuvium, qui reçut le *suffragium* au moment où l'on créa deux tribus nouvelles (T.-L., viii, 13, 14, 17), conserva sa constitution municipale particulière; elle avait encore un dictateur à la fin du viie siècle (Cic., *pro Mil.*, 10).

(3) Tibur et Préneste perdirent une partie de leur territoire, mais restèrent des *civitates fœderatæ* (Polybe, vi, 14), ainsi que Naples.

(4) Cic., *De leg.*, iii, 16; *p. Clu.*, 8.

(5) Ces liens ne furent jamais brisés que d'une manière exceptionnelle (T.-L., viii, 14; ix, 43).

(6) Mommsen, *Römisches Münzwesen*. — Les villes latines continuèrent même après la dissolution de leur ligue, de s'appeler peuple du Latium, nom

10. C'est une question vivement controversée que celle de savoir si les municipes qui conservaient leur indépendance communale étaient forcés d'adopter le droit romain lorsqu'ils entraient dans la cité romaine. Elle paraît tranchée d'une manière affirmative par des passages de Tite-Live (1) et de Cicéron (2), qui nous apprennent que certaines villes aimèrent mieux conserver leurs lois particulières que de les laisser modifier en acceptant la *civitas*. L'autonomie dont jouissaient les municipes indépendants n'était donc pas absolue; mais, alors même qu'ils avaient reçu le droit de cité, ils n'étaient point obligés d'adopter le droit romain dans toute son étendue, et pouvaient, au contraire, conserver en partie leur ancien droit local (3), par exemple pour les questions d'administration intérieure, et même se donner de nouvelles lois, pourvu qu'elles ne fussent pas contraires au droit romain (4). Il est vrai que cette condition imposée au droit local de ne point se mettre en opposition avec les lois romaines, jointe à l'empressement que mirent à adopter le droit romain les villes qui

---

qui fut étendu au territoire des Volsques, des Herniques, des Èques, etc., après leur soumission, de telle sorte que le nouveau Latium s'étendit jusqu'au Liris (Pline, *Hist. nat.*, III, 9 ; Strabon, v, 3, § 4).

(1) IX, 43, 45.

(2) *Pro Balbo*, 8.

(3) Ce qui prouve que le droit municipal ancien subsistait dans ces villes, c'est que l'on vit Capoue, déchirée par des dissensions intérieures, demander à Rome des lois, ainsi que des *præfecti* pour veiller à leur exécution, tout en gardant son indépendance municipale (T.-L., IX, 20; XXIII, 2, 7, 35; XXIV, 19; XXVI, 6).

(4) Cic., *De leg.*, III, 15.

n'avaient pas encore la *civitas* (1), ne tarda pas à amener la transformation complète du droit indigène, qui finit par présenter une certaine unité de fait, longtemps avant l'établissement de l'unité légale.

11. A côté de ces villes qui conservèrent leur indépendance communale, il y en eut d'autres qui, au lieu de choisir elles-mêmes leurs magistrats, durent obéir à des *præfecti* envoyés par le peuple romain. Leurs habitants devenaient complétement des sujets de Rome et avaient à supporter des charges souvent fort lourdes. Aussi ces villes devinrent-elles presque désertes (2), à l'exception de celles auxquelles l'immigration de colons romains donna une vie nouvelle, comme Cære et Anagnia, et de celles auxquelles le sénat romain rendit en partie leur organisation municipale. La plupart du temps, cette absorption, par la république romaine, de municipes jadis indépendants fut une peine qui leur fut infligée pour cause de défection : Anagnia fut réduite à cette position pour avoir pris part à la guerre des Samnites (3) ; Cære perdit également son autonomie et la moitié de son territoire pour avoir abandonné les Romains en l'an 401 (4) ; enfin, Capoue et les autres villes de la Campanie éprouvèrent le même sort après leur défec-

---

(1) L'observation des lois romaines était indépendante de la jouissance du droit de cité, et était permise aux habitants des villes amies qui n'étaient point des *cives Romani*.

(2) On les assimilait à des villages : *locus comportandis condendisque fructibus*, dit Cicéron (*De lege agr.*, II, 33), *ut aratores cultu agrorum defessi urbis domiciliis uterentur*.

(3) T.-L., IX, 43.

(4) Dion Cassius, fr. 142 ; Aulu-Gelle, XVI, 13.

tion (1). Tous ces municipes, qui n'avaient que la *civitas sine suffragio*, devinrent des *præfecturæ* (2), c'est-à-dire que la juridiction d'un préfet envoyé de Rome pour rendre la justice au nom du préteur urbain fut substituée à la juridiction de leurs magistrats (3) : ils conservèrent néanmoins leur sénat et ceux de leurs magistrats qui n'avaient point pour mission de rendre la justice (4).

Cependant, cette fusion des municipes dans la cité romaine ne fut pas toujours une mesure de défaveur. Ainsi, la ville d'Aricia, que Cicéron qualifie de *antiquissimum et honestissimum municipium* (5), ne perdit son indépendance communale que par des motifs d'un ordre tout différent et dans des conditions infiniment plus favorables : le voisinage de Rome (6) permit de rattacher Aricia à cette ville par les liens les plus étroits, et ses habitants considérèrent comme un grand avantage la concession du droit de cité, qui leur fut faite en échange de la perte de leur indépendance communale, car ils

---

(1) T.-L., xxvi, 16. — Capoue avait eu, tant qu'elle était restée indépendante, un magistrat particulier, le *Meddix tuticus* (T.-L., xxiv, 19; xxvii, 6).

(2) T. L., xxii, 61; xxvi, 16, 33, 34; xxvii, **3**.

(3) On lit dans Festus, v° *Præfectura*, p. 233, ed. Müller : « Præfecturæ « eæ appellabantur in Italia, in quibus et jus dicebatur et nundinæ agebantur « et erat quædam earum res publica, neque tamen magistratus suos habe- « bant, in quas his legibus præfecti mittebantur quotannis qui jus dicerent.»

(4) En effet, quand Festus dit *neque magistratus suos habebant* (V. la note précéd.), le mot *magistratus* doit s'entendre, suivant le langage ordinaire, des *magistratus jure dicundo*, c'est-à-dire des duumvirs. Cf. de Savigny, *Hist. du dr. rom. au moyen âge*, ch. ii, § 14; et *infra*, n° 67.

(5) *Philipp.*, iii, 6.

(6) Cicéron, loc. cit., dit en parlant d'Aricia : *jure fœderatum, propinquitate pæne finitimum*.

reçurent la jouissance la plus absolue des droits politiques à Rome, la *civitas optimo jure* (1).

12. Au point de vue du droit privé, il n'y avait aucune différence entre les diverses espèces de municipes, et l'on n'avait point à distinguer s'ils avaient ou non la jouissance du droit de suffrage, s'ils avaient conservé ou perdu leur autonomie : ils jouissaient tous du *commercium* (2) ainsi que du *connubium* (3), à moins que la concession n'en eût été différée pendant quelque temps à titre de châtiment. De même encore, les citoyens de tous les municipes, quelle que fût leur situation politique, avaient Rome pour patrie commune du moment où ils acquéraient le droit de cité (4) ; par suite de la séparation des droits administratifs et des droits politiques, ils se trouvaient avoir deux patries : *alteram loci patriam, alteram juris* (5). Ainsi, Caton et Cicéron, qui étaient nés l'un à Tusculum, l'autre à Arpinum, avaient leur ville natale pour patrie de fait et Rome pour patrie de droit. Les citoyens de ces municipes pouvaient même exercer simultanément des fonctions politiques à Rome et des fonctions municipales dans leur ville : Milon, par exemple, était dictateur à Lanuvium lorsqu'il brigua le

---

(1) La plupart des habitants d'Aricia étant venus s'établir à Rome, cette ville devint plus tard une colonie (T.-L., LXXX).

(2) T.-L., VIII, 19.

(3) T.-L., XXIII, 4 ; XXVI, 33 ; XXXI, 33.

(4) A partir de Caracalla, Rome fut considérée comme la patrie commune de tous les habitants libres de l'empire (ff., L. 33, Ad municip.; L. 19, De interd. et relegat.; L. 6, § 11, De excubat.)

(5) Cic., *De leg.*, II, 1, 2 ; *De lege agr.*, II, 32 ; T.-L., XXIII, 5. — Ff., L. 33, Ad munic.

consulat (1). En effet, Rome représentant l'État, tous les citoyens de la république devaient être citoyens de Rome : le sénat romain était le sénat de la république ; les magistrats romains étaient les fonctionnaires de l'État, et non pas seulement les administrateurs de la ville.

13. Il importe de ne point confondre les municipes avec les colonies romaines. Ces colonies étaient composées de citoyens romains, que l'on envoyait dans les territoires nouvellement conquis : on sait, en effet, que Rome avait coutume d'enlever aux peuples vaincus le tiers de leurs terres, et que lorsque ces terres, qui devenaient *ager publicus*, n'étaient point vendues, on les assignait à des colonies, qui allaient s'établir dans le pays comme postes militaires (2), ou qui étaient créées uniquement dans le but de donner aux citoyens pauvres des terrains à cultiver (3). Les citoyens romains qui allèrent fonder ces colonies conservèrent le droit de cité complet, même le *jus suffragii* et le *jus honorum* dans la métropole (4), mais ils formèrent des communes nou-

---

(1) Cic,, *p. Mil.*, 10.

(2) Appien, *De bell. civ.*, i, 17 ; Siculus Flaccus, *De conditione agrorum*, p. 135, éd. Lachmann.

(3) T.-L., iii, 1 ; iv, 47 ; v, 24 ; Denys d'Hal., vi, 43, 44 ; vii, 13, 28. — Cette fondation de colonies par la *plebs* pauvre fut encouragée dans le même esprit que celui qui dictait les lois agraires : C. Gracchus et M. Livius Drusus favorisèrent dans ce but la fondation (*deductio*) de plusieurs colonies (Appien, *De bell. civ.*, i, 23 ; Plutarque, *C. Gracchus*, 6, 8, 9, 10 ; Velleius Paterculus, i, 15 ; ii, 6, 15).

(4) Madvig, *De jure coloniarum*, p. 244-254. — On a contesté que les habitants des colonies romaines eussent eu le droit de suffrage (Beaufort, *La républ. rom.*, vii, 4) ; mais ils avaient joui à Rome du droit de cité complet,

velles, qui s'administraient elles-mêmes. Quant aux anciens habitants des localités où des colonies furent établies, ils se trouvèrent placés dans une position subordonnée : il est probable qu'ils reçurent la *civitas sine suffragio*, mais ils ne prirent aucune part à l'administration communale; quelquefois, on leur permit, par exception, de se faire inscrire dans la colonie (1).

Nous venons de voir qu'au point de vue politique les colonies étaient sur le même pied que les municipes, car leurs habitants jouissaient de la *civitas optimo jure* et étaient rangés dans les tribus; nous devons en dire autant au point de vue administratif, car la constitution communale des municipes et des colonies était la même : même organisation des comices, même autorité du sénat, mêmes magistrats (2). La différence fondamentale, c'était que les colonies, organisées à l'image de Rome (3), étaient sorties du sein de la république romaine (4),

---

droit qu'ils ne pouvaient perdre en quittant cette ville, car il était attaché à la personne et non à la résidence, et ils continuaient de porter le titre de citoyens (coloniæ *civium* Romanorum). On peut invoquer, en outre, deux passages : l'un d'Appien (*De b. civ.*, i, 10); l'autre de Cicéron (*De or.*, ii, 71), qui parle d'un *colonus* chevalier romain, ce qui suppose qu'il jouissait du *suffragium*.

(1) T.-L., iv, 11 ; viii, 14.

(2) On a remarqué que les colonies avaient presque toujours à leur tête des *duumviri* et les municipes des *quatuorviri*. Cette proposition est exacte en ce qui touche l'Italie; mais l'on trouve aussi des exemples de *IIviri* dans les municipes (César, *De b. Gall.*, i, 30) et de *IIIIviri* dans les colonies (Orelli, t. iii, p. 155 de l'index ; Mommsen, *Inscr. R. Neap.*, index xxvi, v° *Duumviri*). En Afrique, par exemple, il n'est pas fait mention de *IIIIviri* dans les municipes. — D'ailleurs, nous verrons (*infra*, n° 68) que *IIIIviri* n'était qu'une appellation commune des *II viri jure dicundo* et des édiles.

(3) *Quasi effigies parvæ simulacraque populi Romani* (Aulu-Gelle, xvi, 13)

(4) *Ex civitate quasi propagatæ sunt* (Voet, ad tit. *Ad municip.*, ff., i).

tandis que les municipes étaient venus du dehors s'y adjoindre : on peut dire (1) que les colonies étaient les vrais enfants de Rome, tandis que les municipes n'étaient que ses enfants adoptifs (2). Il y avait aussi une autre différence de la plus haute importance : les municipes conservaient, en principe, leur droit local et n'étaient point obligés d'adopter purement et simplement les lois romaines ; les colonies, au contraire, n'avaient point de lois ni d'institutions particulières, et le droit romain était complétement en vigueur chez elles. Ce fut lorsque cette différence disparut, c'est-à-dire à l'époque où les lois romaines devinrent le droit commun de l'univers, que la distinction entre les colonies et les municipes s'effaça entièrement.

14. Avant de quitter l'étude de cette seconde période, il est indispensable de rechercher quelle était la condition des municipes et des colonies qui n'avaient point obtenu le droit de cité romaine, c'est-à-dire de rappeler ce qu'était le droit de latinité (*jus Latii*) et quelles étaient les modifications dont il était susceptible. La plupart des villes qui étaient restées fidèles à Rome pendant la guerre latine conservèrent le droit latin primitif, et l'on donna plus tard à leurs habitants le nom de *Latini veteres*, pour les distinguer des autres classes de Latins qui furent successivement créées. Le *nomen Latinum* conférait de nombreux priviléges, notamment le droit pour les Latins qui venaient à Rome de prendre part au vote, lorsqu'ils assistaient aux comices, dans une tribu

---

(1) Rein, loc. cit.
(2) T.-L., xxvii, 9 ; Polybe, xii, 10.

qui était déterminée par le sort (1), et des facilités très-grandes pour arriver à la cité romaine : ainsi, ils acquéraient le droit de cité complet en remplissant une magistrature municipale (2) et, comme ces magistratures étaient annuelles, les principales familles se trouvèrent bientôt en possession de ce droit (3) ; le bénéfice de la *civitas* pouvait être étendu à la femme et aux enfants du magistrat, et l'on voit même les tables de Salpensa (4) accorder la même faveur à ses ascendants ; mais c'était bien certainement un privilége personnel à ce municipe, car, en principe, l'avantage de l'acquisition du droit de cité ne remonte pas du fils au père (5). Ainsi encore, une loi octroyait le bénéfice du titre de citoyen romain à tout Latin qui venait s'établir à Rome et laissait dans sa patrie un enfant légitime pour perpétuer sa race (6) ; toutefois, l'on a conjecturé (7), non sans quelque raison, qu'il pouvait n'y avoir là qu'une mesure passagère, par laquelle on aurait excepté les Latins qui se trouvaient dans cette position, de l'expulsion prononcée d'une manière générale contre les Latins qui s'étaient introduits furtivement à Rome (8). Enfin, la loi Servilia Glaucia *De repetundis*, de l'an 650 *ab U. c.*, conféra la *civitas* à titre de récompense à tout Latin sur la poursuite duquel un magistrat

---

(1) Appien, *De b. civ.*, I, 23 ; T.-L., II, 33 ; XXV, 3.

(2) Gaïus, I, 96 ; App., II, 26 ; Strab., IV, 1, § 12 ; Orelli, 7168.

(3) Spanheim, *Orb. rom.*, c. VIII, p. 62.

(4) Ch. XXI.

(5) Giraud, *Les Tables de Salpensa et de Malaga*, p. 36.

(6) T.-L., XLI, 8.

(7) Becker et Marquardt, *Handbuch der römischen Alterthümer*, III, 1, p. 43.

(8) T.-L., XXXIX, 3 ; XLI, 8, 9 ; XLII, 10.

serait condamné pour concussion (*crimen repetundarum*) (1).

Dans la sphère du droit privé, les Latins jouissaient, en principe, du *commercium*, ainsi que le prouve un passage de Tite-Live (2), qui dit qu'un Latin pouvait valablement manciper ses enfants à un Romain ; d'ailleurs, les Latins étaient trop étroitement unis aux Romains, et leur droit tendait trop à se rapprocher des lois romaines pour que l'on eût pu leur refuser cet avantage (3). Nous croyons qu'ils jouissaient aussi du *connubium*, car les Campaniens eux-mêmes, privés du droit de cité à titre de peine, n'en reçurent pas moins le *connubium* sur leur demande (4). Il est vrai que les *Latini* artificiels qui furent créés plus tard n'eurent pas le *connubium*, et ceci nous amène à examiner la position des colonies latines (5).

15. On doit distinguer, suivant les époques, deux espèces de *colonies latines*. On avait désigné sous ce nom, avant la guerre latine, des colonies issues de l'ancienne alliance des Romains, des Latins et des Herniques, comme Antium, Ardée et Sutrium (6) ; il est probable

---

(1) Cic., *p. Balbo*, 24, 54.

(2) XLI, 8.

(3) De Vangerow, *Latini Juniani*, §19 ; Puchta, *Cursus der Institutionen*, I, § 63 ; Walter, *Gesch. des rôm. Rechts bis auf Just.*, n° 227.

(4) T.-L., XXXVIII, 36. — Niebuhr, *Histoire romaine*, II, 89 ; Walter, loc. cit., n° 215.

(5) Nous n'estimons pas qu'il convienne de ranger dans une classe à part les *Latini fundi*, c'est-à-dire les Latins qui avaient adopté les lois romaines en totalité ou en partie, ce qui n'était qu'un acheminement vers la *civitas*.

(6) Denys d'Hal., IX, 59 ; T.-L., IV, 11 ; Vell. Paterc., I, 14, 2.

qu'elles étaient subordonnées à la ligue, mais on ne sait rien de bien précis sur leur compte. Après que la ligue latine eut été dissoute, on désigna par la dénomination de *colonies latines* des colonies romaines jouissant du droit de latinité, telles que Lucérie, Albe et Sora (1); elles étaient fondées de la même manière que les colonies romaines, mais composées de Latins ou d'autres alliés sûrs (2) : aussi les appelait-on *coloniæ latinæ populi Romani*. Au lieu du *fœdus* qui existait autrefois avec les villes du Latium, elles reçurent une *formula* (3). Elles formaient des États (*civitates*) à part, n'étaient tenues d'observer les lois romaines que lorsqu'elles s'étaient rendues *fundæ* (4), et avaient le droit de battre monnaie (5). Voilà ce qui les distinguait des colonies romaines. Les colonies latines avaient le droit latin, avec les priviléges et charges qui y étaient attachés; mais il est presque certain que le *connubium* leur était refusé (6).

---

(1) T.-L., x, 1.

(2) Les citoyens romains n'entraient qu'en petit nombre dans ces colonies latines, car en s'y agrégeant ils perdaient leur droit de cité et encouraient la *media capitis deminutio* (Gaius, III, 56; Cic., *p. Cœcina*, 33, 98).

(3) Pline, *Hist. nat.*, III, 4, 37, parle de la *formula* de Nemausus.

(4) Cic., *p. Balbo*, 8, 21.

(5) Mommsen, *Röm. Münzwesen*, p. 228-234.

(6) Nous pensons que les colonies latines, qui eurent certainement, après la loi Julia, la jouissance du *commercium* (Ulpien, *Reg. jur.*, XIX, 4), l'avaient déjà auparavant. Un passage de Cicéron, *pro Cœcina*, 35, qui a soulevé de grandes controverses, a fait admettre par plusieurs auteurs, notamment par de Savigny (*Mémoires de l'Académie des sciences de Berlin*, 1812, 1813), et par M. Huschke, *Verfassung des Servius Tullius*, qu'une partie seulement des anciennes colonies latines jouissait du *commercium*; mais tout ce que l'on doit

16. Enfin, aux municipes et aux colonies il faut ajouter les *civitates fœderatæ* ou *liberæ*. Ces villes, qui étaient des chefs-lieux de districts et dans lesquelles le préteur tenait ses assises (*conventus*) (1), conservaient leur constitution municipale, leur sénat, leurs assemblées du peuple, leurs magistrats et leurs lois (2); elles s'administraient elles-mêmes, sauf le contrôle du magistrat romain (3). Du reste, la position de ces villes variait suivant qu'elles avaient reçu ou non des priviléges. Quelques-unes étaient, en apparence, tout à fait indépendantes et alliées de Rome (4); d'autres, qui furent déclarées libres par le sénat, obtinrent ainsi le droit de se gouverner à leur guise, et non-seulement de conserver leurs lois (5), mais de se donner encore des lois nouvelles, etc., en un mot, d'échapper à *l'imperium* direct du préteur

---

en conclure, c'est que le *commercium* des anciennes colonies latines, qui comprenait le droit de succession testamentaire, n'entraînait pas pour toutes le droit d'acquérir en vertu du testament d'un citoyen romain (*a civibus Romanis hereditates capere*). — Niebuhr soutient que ces colonies avaient le *connubium*, parce que Diodore dit, *Exc. de sententiis*, xxxvii, 10, que, pendant la guerre sociale, l'armée romaine de C. Marius et l'armée latine de Q. Popædius, lorsqu'elles se trouvèrent en présence, reconnurent l'une et l'autre des amis et des *alliés* dans les rangs ennemis; mais ce passage peut s'expliquer autrement. — Cf. Ulp., v, 4.

(1) T.-L., xxxi, 29 ; Cic., *In Verr.*, v, 11 ; César, *De b. Gall.*, i, 54 ; v, 1; vi, 44 ; vii, 1.

(2) Cic., *In Verr.*, ii, 13, 22 ; *ad Att.*, vi, 1, 15 ; vi, 2, 4 ; *ad fam.*, xiii, 19; *p. Flacco*, 30.

(3) Cic.; *In Verr.*, ii, 53, 55, 56 ; iv, 65, 66: *p. Flacco*, 19 ; *ad fam.*, iii, 8; xv, 4 ; *ad Att.*, vi, 1, 12: 2, 3.

(4) Cic., *In Verr.*, ii, 66 ; iii, 6 ; v, 19, 22, 51 ; Plutarque, *Pomp.*, 10.

(5) Ce n'était qu'à défaut de leur droit particulier que l'on avait recours au droit romain (Ff., L. 32, De legibus).

romain, et de jouir d'une véritable autonomie (1). On rencontrait dans toutes les provinces, à l'exception de la Sardaigne (2), de semblables *civitates immunes et liberæ;* elles étaient exemptes de tout impôt, notamment des impôts fonciers (*vectigalia*) dans les provinces, sinon pour leurs habitants (*incolæ*), du moins pour leurs citoyens (3).

CHAPITRE TROISIÈME.

LES MUNICIPES DEPUIS LA LOI JULIA.

(*Troisième période.*)

17. **A** la suite de la guerre sociale, que les peuples alliés avaient entreprise dans le but d'obtenir le droit de cité et une participation au gouvernement, l'Italie tout entière fut assimilée à Rome, qui fit habilement tourner au profit de l'établissement de l'unité juridique les prétentions que les Italiens avaient émises dans le but d'obtenir, en réalité, la communion du droit politique (4).

---

(1) Strabon XVII, 3. § 4; Plutarque, *Flaminin.*, 12. V. aussi plusieurs plébi-cites et sénatus-consultes individuels, tels que le *plebiscitum de Thermensibus :* plusieurs de ces villes, notamment celle de Thermessus en Pisidie, dont s'occupe ce plébiscite, prenaient sur leurs monnaies la qualificat on de αὐτονόμος (Orelli. 3673).

(2) Cic., *p. Scauro*, 44.

(3) Cic., *In Verr.*, III, 6, 40.

(4) Giraud, *Hist. du dr. franç. au moyen âge*, p. 121.

La loi Julia, rendue en l'an 664 *ab U. c.* — 90 av. J.-C., sur la proposition du consul L. Julius Cæsar, donna la *civitas optimo jure* aux villes restées fidèles, c'est-à-dire aux villes et colonies latines de l'Italie et à un certain nombre de villes alliées en Etrurie (1) ; l'année suivante, la loi Plautia Papiria, rendue sur la proposition des tribuns M. Plautius Silvanus et C. Papirius Carbo, conféra le droit de cité complet à toutes les autres villes de l'Italie, et étendit le même bénéfice aux étrangers qui, sans être citoyens de l'une de ces villes, résidaient en Italie lors de la promulgation de la loi, à la condition de se présenter devant le préteur dans un délai de soixante jours (2). Toutes les villes de l'Italie, anciennes villes alliées ou colonies, confondues désormais sous le nom commun de *municipia*, se considérèrent néanmoins comme indépendantes pour tout ce qui ne touchait pas à l'unité politique et juridique : c'est qu'à la différence des anciens municipes, qui avaient eu le droit de cité par la volonté du peuple romain, elles ne s'étaient rattachées à la république romaine que de leur propre gré. La condition sous laquelle les lois Julia et Plautia Papiria avaient offert la *civitas*, c'était l'acceptation de la loi dans son entier (3). Cette acceptation entraînait de plein droit la perte de l'indépendance politique, et la reconnaissance de Rome comme capitale et comme patrie commune ; les habitants des villes qui recevaient ainsi le droit de bourgeoisie ro-

---

(1) Cic., *p. Balbo*, 8, 21 ; Aulu-G., IV, 4, 3 ; Appien, *De b. civ.*, I, 49.

(2) Cic., *p. Archia*, 4 ; *ad fam.*, XIII, 30.

(3) *Qui populi in eam legem fundi facti non essent, civitatem non haberent* (Cic., *p. Balbo*, 8).

maine devaient supporter désormais toutes les charges imposées aux citoyens romains, adopter le droit romain dans toutes celles de ses parties qui étaient étroitement liées au droit de cité, telles que le *connubium*, la *patria potestas*, etc., et s'engager par avance à observer toutes les lois qui pourraient être portées à l'avenir. Aussi, plusieurs villes, telles que Naples et Héraclée (1), hésitèrent-elles sur le parti qu'elles devaient prendre; mais celles qui refusèrent la *civitas* ne pouvaient espérer conserver longtemps leur indépendance, et bientôt toutes les villes de l'Italie acceptèrent les *leges de civitate*. Les lois, les mœurs et la langue de Rome s'étendirent à toute la péninsule (2).

18. Pendant la troisième période, on voit donner encore à beaucoup de municipes et de colonies le nom de *præfecturæ*; on le maintint, en le détournant de son acception primitive, pour des municipes qui avaient le droit d'élire eux-mêmes leurs magistrats, Arpinum, par exemple (3). Le *præfectus* fut donc désormais non pas un magistrat envoyé de Rome, mais un magistrat choisi par la ville elle-même (4). Depuis la loi Julia, il n'y eut plus de *præfecturæ* dans le sens ancien du mot; mais, comme il y eut des *municipia* qui prirent le nom de *præfecturæ* avec la nouvelle acception, les auteurs conti-

---

(1) Cic., *p. Balbo*, 8.

(2) A partir de la loi Julia, on cessa en Italie de frapper des monnaies locales (Mommsen, *Röm. Münzwesen*, p. 27).

(3) Cic., *ad fam.*, XIII, 11 ; Valère-Maxime, VI, 9, 14 ; Horace, *Sat.*, I, 5, 34 ; Suétone, *Cal.*, 23 ; *Vesp.*, 1.

(4) V. *infra* n° 67.

nuent de distinguer les municipes, les préfectures et les colonies (1).

19. Il importe, en effet, de distinguer les colonies romaines des municipes, même après la loi Julia. Il est vrai que l'on rencontre souvent l'expression large de *municipium* appliquée à des colonies romaines (2); on peut s'expliquer l'inexactitude de ce langage, en songeant que la loi Julia assimila aux *coloni* romains les anciens habitants des colonies romaines, qui avaient été jusqu'alors dans une position inférieure (3), et que l'on put, en conséquence, désigner la ville dans son ensemble comme un *municipium* (4). Mais, toutes les fois qu'il fallait faire une distinction historique ou indiquer avec précision la position politique d'une ville, on eut soin, pendant les premiers siècles de l'empire, de ne point confondre les colonies romaines avec les municipes (5). Il est néan-

---

(1) Cic., *In Pison.*, 22; *Philipp.*, ii, 24; iv, 3, 7.— Lex Jul. munic., L. 95.

(2) C'est ainsi que Cicéron, *p. Plancio*, 9; *In Verr.*, v, 16, donne le nom de *municipium* à Lavicum et à Vibo Valentia qui, au dire de Tite-Live, iv, 47; xxv, 40, étaient des colonies romaines, et que l'on voit appeler Luca tour à tour colonie et municipe (T.-L., xli, 13; Vell. Paterc., i, 15; Pline, iii, 5, 8; Cic., *ad fam.*, xiii, 13). C'est ainsi encore qu'Ulpien (ff., L. 1, § 2, ad municip.) traite de *municipium* Puteoli, ancienne colonie romaine (T.-L., xxxii, 29; xxxiv, 45; Vell. Paterc., i, 15), colonisée de nouveau à plusieurs reprises par Auguste (Frontin, *de colon.*, 139), par Néron (Tacite, *Ann.*, xiv, 27) et par les empereurs Flaviens (Orelli, 1694, 3652, 3698). — On pourrait multiplier ces exemples.

(3) V. *supra*, n° 13.

(4) On se servit bientôt de cette expression même en dehors de l'Italie, et on l'employa d'une manière générale depuis Caracalla, qui donna à toutes les villes le caractère de municipes (Tac., *Ann.*, i, 20, 67; iv, 22; *Hist*, iii, 57; Ammien-Marcellin, xiv, 18; xxiii, 6; xxvii, 4).

(5) Cette règle fut surtout observée dans les inscriptions.—V. aussi Cicéron, *p. Sest.*, 14, et Pline, *Hist. nat.*, passim.

moins fort difficile de déterminer en quoi pouvait consister leur différence (1). L'autonomie législative des municipes subsista sans doute, dans une certaine mesure, après la loi Julia, et l'on voit les.mots *lex municipalis* ou *lex municipii* employés assez tard dans le sens de *loi rendue par le municipe* (2); mais, en fait, cette différence ne tarda pas à s'effacer; car le droit romain pénétrait toujours de plus en plus dans les municipes, tandis que les colonies prétendaient jouir de la même liberté, au point de vue de la confection de leurs lois locales (3). Cependant, l'espèce d'autonomie que les municipes italiens possédaient en droit plutôt qu'en fait, contribuait à rendre le nom de *municipium* plus considéré que celui de *colonia* (4). A tous les autres points de vue, notamment au point de vue des droits politiques, les colonies et les municipes étaient identiquement dans la même position, sauf les anciens priviléges qui avaient pu leur être maintenus (5). Dans les provinces, au contraire, le nom de *colonia* était très-probablement plus consi-

---

(1) Aulu-Gelle dit lui-même, XVI, 13 : *Municipia quid et quo jure sint quantumque a colonia differant, ignoramus.*

(2) V., par ex., la loi 11 au Code, *De emancipationibus liberorum.*

(3) C'est ainsi que Cicéron dit, *De lege agr.*, II, 31, en parlant de l'ancienne *præfectura* de Puteoli, devenue colonie : *Qui nunc in sua potestate sunt, suo jure libertateque utuntur.*

(4) Ainsi Préneste, qui était une colonie (Cic., *In Catil.*, I, 3 ; Orelli, 1831), pria Tibère de la transformer en municipe, nom qui lui rappelait son ancienne indépendance (Aulu-Gelle, XVI, 13) : il le fit en effet, car l'on a trouvé des inscriptions d'une époque postérieure qui qualifient cette ville de *municipium.*

(5) Auguste avait conféré un avantage à ses vingt-huit colonies, en permettant à leurs décurions de voter dans les comices de Rome sans même y assister, ce qu'ils faisaient en envoyant d'avance leur vote sous cachet (Suét., *Oct.*, 46);

déré que celui de *municipium*. En effet, il ne pouvait y être question d'autonomie législative, pas plus pour les municipes que pour les colonies, et ces deux classes de villes étaient rigoureusement soumises au droit romain, à moins que, lors de leur constitution en municipes, on ne leur eût laissé l'application de leur ancien droit local (1). Mais les colonies, sans avoir plus de liberté, avaient, en leur qualité d'images de la métropole (*effigies parvæ simulacraque quædam*), plus d'éclat et de considération (2).

20. Nous avons dit que les colonies latines avaient toutes reçu le droit de cité, par suite de la loi Julia ; cependant, il y eut encore après cette époque des villes qui portèrent ce nom : ce furent soit des villes nouvelles fondées avec le droit des colonies latines, soit des villes anciennes que des lois vinrent déclarer *coloniæ latinæ*, sans y faire venir de colons (3). Pompeius Strabon appliqua ce dernier système en grand aux villes de

---

ce privilége ne fut que de courte durée.— Cf. Rein (dans Pauly, *Realenc. d. class. Alterth.*, v° *Municipium*), que nous avons mis à contribution largement dans cette comparaison des municipes et des colonies.

(1) Ff., L. 2, § 3, ad senatuscons. Tertull.; L. 6, § 3, De decurion.; L. 4, De legation. — C., L. 1, § 10, De veteri jure enucl. — Vopiscus, *Aurel.*, 41 ; *Prob.*, 16, 17, 20.

(2) Ce fut cet attrait qui détermina certains municipes de province, tels que Utica et Italica, à demander la faveur de devenir des colonies (Aulu-Gelle, XVI, 13) Quelquefois aussi, cette requête était faite en vue de se rattacher plus étroitement à Rome, ou de se recommander à la protection de l'empereur, ou enfin de relever par une colonisation nouvelle une ville alors déchue (ff., L. 1, § 3, De censibus).

(3) C'est ce que l'on fit, par exemple, en Espagne pour la colonie de Carteja, composée d'affranchis (T.-L., XLIII, 3), et pour Agrigente (Cic , *In Verr.*, II, 50).

la Gaule transpadane (1), et César à plusieurs villes de la Sicile et de l'Espagne, ainsi qu'à la ville de Nîmes (2). Les habitants de ces nouvelles colonies latines ne jouissaient pas de l'ancien *jus Latii* complet : ils avaient le *commercium* (3), mais non le *connubium*, car ils étaient au fond des *peregrini* (4). C'est de cette espèce de *latinité artificielle* qu'entend parler Gaius (5), lorsqu'il mentionne les *Latini coloniarii*, auxquels furent assimilés, moins la capacité de disposer par testament, les affranchis rangés dans la classe des *Latini Juniani*.

21. Nous devons dire quelques mots d'une nouvelle classe de colonies, que l'on voit apparaître après la loi Julia, les *colonies militaires*, composées d'anciens soldats, citoyens romains, que leurs généraux récompensaient en leur assignant, en Italie ou dans les provinces, des villes avec leurs territoires, d'où l'on chassait les anciens propriétaires. Ce fut Sylla qui inaugura ce système comme dictateur, en abandonnant à des légions tout entières des municipes qui lui avaient été hostiles, comme Volaterræ et Fœsulæ, et en expulsant les anciens habitants (6). Son exemple fut suivi par César, par Antoine et par Octave, qui confisqua, pendant le triumvirat, dix-huit des villes les plus florissantes de l'Italie (7); lors-

---

(1) Pline, *Hist. nat.*, iii, 20, 138; Asconius, sur Cic., *In Pison.*, p. 3.
(2) Cic., *ad Att.*, xiv, 12; Dion Cassius, xliii, 39; Strabon, iv, 1, § 12.
(3) Ulpien, xix, 4.
(4) Ulpien, v, 4; Gaius, i, 79.
(5) i, 29; iii, 56.
(6) Appien, *De b. civ.*, i, 96, 100, 104; ii, 140, 141; Cic., *In Catil.*, ii, 9.
(7) Appien, *De b. civ.*, iv, 3; v, 3; et passim; Dion Cassius, xlvii, 14; xlviii, 2, 8; Suét., *Oct.*, 13; Vell. Paterc., ii, 74; Florus, iv, 5.

qu'il fut devenu empereur, il fonda encore d'autres colonies militaires, même dans les provinces, mais en indemnisant les habitants. Ses successeurs suivirent le même système (1). — Ces colonies eurent une administration municipale indépendante, un sénat, des magistrats, etc. Quant à la position qui fut faite aux anciens habitants, lorsqu'on s'abstint de les expulser, il faut distinguer : en Italie, ils restèrent dans leurs tribus et conservèrent la *civitas cum suffragio*, ainsi que le droit d'exercer des magistratures dans les colonies; dans les provinces, les *coloni* avaient seuls, en principe, le droit de cité; mais l'on accorda la *civitas* à quelques-uns des anciens habitants, et quelquefois à tous en masse (2).

22. Le bénéfice des lois Julia et Plautia Papiria, restreint d'abord aux villes de l'Italie, fut successivement étendu aux provinces les plus voisines. Dès l'an 665 *ab U. c.* (89 av. J.-C.), une loi Pompeia, rendue sur la proposition du consul Cn. Pompeius Strabo, donna le droit de cité aux Gaulois cispadans et fit de leurs villes des *municipia cum suffragio* (3), en même temps qu'elle conférait le droit de latinité aux habitants de la Gaule transpadane et traitait leurs villes comme des *coloniæ latinæ* (4). Quarante ans plus tard, César assimila la Gaule transpadane à la Gaule cispadane, en lui octroyant le bienfait de la *civitas* (5) : désormais, la Gaule cisal-

---

(1) Walter, *Gesch. d. röm. Rechts bis auf Just.*, ch. 25.

(2) Tacite, *Ann.*, xi, 24; T.-L., xxxiv, 9; Pline, *Hist. nat.*, iii, 4.

(3) Strabon, v, 1, § 1; Cic., *ad Att.*, i, 1; *Philipp.*, ii, 30; César, *De b. Gall.*, viii, 50, 51, 52.

(4) V. *supra* n° 20.

(5) Dion Cassius, xxxvii, 9; xli, 36; Tacite, *Ann.*, xi, 24.

pine tout entière jouissait du droit de cité. Néanmoins, elle resta pendant quelques années encore une véritable province, et ses municipes se trouvèrent dans une position particulière : la juridiction suprême y était exercée par un proconsul romain. Ce fut seulement lors de la division des provinces entre Octave et Antoine, en l'an 712 *ab U. c.* (42 av. J.-C.), que la Gaule cisalpine cessa d'être une province, pour être incorporée à l'Italie et régie comme elle (1). — Les empereurs concédèrent souvent la *civitas* à des particuliers (2); Marc-Aurèle l'accorda même à tous ceux qui la demandaient et payaient le droit exigé (3). Quand, plus tard, Caracalla donna le droit de cité à tous les habitants alors existant dans l'empire (4), ce fut une mesure générale, mais une mesure *du même genre :* elle n'empêcha pas qu'il n'y eût, par la suite, des *Latini* et des *peregrini.*

23. Bientôt, l'organisation municipale nouvelle fut étendue aux provinces situées hors de la péninsule. César avait fait le premier pas dans cette voie, en érigeant Gadès en municipe (5) : les empereurs se servirent de ce moyen pour récompenser les villes qui avaient bien mérité d'eux, en les transformant en *municipia cum suffragio* ou en *coloniæ civium Romanorum* (6). Ce fut

---

(1) Strabon, v, 1, §1 ; Cic., *Philipp.*, v, 12 ; César, *De b. Gall.*, v, 1 ; vi, 44 ; vii, 1.

(2) Auguste en avait été fort ménager (Suét., *Oct. Aug.*, 40), mais ses successeurs la prodiguèrent.

(3) Aurel. Victor, *De Cæsarib.*, 16.

(4) Ff., L. 17, De statu hominum.

(5) T.-L., cx ; Dion Cass., xli, 24 ; xliii, 39 ; Pline, *Hist. nat.*, v, 5.

(6) Telles furent les nombreuses colonies Juliæ, Claudiæ, Flaviæ, Ulpiæ, Trajanæ, Septimiæ, etc. — Dion Cass., liv, 7, 23 ; Tac., *Ann.*, xiv, 33 ; *Agric.*, 32 ; *Hist.*, i, 78 ; Pline, *Hist. nat.*, iii à vi ; Suétone, *Oct.*, 47.

surtout dans les provinces occidentales, notamment en Espagne et dans la Lusitanie (1), que ce système fut adopté, tandis que l'on ne trouve pas la moindre mention de municipes en Asie et en Grèce avant Caracalla. Cela s'explique, dit M. Rein, si l'on songe que la concession du droit de cité romaine aux villes d'Espagne était le seul moyen de les civiliser et de les rattacher à Rome, tandis que les villes des provinces orientales jouissaient déjà d'une vie municipale sagement organisée, et que le meilleur moyen de les attacher à la domination romaine était de leur laisser une vaine apparence d'autonomie, qui caressait leurs souvenirs d'indépendance. Quant à la Gaule, ce fut surtout par la fondation de colonies que l'on s'appliqua à la rendre romaine (2); système infiniment plus efficace, mais que l'éloignement empêchait d'appliquer en Espagne (3). — D'ailleurs, il n'était point nécessaire de conférer à une ville le droit de cité romaine pour lui donner une constitution municipale, et il y eut sous l'empire des *municipia latina*, tels que Salpensa et Malaga (4), à côté des *municipia civium Romanorum* (5).

---

(1) Pline, *Hist. nat.*, iii, 3, 4 ; iv, 35.

(2) La constitution municipale de Nîmes est appelée *formula* par Pline, *Hist. nat.*, iii, 4, 37.

(3) Cf. pour cette organisation municipale établie par les Romains : Ff., L. 5, § 1, De jur. immun.; L. 25, ad munic.; L. 1, § 2; L. 18, § 27, De muner.; L. 6, pr., Quod cuï ; Pline, *Ep.*, 114.

(4) Grut., 1092. 3 ; Muratori, 1107. 7. — Cf. Tables de Salpensa, xxviii, xxix *in fine* ; de Malaga, liv *in fine*. — Vespasien avait donné le droit de latinité à toute l'Espagne (Pline, *Hist. nat.*, iii, 3, 30) ; auparavant, Salpensa était *stipendiaria* et Malaga *fœderata*.

(5) Il est même probable que l'habitude de conférer le droit de latinité à des

24. C'est ici le lieu de dire quelques mots d'un droit particulier que l'on a appelé le *jus italicum*, et de rechercher s'il est exact de dire que, dans les provinces, l'indépendance de l'administration municipale était subordonnée à l'obtention de ce droit. Il est à peu près certain que la distinction entre l'Italie et les provinces ne date que de la loi Julia, qui fit à l'Italie une position à part en conférant le droit de cité à tous ses habitants; il est même probable que le *jus italicum* ne commença guère à se dessiner qu'à l'époque impériale, car un de ses caractères principaux, l'exemption des impôts directs, ne peut dater que du remaniement financier auquel se livra Auguste : en tout cas, nous pensons qu'il faut rejeter d'une manière absolue l'hypothèse d'un droit italique antérieur à la guerre sociale, car jusqu'à cette époque il n'apparaît aucune mesure d'ensemble applicable à l'Italie considérée comme unité politique, et s'il est souvent question de Romains et de Latins, on n'entend jamais parler d'Italiens; les principaux textes qui font mention du *jus italicum*, savoir l'*Histoire naturelle* de Pline (1) et le titre *De censibus* au Digeste (2), appartiennent, d'ailleurs, à une époque de beaucoup postérieure à la loi Julia. Nous croyons également, avec la majorité des auteurs, que ce droit ne fut jamais attaché à la personne et n'appartint jamais à des individus isolés, mais fut toujours conféré à des cités

---

villes fit établir un système de droit commun de régime municipal latin dont Salpensa et Malaga nous offrent le modèle.

(1) III, 4, 25.

(2) Principalement les lois 1, 6, 7 et 8.

entières (1) : c'était la forme ordinaire des priviléges accordés à des villes (2). On le concéda soit à des colonies, soit à des municipes, même à des villes qui ne jouissaient que du droit de latinité et qui se trouvèrent acquérir ainsi le droit de cité.

Le *jus italicum* comprenait les avantages que les villes de l'Italie avaient sur celles des provinces. Ces avantages étaient au nombre de trois : 1° *Au point de vue du sol :* les immeubles d'Italie (*prædia italica*) étaient seuls susceptibles de propriété parfaite *ex jure Quiritium*; les fonds de terre des provinces au contraire (*prædia provincialia*), qui étaient la propriété du peuple romain, n'étaient susceptibles que d'une sorte de possession ou d'usufruit (3) ; comme conséquence de cette distinction fondamentale, le sol italique était seul susceptible de la *mancipatio*, car il était *res mancipi*, de l'*in jure cessio*, de l'*usucapio*, de la *rei vindicatio*, de l'*exceptio annalis*, etc. ; c'était lui seul que frappait la règle de l'inaliénabilité de la dot; 2° *au point de vue des impôts :* l'Italie était exempte de l'impôt direct (*tributum soli* ou *capitatio*) (4), mais elle payait les nombreux impôts indirects (5), à moins qu'ils n'eussent un caractère communal, et les droits de succession, de vente et d'af-

---

(1) La loi 15, ff., De censibus, énumère les villes auxquelles il fut conféré.

(2) Cependant, elles ne recevaient quelquefois qu'une simple exemption d'impôts (ff., L. 8, De censibus) ; elles étaient alors *immunes*.

(3) Leur possesseur ne pouvait pas y faire un *locus religiosus*.—Inst., II, 1, 20; Cic., *In Verr.*, III, 6.

(4) Ff., L. 8, pr., §§ 5, 7, De censibus.

(5) Par exemple, les droits sur le transport des marchandises (*portorium*), qui furent, il est vrai, supprimés de bonne heure.

franchissement (1); quant à l'*annona*, prestation de fruits en nature, une partie seulement de l'Italie en était exemptée, savoir les environs de Rome, appelés *Italia urbicaria* par opposition à l'*Italia annonaria* (2); depuis Dioclétien, l'Italie paya tous les impôts, comme les provinces (3); 3° *au point de vue des personnes*: leur séjour en Italie leur conférait des priviléges, notamment pour les récompenses des unions fécondes (4), pour certaines exemptions (5), pour l'application de la loi Furia relative aux *sponsores* (6). — Nous sommes convaincu que le *jus italicum* n'avait aucune espèce d'influence sur la constitution communale des villes, car elle était la même en Italie et dans les provinces: ainsi, Salpensa et Malaga, villes latines, avaient une organisation municipale, et l'on trouve de nombreuses mentions de magistratures

---

(1) *Vicesima hereditatum, venalium, manumissionum.*

(2) Il est probable que les villes qui jouissaient dans les provinces du *jus italicum* n'étaient assimilées qu'à l'*Italia annonaria.*

(3) Au lieu de ces prestations modérées, destinées à l'entretien des troupes et de l'empereur, elle fut soumise au régime de l'impôt territorial proprement dit ou *tributum* (Aurel. Victor, *De Cæsarib.*, 39). Cf. C. Th., L. 6, L. 9, L. 12, De annon. et trib.

(4) Fr. Vat. 191, 192, 247; Inst., 1, 25, pr.; Ff., L. 3, §6; L. 4, pr., De muner.; L. 8, pr., De vacat.; C., L. 1, Qui numero; L. 5 et 6, De his qui numero; — rapprochées de cette circonstance que la loi 7, ff., De censibus, est empruntée au Commentaire de Gaius sur les lois Julia et Papia Poppæa.

(5) Ff., L. 19, De excusat.

(6) Gaius, III, 121, 122. — On a contesté, en l'absence de texte décisif, l'application de la loi Furia aux villes de province jouissant du *jus italicum.* On a également contesté l'application, au territoire de ces villes, des sénatus consultes qui imposaient aux sénateurs, et même à d'autres citoyens, l'obligation de placer une partie de leur fortune en fonds de terre italiques (Tac., *Ann.* VI, 17; Pline, *ep.*, VI, 19).

municipales dans les Gaules (1); or, il n'est pas probable
que le privilége du *jus italicum*, si restreint d'après
Pline et Ulpien, eût été accordé à la Gaule tout entière (2).

25. Revenons à l'étude des conséquences de la loi
Julia.

On ne voulut point abandonner aux nouveaux municipes seuls le soin d'organiser leur nouvelle administration communale, et de combiner le droit romain avec les
lois locales. Afin d'opérer une certaine unité, du moins
dans les traits généraux et les bases fondamentales, on
rendit des lois pour une circonscription déterminée, ou
bien l'on envoya de Rome des commissaires chargés
d'écarter du droit local les dispositions qui se trouvaient

---

(4) Orelli , t. ii, p. 214 et suiv.— On a objecté que la constitution d'Honorius de 418, relative à la diète qui devait s'assembler tous les ans à Arles, n'y
appelle que les lieutenants de l'empereur (*judices provinciarum*), les *honorati*,
les *curiales* èt les *possessores*, et ne parle pas des duumvirs ; c'est parce qu'ils
sont compris dans les *curiales*, s'ils exercent encore, ou dans les *honorati*,
s'ils sont émérites (Raynouard, *Hist. du droit munic.*, t. 1, p. 90-94). On a
aussi tiré argument de l'existence d'un *principalis* élu pour 15 ans (C. Th.,
L. 171. De decur.) dans la plupart des villes de la Gaule, pour nier l'existence
des magistrats municipaux ordinaires ; mais M. Giraud (*Hist. du dr. franç.
au moyen âge*, p. 127) a fait observer avec raison que ce principalat n'était
pas une dignité unique, une sorte de décanat, mais bien un rang éminent
occupé par un nombre déterminé de décurions; ce qui le prouve, c'est la loi 151,
C. Th., eod. tit., qui dit que les actes publics de la curie (*gesta municipalia*)
ne peuvent être passés en Espagne que devant trois *principales* ; et ce qui
suffirait à démontrer que l'existence des *principales* n'était pas exclusive des
magistratures municipales, c'est que l'on en trouve même en Italie (C. Th.,
L. 61, De decur.; L. 40, De hæretic.).—Tout ce que l'on doit concéder, c'est que
le premier des *principales* (*primus principalis*, Orelli, 3868) avait peut-être
certaines attributions de plus que ses collègues.

(2) De Savigny, qui soutient, dans son *Histoire du droit romain au*

inconciliables avec la jouissance du droit de cité romaine, de les remplacer par les lois de la métropole et de s'occuper de l'organisation première (1). Lorsque, plus tard, il parut des règlements municipaux généraux, destinés à établir une plus grande uniformité en ce qui concernait le sénat, les magistratures, le cens, les charges à supporter, etc., les anciens commissaires furent chargés de faire subir aux lois des différents municipes, dans le délai d'un an, les changements rendus nécessaires par ces nouveaux règlements (2). Le plus important de ces règlements fut la *lex Julia municipalis*, rendue en l'an 709 *ab U. c.* (35 av. J.-C.) à la requête de la Gaule transpadane et sur la proposition de César (3) : ce fut une loi municipale générale, applicable à toutes les villes de l'Italie. On a trouvé dans le golfe de Tarente, près d'Héraclée, en 1732 et en 1735, des tables de bronze sur

---

moyen âge, i, §§ 20 et 21, que le *jus italicum* comprenait des avantages d'administration municipale, se fonde sur ce qu'il existait plusieurs villes jouissant de ce droit, sur les monnaies desquelles on rencontre l'image d'un Silène, emblème de la liberté communale ; mais il y avait beaucoup d'autres villes qui jouissaient du *jus italicum* et dont les monnaies ne portent pas cette image ; d'ailleurs, les monnaies d'Utique, qui ne reçut le droit italique que sous Sévère (ff., l. 8, § 11, De censibus), mentionnent des *duumviri* sous Tibère déjà. Enfin, si la loi 1, § 2, De cens., qu'oppose le même auteur, dit que Sévère donna à Héliopolis *Italicæ coloniæ rempublicam*, c'est que cette ville n'était probablement encore ni un municipe ni une colonie, et qu'en lui donnant le *jus italicum*, il était naturel de lui donner les mêmes magistrats qu'en Italie.

(1) *Qui lege plebisve scito permissus est fuit, uti leges in municipio fundano municipibusve ejus municipii daret* (L. Jul. munic., L. 160).

(2) *Addiderit, commutaverit, correxerit* (L. Jul. munic, L. 161).

(3) Cic., *Ad fam.*, vi, 18. — Cette loi est mentionnée dans Orelli, 3676.

lesquelles étaient gravées des règles relatives à la capacité exigée pour le décurionat et pour les magistratures, au cens dans les villes d'Italie et aux changements à effectuer dans les anciennes lois des villes. M. de Savigny a démontré (1) que ces tables constituent un fragment de la *lex Julia munic.* : elle s'occupe, dans ses premières lignes, de déterminer certaines *professiones* qui doivent être faites devant le consul, de réglementer la police des rues et des places à Rome et dans les faubourgs ; c'est seulement à la ligne 83 que commencent les dispositions relatives au sénat et aux magistrats dans les *municipia, coloniæ, præfecturæ, fora, conciliabula civium Romanorum.*—Les tables d'Héraclée sont-elles un recueil de lois ou une loi unique? Suivant M. de Savigny, ce serait une *lex satura* (2), dont la dernière partie seulement constituerait la *lex Julia munic.*, de même que la *lex Julia de fundo dotali* n'est qu'un chapitre de la *lex Julia de adulteriis.* Mais toutes les dispositions se suivent dans ces tables sans séparation ni titre particulier, et comme il manque bien certainement une partie de la *lex municipalis*, qui précédait probablement ce qui nous en reste et qui devait contenir toutes les règles relatives à l'administration des affaires locales par le sénat et par les magistrats, aux pouvoirs de ceux-ci, aux droits et aux obligations des citoyens, etc., il est très-vraisemblable

---

(1) *Der römische Volksschlusz der Tafel von Heraclea,* Zeitschrift, 1838, IX, 11.

(2) La loi Cincia et Didia avait défendu de porter des lois *per saturam,* c'est-à-dire de comprendre dans la même loi des dispositions diverses ; mais elle n'avait d'autre but que d'exiger que chaque disposition fît l'objet d'un vote spécial (Cic., *pro domo,* 19).

que le tout ne formait que la *lex Julia munic.*, dans laquelle on aurait intercalé des dispositions concernant les distributions de blé et la voirie de Rome, parce que ces règles de police s'appliquaient, sans doute, aux autres villes de l'Italie, depuis qu'elles avaient adopté les lois romaines en devenant *fundæ* (1).

26. En l'an 712 (42 av. J.-C.) fut rendue la loi Rubria, qui régla la compétence des magistrats dans les villes et localités de la Gaule cisalpine (2) et leurs rapports avec les tribunaux supérieurs romains (3): comparée à la constitution des anciens municipes de l'Italie, cette loi est restrictive, car la juridiction civile et criminelle des magistrats locaux était indéfinie dans ces municipes, tandis que la loi Rubria limita leur juridiction civile à tout procès d'un intérêt inférieur à 15,000 sesterces, et renvoya au préteur romain pour toute affaire supérieure, comme aussi pour la juridiction *extra ordinem*. On a trouvé en 1760, dans les ruines de Velleia, un fragment qui forme la quatrième table de la loi Rubria,

---

(1) Appien, *De b. civ.*, ii, 120 ; Suét., *Jul.*, 28.—M. Zumpt, *Comm. epigr.*, p. 84 et suiv., et MM. Becker et Marquardt, *Handb. d. röm. Alterth.*, iii, 1, p. 50, croient que la table d'Héraclée est simplement un règlement pour les opérations du cens, auxquelles on procédait simultanément à Rome et dans toute l'Italie, règlement porté par César alors qu'il avait la *præfectura morum*, en l'an 45 avant Jésus-Christ (Dion Cass., xliii, 14, Suét., *Cæs.*, 76). Les dispositions qu'elle contient relativement au décurionat et aux magistratures auraient servi sans doute, à établir une certaine uniformité dans la constitution des villes de l'Italie.

(2) Voilà pourquoi l'on appelle aussi cette loi *lex Galliæ cisalpinæ*.

(3) Jusqu'à la loi Rubria, la Gaule cisalpine, quoique jouissant du droit de cité, était restée une province, administrée par un proconsul dont la juridiction était exclusive de celle des magistrats municipaux. V. *supra* n° 22.

et traite du droit qu'ont les magistrats municipaux d'imposer certaines obligations ou de poursuivre certaines exécutions : on y trouve des développements sur l'*operis novi nuntiatio*, le *damnum infectum*, les *res creditæ* et le *judicium familiæ erciscundæ*.

27. Grâce à la perfection de leur constitution, dont les bons empereurs favorisèrent le développement, les municipes formèrent le noyau de l'empire et leur situation fut longtemps florissante : ils entreprenaient des travaux grandioses, leurs finances étaient brillantes et le décurionat recherché. Le caractère aristocratique de leur constitution, sagement combiné avec un système de liberté progressive, et la décentralisation absolue dont ils jouissaient au point de vue administratif, assurèrent leur prospérité pendant la première partie de l'Empire : évidemment, dit M. Guizot (1), à défaut de droits et de garanties politiques, c'était dans le régime municipal qu'existaient et qu'on cherchait à placer les droits et les garanties des citoyens. Peu à peu, le pouvoir central chercha à s'immiscer dans l'administration municipale (2) ; mais les empereurs furent longtemps de bonne foi : ils croyaient assurer par ce moyen la prospérité des municipes, qui se trouvèrent en effet, à l'époque des Antonins, dans une situation extraordinairement florissante (3). On leur accorda de nombreux avantages, no-

---

(1) *Essais sur l'Histoire de France*, 1er essai, p. 11.

(2) La correspondance de Pline avec Trajan atteste les envahissements progressifs du pouvoir central.

(3) Les lettres de Fronton, découvertes par le cardinal Maï, principalement les lettres 6 et 10 du livre II, nous révèlent l'état florissant des municipes à cette époque.

tamment le droit de succéder à titre de patrons à leurs affranchis (1). Adrien, qui favorisa particulièrement le développement du régime municipal (2), restreignit, il est vrai, la juridiction des magistrats municipaux en Italie, en donnant des gouverneurs à l'Italie comme aux provinces (3) ; mais ce ne fut guère que lorsque Caracalla eut conféré le droit de cité à tous les habitants libres de l'Empire, que l'organisation municipale commença à décliner. Le despotisme impérial encouragea l'arbitraire des gouverneurs, et l'ordre des décurions, jadis si honoré (4), devint de plus en plus dédaigné : les immunités accordées par Constantin à certains citoyens n'eurent d'autre effet que de faire retomber sur un plus petit nombre le fardeau des charges et des contributions pécuniaires, tandis que l'administration de son empire et l'entretien de sa cour absorbaient des sommes tellement considérables que, non content d'augmenter les impôts, il finit par affecter à ces dépenses les biens des temples et des villes. Constance suivit la même voie : il concéda des exemptions nouvelles, qui augmentèrent l'inégalité dans la répartition des charges publiques, et dilapida sans scrupule le patrimoine municipal. Julien tenta de rétablir les cités dans des conditions normales, en leur restituant les biens qui leur avaient été enlevés (5), en

---

(1) Ff., L. 1 à 3, De manum. q. serv. ad univers.
(2) Ff., L. 4 § 7, Ad leg. Jul. pecul.; L. 15, De pœnis; Ulp., *Reg.*, xxiv, 28.
(3) Spartien, *Hadr.*, 22.
(4) Ff., L. 2, 3, 5 et 13, De decurion.
(5) C. Th., L. 1, De locat. fund. jur. emphyteut. ; L. 8 et 10, De operib. public. — Ammine-Marcellin, xxv, 4.

supprimant une partie des priviléges et notamment presque toute exemption des charges du décurionat (1) ; mais Valentinien I compromit ces efforts généreux en déshonorant, en quelque sorte, les sénats des municipes, par exemple en y rejetant les fils des vétérans chassés de la milice (2). Théodose le Grand, qui confirma les constitutions anciennes favorables aux cités, s'attacha à les tirer de l'état d'impuissance dans lequel ses prédécesseurs les avaient plongées, et principalement à empêcher leur dépeuplement (3) ; mais son œuvre fut à peu près anéantie par ses fils, surtout par Honorius, qui abaissa les curies en y admettant des fils d'esclaves et des prêtres indignes (4); en même temps, il donnait aux évêques un droit de juridiction, aux dépens de celui qui appartenait aux magistrats municipaux (5). Arcadius s'efforça, au contraire, de répartir plus également les charges publiques, et décida que tous les citoyens devraient contribuer proportionnellement aux travaux d'intérêt général (6). Théodose II et Valentinien III prescrivirent la restitution des biens des villes (7), et Majorien fut le dernier empereur d'Occident qui s'engagea courageusement dans cette voie, en rétablissant les *defensores civitatum* et le sénat

---

(1) C. Th., L. 50, De decurion. — Amm.-Marcell., xxv, 8.

(2) C. Th., L. 5, De re militari. Cf. C. Th., L. 3, De auro coronario. — Les curies furent appauvries et désertées, et l'on prit les mesures les plus barbares pour arrêter cette tendance (Amm.-Marcell., xxvii, 7).

(3) C. Th., L. 60 à 139, De decurion.

(4) C. Th., L. 178 et suiv., De decurion; L. 39, De episcop., eccles. et cleric.

(5) C., L. 8, D. episcop. audient.

(6) C. Th., L. 34, De operib. publ.

(7) Nov. Theod., 21, 30; C., L. 13, De vectigal.

des cùriales ; mais il était trop tard, et cette partie de l'empire succomba bientôt sous les coups redoublés des barbares. En Orient, la position des municipes était déplorable ; l'administration et la juridiction communales disparaissaient. Justinien chercha à y suppléer, en faisant des *defensores* de véritables juges, et en augmentant l'influence des évêques (1). La paroisse recueillit l'héritage du municipe : association purement religieuse et spirituelle dans le principe, elle devint la base d'une véritable association civile et politique, en ranimant l'esprit municipal et en conservant, au milieu de la barbarie, le dépôt de la civilisation antique. L'histoire de cette transformation appartient à une époque postérieure à celle que nous nous sommes proposé d'étudier ; mais il est facile de suivre dans la législation impériale le progrès de l'influence du christianisme et l'autorité toujours croissante de son clergé, qui s'élevait à côté du décurionat dégradé, pour rappeler le peuple à la vie sociale (2). L'évêque devint le *defensor* de la cité et lui donna la liberté politique, en l'affranchissant du joug du despotisme. Investi d'une juridiction volontaire (3), élu

---

(1) Nov. xv, 3 ; xxxviii ; lxxxix, 2 ; C., L. 22, 26, 31, 35, etc., De episc. aud.

(2) Les avantages que présentait l'entrée dans les ordres étaient si grands, notamment l'exemption des fonctions municipales (C. Th., L. 11, De episc., eccles. et cler. ; L. 9, De aquæd.), que les empereurs même les plus favorables au clergé se virent contraints de rendre des constitutions pour empêcher tous les décurions de se faire clercs, afin de combattre une tendance qui précipitait la chute du régime municipal. — Cf. Guizot, loc. cit., p. 15 et 16 ; Béchard, *Droit municipal dans l'antiquité*, p. 423 et suiv.

(3) Nov. Valent. iii, De episcopali judicio.

par le concours du clergé et du peuple (1), il était désigné naturellement pour cette magistrature populaire.
Les empereurs conférèrent aux évêques certaines fonctions de surveillance (2), par exemple l'inspection des
prisons, et s'en remirent à leur sollicitude du soin de
veiller à l'exécution des legs, à l'expédition des affaires
de la cité, à l'exercice régulier des emplois publics, à
l'accomplissement des travaux et, en général, de tous les
engagements publics. La curie, à la tête de laquelle
l'évêque se trouvait ainsi placé, n'en continuait pas
moins d'exister : il n'en absorbait pas les magistratures,
et n'en était que le premier magistrat. Mais le régime
municipal, étouffé par l'étreinte du despotisme central,
ne faisait que languir dans une interminable agonie :
Léon le Philosophe lui porta le coup de grâce en abolis-
sant brutalement toutes ces vaines formes de liberté,
qui depuis longtemps déjà n'étaient plus que des om-
bres (3).

Que si, maintenant, l'on veut rechercher les causes
qui amenèrent la décadence de ce régime, on peut les
découvrir, en premier lieu, dans l'extension exagérée du

---

(1) Raynouard, loc. cit., ch. 42.

(2) C., L. 1, 12, 14, 17, 18 et 19, De episc. aud.

(3) « Dans les lois anciennes rendues sur les curies et les décurions, il en est
qui imposent aux décurions des charges intolérables, et confèrent aux curies
le droit de nommer certains magistrats et de gouverner les cités par leur
propre autorité. Maintenant que les affaires civiles ont pris une autre forme,
et que toutes choses dépendent uniquement de la sollicitude et de l'administration de la majesté impériale, ces lois errent, en quelque sorte, vainement
et sans objet autour du sol légal : nous les abolissons donc par le présent décret. » (Nov. Leo XLVI.)

droit de cité, mesure dictée par une combinaison financière, qui confondit dans la foule l'élément éminemment romain et patriotique, et flatta d'une façon dangereuse les instincts d'égalité démocratique ; et, d'autre part, dans la substitution de la tyrannie des gouverneurs aux libertés antiques. Ce système de centralisation administrative, imaginé pour extraire de la société romaine ses forces et ses richesses, et les faire refluer au cœur de l'empire, détermina la ruine du régime municipal. Confiscation ou absence de sanction des juridictions locales ; immixtion des délégués du pouvoir central dans les attributions des magistrats municipaux ; droit pour le gouverneur d'annuler les élections de ces magistrats ; rigueur du gouvernement pour les curiales, sur lesquels il se déchargea du soin de pourvoir aux services publics et qu'il rendit responsables du recouvrement des impôts, tandis qu'il comblait de priviléges ses fonctionnaires et ses soldats : tels furent les principaux actes par lesquels se traduisit l'arbitraire hiérarchiquement organisé des fonctionnaires impériaux. M. Giraud (1) a résumé, en quelques lignes saisissantes, la condition des municipes sous l'empire, et les transformations qu'elle eut à subir : « On sacrifia l'organisation « sociale à l'indépendance des communes, d'abord en « Italie, puis dans le reste de l'empire ; car les abus les « plus intolérables avaient commencé par être des li- « bertés. Les communes obtinrent l'égalité qu'elles am- « bitionnaient depuis si longtemps ; mais, en face d'elles,

____

(1) *Hist. du dr. franç. au moyen âge*, p. 147.

« le pouvoir impérial resta sans contrepoids, et dégénéra
« facilement en tyrannie. L'État, ayant tout donné aux
« communes, leur demanda tout à son tour ; et les com-
« munes étant moins, à ses yeux, une branche de l'ad-
« ministration publique qu'une source de revenu fiscal,
« l'État n'eut plus lui-même pour elles que les exigences
« folles et arbitraires d'un maître impitoyable et ruiné
« envers ses serviteurs et ses fermiers. »

DEUXIÈME PARTIE.

Les municipes au point de vue juridique.

28. Après avoir rappelé le développement historique
du régime municipal, nous nous proposons d'examiner
brièvement la position juridique qui fut faite aux municipes. Nous l'envisagerons successivement au point de
vue politique, au point de vue religieux, et au point de
vue de la juridiction et de l'administration communales.

CHAPITRE I.

DROITS POLITIQUES.

29. Centralisation politique, décentralisation administrative, tel fut le système suivi, dans le principe, par

les Romains à l'égard des municipes indépendants. Les droits politiques ne pouvaient s'exercer qu'à Rome ; mais les habitants des municipes y participaient sur le même pied que les habitants de Rome (1). Cette concentration de la vie politique eut pour effet d'établir une grande unité dans le gouvernement de la république, et de donner aux divers éléments qu'elle comprenait la cohésion nécessaire pour arriver à constituer une nation compacte.

Les municipes furent donc toujours assujettis aux décisions du peuple romain pour tout ce qui concernait la confection, l'interprétation ou l'abrogation des lois générales (2), la concession des priviléges et immunités (3), les grâces et sauf-conduits (4), les déclarations de guerre (5), les traités de paix ou d'alliance (6), l'établissement et la levée des impôts généraux (7), la concession et le retrait du droit de cité (8), etc. Enfin, le droit de nommer les magistrats de Rome ou d'exercer une magistrature dans cette ville, constituait également un droit politique de même nature.

------

(1) Il faut supposer, bien entendu, que ces municipes avaient reçu la *civitas optimo jure*, c'est-à-dire non-seulement les droits privés (le *commercium* et le *connubium*), mais encore les droits politiques (le *jus suffragii* et le *jus honorum*).

(2) C., L. 2, De const. princ.

(3) Ff., titre *De jure immunitatis*.

(4) C., L. 1, De h. q. veu. ælat.

(5) Ff., L. 24, De captiv. ; L. 118, De verb. sign.

(6) Ff., L. 7, De captiv.

(7) C., titre *De vectigalibus*.

(8) C., L. uniq., De metrop. — Cf. Béchard, *Hist. du dr. municip. dans l'antiq.*, p. 314 et 315.

30. Lorsqu'un municipe recevait le droit de cité, on l'inscrivait dans une tribu; ses habitants devenaient alors semblables en tout point aux citoyens romains, et jouissaient absolument des mêmes droits (1) : ils étaient exempts de toutes les peines déshonorantes (2) et avaient le droit de faire appel au peuple (*provocatio*) (3); enfin, ils pouvaient venir à Rome prendre part aux comices (4), et pouvaient y exercer des fonctions publiques à la condition d'y avoir préalablement établi leur domicile (5). Lorsque les lois Julia et Plautia Papiria donnèrent le droit de cité à toutes les villes de l'Italie, les nouveaux citoyens auraient pris une large part au gouvernement et acquis une influence prépondérante, si on les avait répartis dans toutes les tribus; mais on les refoula dans huit tribus, de manière à ne donner à leurs voix qu'une faible importance numérique : Appien croit que l'on créa des tribus nouvelles (6), mais il est plus probable que ce

---

(1) T.-L., xxviii, 36. — Quelquefois, au lieu de leur assigner une tribu déterminée, on décidait par la voie du sort dans quelle tribu ils devraient voter (T.-L., xxv, 3).

(2) Pline, *Hist. nat.*, vii, 44.

(3) Aulu-G., x, 3 ; Cic., *In Verr.*, ii, 1 ; 5 ; v, 53 ; 66.

(4) Cic., *p. Sull.*, 7 ; *Ad Qu. fr.*, ii, 3.

(5) Un grand nombre des plus illustres familles romaines étaient originaires des municipes, de Tusculum comme Caton, d'Arpinum comme Cicéron, d'Aricia, de Lanuvium, etc. (Cic., *Phil.*, iii, 6 ; *p. Planc.*, 8 ; Tac., *Ann*, xi, 24 ; Suét., *Oct.*, 2) ; mais les vieilles familles dont l'origine était purement romaine affectaient, quelquefois, de les traiter dédaigneusement de *peregrini* (Cic., *p. Sull.*, 7 ; 8 ; *Phil.*, iii, 6 ; Tac., *Ann.*, iv, 13 ; Suét., *Oct.*, 4 ; *Cal.*, 23).

(6) *De b. civ.*, i, 49 ; 53. — Mommsen, *Die römischen Tribus*, p. 11, a fort bien démontré que le mot δεκατεύειν, dont se sert Appien, ne veut pas dire que l'on créa dix tribus, mais bien que l'on rangea les nouveaux citoyens *dix par dix* dans les (huit) tribus nouvelles : il a le sens de δεκάζειν.

fut dans huit des trente-cinq anciennes tribus qu'on les concentra (1). Plus tard, les individus nouvellement gratifiés du droit de cité purent être répartis entre toutes les tribus (2).

31. Dès le commencement de l'empire, le principe qui voulait que tous les actes politiques fussent faits dans l'enceinte de Rome reçut une grave atteinte : Auguste autorisa les décurions des colonies de l'Italie à voter sans même sortir de leur ville, en envoyant leurs suffrages à Rome sous cachet (3). A mesure que l'importance des comices et des magistratures diminua, l'affluence des hommes considérables de toutes les cités vers Rome se ralentit (4), jusqu'au moment où l'abolition complète des dernières libertés publiques, sur les ruines desquelles grandissait le pouvoir absolu, fit cesser toute espèce d'activité politique (5). Cette source tarie, le mouvement

---

(1) Vell. Paterc., ii, 20.

(2) App., *De b. civ.*, i, 64 ; 67 ; Vell. Paterc., i, 20 ; Cic., *Phil.*, viii, 2. — Ce qui démontre que les habitants des municipes acquirent une influence politique considérable, c'est que les candidats aux magistratures romaines allaient parcourir une année d'avance les municipes et les colonies, pour s'y assurer des suffrages (Cic., *Ad Att.*, i, 1 ; *Phil.*, ii, 30 ; César, *De b. Gall.*, viii, 50).

(3) Suét., *Aug.*, 46. — Cependant, Auguste n'égala pas tout à fait l'Italie à Rome au point de vue du rang et du droit, *jure ac dignitate* (Suét., loc. cit.) ; il y eut encore, relativement aux successions, une différence entre les citoyens d'origine et les citoyens parvenus ; elle fut levée par Trajan (Pline, *Paneg. Traj.*, 37).

(4) Guizot, loc. cit., p. 9.

(5) « Sous le rapport politique, le peuple romain n'avait, à vrai dire, qu'une « tête. Dès qu'elle fut frappée, la vie politique n'exista plus nulle part. Les « libertés locales se trouvèrent dès lors sans lien qui les unît, sans garantie « qui leur fût commune et les protégeât partout. » (Guizot, loc. cit., p. 31.)

des esprits se concentra sur l'existence locale, et les intérêts municipaux semblèrent un instant gagner au déplacement fatal qui s'opérait dans la vie publique; à défaut de garanties politiques, l'indépendance communale assura pendant quelque temps aux citoyens des garanties légalement sanctionnées. Ce fut une sorte de compensation momentanée : le régime municipal se constitua sur des bases larges et solides, et fut l'objet d'une législation particulière. Le gouvernement impérial lui-même se montra généreux pour les libertés locales et accorda de grands priviléges aux villes municipales, qui gagnèrent à la transformation politique ce que Rome y perdait : aussi furent-elles longtemps le fidèle appui de ce gouvernement (1); mais la perte des libertés politiques devait tôt ou tard porter ses fruits : le pouvoir central, qui avait tout absorbé, vit ses forces diminuer ; il essaya de rejeter sur la classe moyenne des municipes les charges auxquelles il ne pouvait plus suffire par lui-même, et qu'un exercice libre des droits politiques eût réparties plus également entre les citoyens. L'indépendance communale n'avait été qu'un leurre : les fonctions municipales devinrent un fardeau que chacun s'empressa de fuir, et à mesure que languissait l'existence locale qui attestait seule, en l'absence de toute activité politique, la vie de la société romaine, l'empire tout entier marchait à grands pas vers sa ruine. De tout le système

____

(1) « Ce sont les municipes, les provinces, qui ont constamment soutenu
« l'empire. Rome, malgré la soumission du sénat, a continué d'être un foyer
« d'esprit libéral et d'opposition constante au régime de l'empire. » (Giraud,
Les tables de Salpensa et de Malaga, p. 21).

administratif, il ne resta plus que ce mécanisme savant qui simule la vie, mais ne la remplace pas, et bientôt il n'y eut plus un corps vivant, mais, pour ainsi dire, un cadavre de société.

32. Nous devons dire quelques mots du cens, ainsi que de l'organisation financière et militaire qui s'y rattachait. Avant la loi Julia, les habitants des municipes *cum suffragio* étaient recensés à Rome, par les censeurs, dans les tribus auxquelles ils appartenaient (1); les habitants des municipes *sine suffragio* qui avaient été absorbés dans la cité romaine, étaient inscrits par les censeurs dans les *tabulæ Cæritum* créées à cet effet (2). Quant aux citoyens des municipes *sine suffragio* qui avaient conservé leur indépendance, il est probable que leur cens se faisait chez eux, et que l'on en expédiait ensuite les rôles à Rome (3) : tel était le système suivi à l'égard des colonies, qui avaient leur cens particulier et dont les habitants, bien que jouissant du droit de cité complet, n'avaient pas besoin de venir à Rome pour se faire recenser (4). Le cens servait de base à la répartition du *tributum* et des contingents militaires : les habitants des municipes *cum suffragio* fournissaient le service militaire dans leurs tribus, et servaient dans les légions

---

(1) T.-L., XLIII, 14.

(2) T.-L., XXVIII, 28.

(3) T.-L., XXXVIII, 28; 36.

(4) T.-L., XXIX, 15; 37. — Douze colonies avaient refusé de fournir leurs contingents financiers et militaires pendant la seconde guerre punique : pour les punir, on décida que leur cens serait fait conformément à la formule romaine.

romaines, tandis que ceux des municipes *sine suffragio*, de Capoue par exemple, formaient des légions particulières (1). Enfin, tous les municipes, à quelque catégorie qu'ils appartinssent, perdaient le droit de battre monnaie dès qu'ils entraient dans la cité romaine, sauf Capoue, Atella et Calatia, qui le conservèrent pendant quelque temps encore pour des raisons locales (2).

Après la loi Julia, les opérations du cens furent faites dans toutes les villes, d'après la formule romaine, par les magistrats supérieurs (3) : ils envoyaient ensuite à Rome les tables qu'ils avaient dressées (4). A partir du règne d'Auguste, le cens fut organisé en Italie par districts, tandis qu'à Rome les empereurs y procédaient eux-mêmes (5). — Le service militaire auquel étaient astreints les habitants des municipes se faisait dans les légions romaines (6). On procédait séparément dans chaque ville aux opérations du recrutement, comme à celles du cens ; mais l'on tenait compte des vieilles libertés des anciennes *civitates fœderatœ* (*vacatio ex fœdere*) (7). Plus tard, les Italiens parvinrent à se soustraire de plus en plus au service militaire, et ce furent les habitants non citoyens des provinces qui formèrent

---

(1) T.-L., xxviii, 28 ; Polybe, i, 7 ; Valère-Maxime, ii, 7, 15.

(2) Mommsen, *Röm. Münzwesen*, p. 223-227 ; 249-253.

(3) V. *infra* n° 75. — C'est à tort que quelques auteurs ont prétendu conclure d'un passage de Cicéron, *In Verr.*, i, 18, que le cens de tous les municipes se faisait à Rome.

(4) Lex Jul. munic., L. 143-159. — Cic., *p. Cluent.*, 14.

(5) Becker et Marquardt, iii, 1, p. 56.

(6) Florus, iv, 2, 5 ; César, *De b. Gall.*, iii. 4.

(7) Lex Jul. munic., L 104 et suiv.

désormais le noyau des armées romaines (1). — Quant aux impôts, on ne sait pas d'une manière bien précise quels étaient ceux que durent payer, après la loi Julia, les habitants des municipes : il est probable qu'ils étaient assimilés, sous ce rapport, aux habitants de Rome, sauf à tenir compte des anciennes dispositions consignées dans leurs *fœdera* et des immunités qui leur avaient été accordées (2), car la distinction des *civitates stipendiariæ* et des *civitates fœderatæ* ou *liberæ* continuait de subsister (3), et, d'autre part, les empereurs accordaient souvent à des villes, sous le nom d'*immunitas*, une exemption d'impôt perpétuelle (4). D'ailleurs, il ne faut point perdre de vue les avantages que conférait, au point de vue de l'exemption du *tributum soli*, la concession du *jus italicum* (5) : cependant, l'unité s'établit de plus en plus dans l'assiette des impôts, en Italie comme dans les provinces, et les villes furent soumises à des règlements généraux (6).

---

(1) Walter, *Gesch. des Röm. Rechts bis auf Just.*, p. 410 et suiv.

(2) Cic., *In Verr.*, v, 22; *Phil.*, iii, 6; Appien, *De b. civ.*, i, 79; Orelli, 3692.

(3) A côté des *civitates liberæ* qui, bien que jouissant d'une certaine indépendance, n'en faisaient pas moins partie de l'empire, il y avait des *populi liberi* qui étaient *externi*, c'est-à-dire étrangers à l'empire romain (ff., L. 7, pr., De captiv.).

(4) Ff., L. 3, § 1; L. 4, § 3, De censibus. — Les colonies payaient aussi l'impôt foncier dans les provinces, à moins d'une exemption spéciale, comme celle des *coloniæ immunes* (ff., L. 8, §§ 5 et 7, De censibus; Pline, *Hist. nat*, iii, 3, 4).

(5) V. *supra* n° 24.

(6) La constitution de Caracalla qui rendit uniforme la condition des personnes laissa subsister, il est vrai, dans la condition des immeubles la distinction du sol italique et du sol provincial.

CHAPITRE II.

CULTE LOCAL.

33. Les municipes restèrent toujours complétement indépendants au point de vue religieux, et ceux-là même qui allèrent se fondre dans la cité romaine conservèrent tous leur ancien culte national, leurs propres pontifes et leurs fêtes particulières (1). Il arriva, quelquefois, que les Romains transformèrent les *municipalia sacra* en *sacra Romana* (2) ; mais ce fut l'exception, car partout le culte local conserva son caractère (3). Non-seulement les Romains en autorisèrent le maintien, mais leurs pontifes ordonnaient même aux habitants des municipes d'offrir des sacrifices suivant l'usage de leurs ancêtres (4). Cette politique sage et conciliante ne pouvait qu'assurer la reconnaissance des peuples soumis envers leurs dominateurs (5).

---

(1) T.-L., viii, 14 ; ix, 43. — Festus, v° *municipalia sacra*, p. 157 : « municipalia sacra dicta sunt ea quæ initio habebant ante civitatem Romanam acceptam, quæ observare eos voluerunt pontifices et eo more facere quo assuessent antiquitus. »

(2) C'est ce qu'ils firent pour le culte de Junon Sospita à Lanuvium (T.-L., viii, 14 ; xxi, 62 ; xxii, 1 ; 2 ; xxiii, 31 ; xxxii, 30 ; xxxiv, 53 ; Cic., *De nat. deor.*, i, 29).

(3) Il était de principe que l'on ne pouvait introduire à Rome le culte d'un dieu étranger sans un décret du sénat (Val.-Max, 3 ; T.-L., xxxix, 9).

(4) Cic., *De leg.*, ii, 1 ; *p. Cluent.*, 15.

(5) « Si la superstition avait été écoutée, on aurait porté chez les vaincus les dieux des vainqueurs ; on aurait renversé leurs temples ; et, en établissant

Les villes de l'Italie conservèrent après la loi Julia leur ancienne autonomie religieuse, leurs prêtres (1), leurs fêtes, leurs jeux (2), etc. Les *sacra* communs de Lanuvium continuèrent d'exister (3), et les *feriæ Latinæ* se maintinrent jusqu'au IVe siècle de notre ère (4). — Les municipes des provinces conservèrent la même liberté religieuse, mais l'élément romain y pénétra de plus en plus (5). Le culte d'Auguste et de ses successeurs se répandit peu à peu sur toute l'étendue de l'empire, ainsi que le culte de la ville de Rome (6). Les cités dans lesquelles on leur éleva des temples reçurent le nom de métropoles (7), et le grand pontife de ces temples prit le titre de *sacerdos provinciæ* (8) : ceux qui avaient revêtu cette dignité accompagnée, jusque sous Justinien, d'im-

---

un nouveau culte, on leur aurait imposé une servitude plus rude que la première. On fit mieux : Rome se soumit elle-même aux divinités étrangères, elle les reçut dans son sein ; et par ce lien, le plus fort qui soit parmi les hommes, elle s'attacha des peuples qui la regardèrent plutôt comme le sanctuaire de la religion que comme la maîtresse du monde. » (Montesquieu, *Dissert. sur la politique des Romains dans la religion.*)

(1) Les décurions avaient le droit d'élire les prêtres (Orelli, 2250, 2263, 2287, 3709).

(2) Cic., *p. Cluent.*, 15 ; *p. Mil.*, 10 ; Tac., *Ann.*, III, 74 ; Orelli, 96 et suiv.

(3) Cic., *p. Mur.*, 41.

(4) Strabon, V, 3, 5.

(5) Tac., *Ann.*, III, 60 et suiv. ; IV, 14 ; 43.—On trouve même, quelquefois, dans les municipes des *Salii* et des *Luperci* (Orelli, 2247).

(6) Dion Cassius, LVI, 46 ; Aurelius Victor, *De Cæsar.*, 1 ; Strabon, IV, 3, 2 ; T.-L., *ep.* 137. — Orelli, 4018 ; Grut., 386. 8.

(7) Zumpt, *Studia romana*, p. 375-380.

(8) Orelli 184, 185.

munités et de charges (1), formaient un ordre supérieur
aux décurions (2).

CHAPITRE III.

JURIDICTION ET ADMINISTRATION COMMUNALES.

34. Avant d'étudier en détail le gouvernement intérieur des municipes, il importe de déterminer l'étendue
du ressort dans lequel il s'exerçait. Toute *civitas* comprenait, outre le chef-lieu (*oppidum*), diverses petites
localités appelées *fora, conciliabula, vici* ou *castella* (3),
qui faisaient partie de leur territoire (*territorium, re-
gio*) (4), et n'avaient point, par conséquent, d'administration communale particulière (5). Autrefois, les *fora*
et les *conciliabula,* habités par des citoyens romains,
avaient eu Rome pour chef-lieu administratif et judiciaire, et c'était de Rome qu'on leur envoyait leurs

---

(1) Ff., L. 6, § 14, De excus.; L. 17, pr., De muner.; L. 8, De vacat. muner.
— C., L. 1, De natur. liber.; L. 8, De muner. patrim.; L. uniq., De peric.
success. parent.

(2) C. Th., L. 21 et 77, De decur.; L, 2, Quemadm. munera; L. 52, pr.,
et L. 54, § 4, De hæret. — V. *infra* n° 35.

(3) Paul, *Sent. rec.,* IV, 6, 2.

(4) Ff., L. 239, § 8, De verb. sign.; L. 20, De jurisdict.; L. 20, De judic.—
C., L. 35, De decur. — Siculus Flaccus, *De condit. agror.,* éd. Lachm., p. 135.

(5) Ff., L. 30, Ad municip.; L. 239, § 8, De verb. sign. — Ces localités
constituaient, d'ailleurs, des unités distinctes et avaient leur territoire individuel, — par opposition aux *pagi,* qui n'avaient plus de territoire déterminé et
n'avaient plus d'existence qu'au point de vue religieux, bien qu'autrefois ils
eussent formé des unités politiques (Cf. Voigt, *Drei epigr. Constitut. Con-
stantins,* Leipzick, 1860).

juges (1) ; mais la loi *Julia municipalis* attribua ces localités aux municipes voisins (2), et désormais leur cens se fit non plus à Rome, mais dans le municipe qui leur servait de métropole (3). Quant à l'administration de la justice, il faut distinguer : dans les provinces où le régime municipal n'était pas organisé, on y procédait au chef-lieu, à moins qu'une autre localité n'eût été désignée pour la tenue des assises (*conventus*) (4) ; en Italie et partout où il y avait des magistratures municipales, les *duumviri*, ou *quatuorviri*, ou *præfecti juri dicundo*, se rendaient dans ces petits centres de population pour y tenir leurs audiences (5) ; en effet, il n'y avait dans ces petites localités que des décurions (6) et point de magistrats supérieurs (7). Rappelons, en passant, que les villes municipales avaient leurs foires publiques et leurs marchés (*nundinæ*), qui y existaient de temps immémorial ou pouvaient y être établis avec l'autorisation du prince (2) : la police intérieure en fut réglée d'une ma-

---

(1) T.-L., xxxix, 14 ; 18 ; xl, 37 ; xliii, 14.

(2) Ainsi, Laurentum dépendait de Lanuvium ; Baïes, de la colonie de Cumes (Orelli, 2263), etc.

(3) Lex Jul. munic., L. 143-159.

(4) Paul Diacre , verbis *fora* et *provincia*.

(5) T.-L., xxxix, 18 ; Siculus Flaccus, p. 135, éd. Lachmann.

(6) Les *fora* et les *conciliabula* avaient un *ordo*, dont les membres étaient en même temps décurions du chef-lieu (Zumpt, *Comm. epigr.*, p. 91). Festus, vo *vici*, et Salvien, *De gubernat. Dei*, v, 4, reconnaissent l'existence d'un sénat particulier dans les *vici*, mais le contraire résulte, pour l'époque impériale du moins, de la loi 30, ff., Ad municip., de la Nov. xi de Théodose, et de l'art. 13 du concile de Chalcédoine.

(7) C'est ce qu'il est permis de conclure de la loi *Julia munic.*, qui ne mentionne les petites localités que lorsqu'il est question de décurions.

(8) Ff., L. 1, De nundinis.

nière générale sous les empereurs, notamment par Valens et Valentinien (1).

35. Au point de vue du rang et de la dignité, on divisait les habitants des municipes en trois classes : *decuriones*, *Augustales* et *plebs* ou *populus* (2). Les *decuriones* étaient les membres du sénat municipal (3) : cette classe comprenait aussi les magistrats. Par l'expression de *plebs*, prise dans une acception étendue, on entendait tous les autres citoyens (*cæteri cives sine senatoribus*) (4); ils formaient souvent des corporations et des colléges, dont quelques-uns jouissaient de certains priviléges, tandis que d'autres étaient assujettis à certaines charges (5) : ceux qui étaient autorisés (*licite coeuntes*) avaient une personnalité civile réglementée légalement, et leur organisation intérieure était même calquée sur la constitution municipale (6). Les *Augustales*, qui formaient un ordre intermédiaire entre le sénat et le peuple,

------

(1) C., L. uniq., De nundinis et mercationibus.

(2) Orelli, 1167, 3677, 3701, 3703, 3807, 3902, 3911 et suiv., 3939, 4009, 4047.

(3) A la fin de l'empire, on appela souvent les décurions *municipes* tout court (Godefroy, ad Cod. Th., De decur.).

(4) Ff., L. 238, pr., De verb. sign.; Inst., 1, 2, 4. — Nous avons vu (*supra* n° 19, en note) que, d'après le témoignage de Suétone, *Aug.*, 46, Auguste créa une distinction entre les *cives optimo jure* (les décurions) et les *cives non optimo jure* (la *plebs*). Le privilége qu'il avait conféré aux décurions cessa sous Tibère, le droit d'élection ayant passé au sénat ; mais le principe subsista, et de nombreux textes distinguent les *plebeii* et les *decuriones* (Ff., L. 7, § 2, De decur.; L. 7, pr., et L. 14, § 4, De muner. — C., L. 5, De defens. civit.).

(5) Ff., L. 5, § 12, De jure immun. — C., L. 1 et 2, De excus. artif.; L. 1, De collegiat.

(6) *Ad exemplum reipublicæ* (Ff., L. 1, § 1, Quod cujusc. univers.). Cf. Ff., L. 34, § 1, De furt. — Orelli, 2417, 2625, 3097, 4115.

avaient une constitution analogue à celle des colléges :
ils étaient nommés par les décurions (1). Cette cor-
poration, qui supportait des charges assez lourdes (2),
tenait lieu d'ordre équestre dans les villes où cet ordre
n'était pas constitué (3), et lui était assimilé dans celles
où il existait (4) : on sait, en effet, qu'il n'y avait point
de chevaliers municipaux et que, lorsqu'on parle de
chevaliers dans les municipes, ce mot ne doit jamais
s'entendre que d'*equites romani* (5). Établie pour le
culte d'Auguste (6), elle disparut quand le christianisme
fit des progrès, et les charges qu'elle supportait retom-
bèrent sur la curie (7). Après le règne de Constantin, on

(1) Orelli, 2980 ; Murat., 90. 8.

(2) Gruter, 378. 1 ; Orelli, 3678. — Les *Augustales*, qui avaient une caisse particulière (Grut., 424. 12, 460. 9, 457. 3), donnaient des jeux et des festins (Grut., 1073. 6 ; Orelli, 3787, 3788).

(3) Orelli, 3939. — Cf. Pétrone, 30.

(4) A Lyon, par exemple (Orelli, 4020).

(5) Des chevaliers romains se rendirent de bonne heure dans les colonies romaines et dans les municipes (Cic., *Phil.*, vi, 5 ; *De or.*, ii, 71) : leurs descendants restaient souvent dans la nouvelle patrie qu'ils avaient adoptée, et y acceptaient même des magistratures, comme Cœlius à Puteoli (Cic., *p. Cœlio*, 2) et Oppianicus à Larinum (Cic., *p. Cluent.*, 8). C'était ainsi que Cicéron était chevalier romain d'Arpinum, et quand Juvénal, viii, 236, l'appelle *eques municipalis*, il veut dire simplement *chevalier né dans un municipe.*

(6) Les auteurs ne s'accordent point sur la question de savoir à quelle institution romaine était empruntée celle des *Augustales* : Egger, *Examen critique des historiens anciens de la vie et du règne d'Auguste*, Append. ii, p. 357 et suiv., pense qu'ils sont imités des *magistri vicorum* ; Zumpt, *De Augustalibus et seviris Augustalibus commentatio epigraphica*, ainsi que Borghesi, *Bull. dell' Instit. archeol.*, 1842, p. 106 et suiv., et Henzen, *Zeitschrift für Alterthumswiss.*, 1848, p. 290, qu'ils ont été créés sur le modèle des *sodales Augustales* de Rome, consacrés au culte de la *gens Julia* — Pour plus de détails sur les *Augustales*, cf. Becker et Marquardt, iii, 1, p. 376 et suiv.

(7) Giraud, *Hist. du dr. franç. au moyen âge*, p. 133.

distingua dans les cités quatre classes de citoyens : 1° les *honorati* ou privilégiés, savoir les sénateurs, ainsi que leurs enfants ; les *clarissimi*, c'est-à-dire ceux qui avaient rempli les hautes magistratures de l'empire, ou qui en avaient reçu le titre honoraire ; les officiers du palais ; les membres de l'armée (1) et du clergé (2) ; 2° les décurions, c'est-à-dire les habitants des villes possédant une certaine fortune territoriale ; 3° les *possessores*, c'est-à-dire les propriétaires de maisons ou de fonds de terre d'une valeur moindre (3) ; 4° le peuple ; cette dernière classe comprenait, d'une part, les corporations des ouvriers, dont Constantin avait augmenté les immunités (4), et, d'autre part, les *coloni*, qui étaient fermiers de père en fils et se trouvaient dans une position de grande dépendance (5).

36. Au point de vue purement juridique, on divisait les habitants des municipes en *municipes* et en *incolæ* (6) : les premiers étaient les citoyens proprement dits, les autres de simples habitants sans droit de bourgeoisie.—On pouvait devenir *municeps* de quatre manières différentes : 1° par la naissance (*nativitas, origo*) (7) ;

---

(1) C. Th., L. 2, De honorar. codicill.

(2) C. Th., L. 9, De episc., eccles. et cleric.

(3) Ff., L. 1, De decr. ab ord. fac. — C., L. 3, De vend. reb. civit. — C. Th., L. 2, Ne conlat. transl. postul.

(4) V. *infra* n° 82.

(5) C , liv. xi, titres 47, 49, 51, 52, 63. — C. Th., liv. v, tit. 9.

(6) Orelli, 3705, 3707, 3708. — Les tables de Malaga , liii, distinguent de même les *cives* et les *incolæ*.

(7) Ff., L. 1, pr. et § 2 ; L. 6, § 1 ; L. 38, § 5, Ad municip.; L. 238, De verb. sign.

lorsque les parents appartenaient à deux municipes différents, l'enfant né de justes noces suivait, en principe, la condition du père, à moins que, par un privilége spécial à certaines villes, comme à Troie, à Delphes, etc., il ne dût suivre celle de sa mère (1), ce qui était la règle pour les enfants naturels (2) ; les individus qui naissaient dans un *vicus* avaient pour patrie la ville dont ce village dépendait (3) ;

2° Par l'adoption (*adoptio*) (4) ; l'adopté n'en restait pas moins citoyen de son ancienne patrie : il se trouvait ainsi *municeps* de deux villes, dans chacune desquelles il devait remplir des charges ; il pouvait aussi exercer des magistratures dans l'une et dans l'autre, pourvu que ce ne fût pas dans la même année (5) ; ses enfants se trouvaient dans la même position (6) ; lorsque l'adopté était émancipé par son père adoptif, il devenait étranger à la ville dont l'adoption seule l'avait rendu *municeps* (7) ;

3° Par l'affranchissement (*manumissio*) (8) : l'affranchi et ses enfants suivaient l'*origo* du patron, et s'il

---

(1) Ff., L. 1, § 2, Ad munic.

(2) Ff., L. 9, Ad munic.

(3) Ff., L. 30, Ad munic.

(4) Ff., L. 1, pr.; L. 15, § 3, Ad munic.

(5) Ff., L. 17, § 4, Ad munic. — C., L. 7, De adopt.

(6) Un rescrit d'Antonin décida que l'enfant conçu dans la famille adoptive suivait l'*origo* de son grand-père naturel (Ff., L. 17, § 9, Ad munic.). — Cf. C., L. 5, De municip. et orig.

(7) Ff., L. 16, Ad munic.

(8) Ff., L. 1, pr.; L. 6, § 3; L. 17, § 8 ; L. 22, § 2; L. 23, pr., Ad munic. — C., L. 2, De muner. — Tables de Salpensa, XXVIII.

était *municeps* de deux villes, l'affranchi devenait aussi citoyen de l'une et l'autre (1); celui qui était affranchi par plusieurs patrons suivait l'*origo* de chacun d'eux (2), et celui qui était affranchi en vertu d'un fidéicommis suivait celle de l'héritier *manumissor*, et non celle du défunt (3);

4° Par la concession du droit de bourgeoisie (*allectio*) (4); on disait alors que le nouveau *municeps* était *receptus* (5).

On ne pouvait pas perdre sa qualité de citoyen par sa propre volonté, ni par un changement de domicile, ni même par erreur (6); mais l'élévation à la dignité de sénateur détruisait la qualité de *municeps*, sinon quant aux *honores*, du moins quant aux *munera* (7); la captivité la faisait perdre aussi, mais elle se recouvrait par le *postliminium* (8).

37. La différence fondamentale qui séparait les *incolæ* des *municipes*, c'est qu'ils ne jouissaient pas du droit de cité dans le municipe et n'y avaient qu'un simple *do-*

---

(1) Ff., L 7; L. 27, pr., Ad munic.; L. 3, § 8, De muner.

(2) Ff., L. 7, De off. procons.

(3) Ff., L. 17, § 8, Ad munic. — C., L. 2, De munic.

(4) C., L. 7, De incolis. — Pline, *Ep*, x, 83, 109-116; Tac., *Ann.*, iv, 43; Orelli 3710 et suiv. — Quelques villes de Grèce vendaient même leur droit de cité (Dion Cass., liv, 7).

(5) Une lettre de Fronton, *Ep.* ii, 6, paraît ajouter le mariage comme conférant au m ri la qualité de *municeps*, ce qui serait assez singulier : M. Aufidius Victorinus y est déclaré *municeps* de Cirta, parce qu'il a épousé la fille de Fronton de Cirta.

(6) Ff., L. 6, Ad munic.— C., L. 1 et 4, De munic.

(7) Ff., L. 22, § 5; L. 23, Ad munic.

(8) Ff., L. 19, § 6, Ad munic.

micilium. L'*incola* devait supporter les charges de la
ville dans laquelle il était né, tant qu'il n'était pas devenu citoyen d'une autre ville; il devait supporter, en
outre, les charges du lieu de son domicile (1). On pouvait même être à la fois *incola* de plusieurs villes (2).
— Les individus qui demeuraient sur le territoire d'une
cité dont ils n'étaient point *municipes*, et dont ils ne devenaient pas *incolæ* parce qu'ils n'y établissaient pas
leur domicile, étaient appelés *adventores* ou *advenæ* (3) ;
ils n'étaient pas tenus des charges publiques (4). — Lorsqu'une personne était appelée à participer aux *munera*
d'une ville et qu'elle se prétendait *incola* ou *civis* d'une
autre, elle devait s'adresser au gouverneur de la province dans le ressort de laquelle était située la ville qui
prétendait exiger ces services (5).

On devenait *incola* d'un municipe en fixant son domicile soit dans la ville elle-même, soit dans son territoire (6). Le domicile était au lieu où l'on avait établi

---

(1) Ff., L. 28, § 4, Ex q. caus. maj.; L. 33, Ad munic.

(2) Lex Jul. munic., L. 143. — Ff., L. 4 ; L. 5 ; L. 6, § 2 ; L. 20 ; L. 27, § 2 ;
L. 29 ; L. 34 ; L. 37, pr.; L. 38, § 3, Ad munic.; L. 3, pr.; L, 6, § 5, De mun.
— C., L. 1, 4 et 5, De mun. — Nous avons vu que l'on pouvait être à la fois
municeps de plusieurs villes ; mais l'on ne pouvait être citoyen de Rome et
d'un autre État en même temps (Cic., *p. Balb.*, 11 ; *p. Arch.*, 5 ; *p. Cæc.*, 34).

(3) Grut., 181. 1 ; 444. 8. — Ff., L. 239, § 4, De verb. sign.; L. 35, Ad
munic. — On les appelait en grec ἄποικοι, par opposition aux πάροικοι ou
μέτοικοι (*incola*).

(4) C., L. 3 et 4, De incolis. — Cf. Ff., L. 17, § 10, Ad munic.

(5) Ff., L. 37, Ad munic.

(6) F., L. 239, § 2, De verb. sign.; L. 30, Ad munic. — Il paraîtrait, cependant
que celui qui s'était fixé, non pas dans la cité elle-même, mais dans une *villa*
ou un *vicus* voisin n'était point tenu des mêmes charges (Ff., L. 27, § 1 ; L. 35,

en fait (*re et facto*) le siége principal de ses affaires, et
où l'on résidait d'une manière constante (1). En principe, le choix du domicile était libre (2). Cependant, il
était quelquefois imposé : ainsi, l'individu relégué dans
une île avait nécessairement son domicile dans le lieu
d'exécution de la peine, et continuait néanmoins de supporter les charges de son ancien domicile (3); le fonctionnaire était domicilié dans le lieu d'exercice de ses
fonctions (4); le soldat, dans le lieu où il servait (5) ; les
sénateurs avaient leur domicile dans la ville impériale,
alors même qu'ils avaient obtenu du prince la permission
de s'absenter (6). La femme mariée acquérait le même
domicile que son mari (7), effet qui ne résultait ni des
fiançailles (8), ni d'une union illégitime (9). Le fils,
qui avait en naissant le même domicile et les mêmes
droits de cité que son père, pouvait changer plus tard
son domicile par lui-même (10).—Un voyage momentané
dans un lieu ou la simple possession d'un immeuble

Ad munic. — C., L. 3, De incol.) ; mais il était justiciable des mêmes magistrats (de Savigny, *Tr. de dr. rom.*, t. VIII, p. 62, traduct.).

(1) Ff., L. 203, De verb. sign .— C., L. 7, De incol.

(2) Ff., L. 31, Ad munic. — Cf. Ff., L. 71, § 2, De conflit. et demonstr.

(3) Ff., L 22, § 3; L. 27, § 3, Ad munic.

(4) Ff., L. 23, § 1, Ad munic.

(5) Ff., L. 23, § 1, Ad munic.

(6) Ff., L. 22, § 6, Ad munic. — C., L. 8, De incol. — Cf. Tacite, *Ann.*,
XII, 22.

(7) Ff., L. 38, § 3, Ad munic. — C., L. uniq., De mulier., in q. loc. — La
veuve conservait le domicile de son mari décédé (Ff., L. 22, § 1, Ad munic.).

(8) Ff., L. 32, Ad munic.

(9) F., L. 37, § 11, Ad munic.

(10) Ff., L. 3; L. 4; L. 6, § 1; L. 17, § 11, Ad munic.

dans une ville ne suffisait pas pour rendre *incola* (1). Le changement de domicile devait être réel, et ne pouvait pas avoir lieu par une simple déclaration de volonté (2). On ne pouvait point, enfin, renoncer à son domicile, lorsque l'on était appelé à remplir une fonction publique (3). La question de savoir où une personne avait établi son domicile se tranchait suivant les circonstances (4) : on pouvait même décider qu'une personne n'avait pas de domicile (5).

Les *incolæ*, qui étaient assujettis à toutes les charges, et soumis aux magistrats ainsi qu'au droit spécial du municipe dans lequel ils étaient domiciliés (6), n'y jouissaient pas du droit de bourgeoisie et ne pouvaient prétendre y exercer des magistratures (7) ; mais ils avaient le droit d'élection dans une certaine mesure, et ceux du municipe latin de Malaga, par exemple, prenaient part au vote dans un district électoral déterminé par le sort (8).

---

(1) Ff., L. 17, §§ 5 et 13, Ad munic. — C., L. 2 et 4, De incol.

(2) Ff., L. 20, Ad munic.

(3) Ff., L. 34, Ad munic. — C., L. 1, De incol.

(4) Ff., L. 27, § 1, Ad munic. — Les étudiants n'étaient réputés domiciliés dans la ville où ils faisaient leurs études qu'après un séjour de dix ans (Ff., L. 5, § 5, De injur. — C., L. 2 et 3, De incol.)

(5) Ff., L. 27, § 2, Ad munic. — Paul et Ulpien décidaient aussi qu'on pouvait avoir deux domiciles (ibid. — *Contra* Labéon, Ff., L. 5, Ad munic.).

(6) De Savigny, *Tr. de dr. rom.*, t. VIII, p. 45. — Cf. Ff., L. 29, Ad munic.

(7) Ff., L. 20, Ad munic. — C., L. 5 et 6, De incol. — Cic., *De off.*, 1, 34; Orelli, 2489, 3705, 3707 et suiv., 3725; Gruter, p. 484. 2, 488. 5. — Cependant, on rencontre exceptionnellement l'élection d'un *incola* (Orelli, 3709).

(8) Tables de Malaga, LIII. — On avait fait de même à Rome pour les an-

38. Quant aux *municipes*, ils pouvaient être eux-mêmes de diverses conditions : ainsi, dans les municipes
latins, il y avait à la fois des citoyens romains et des citoyens latins, c'est-à-dire des citoyens du municipe en
la condition latine (1) : il existait même, quant à ces
derniers, divers degrés de latinité (2).

39. Grâce au système de décentralisation administrative à la faveur duquel ils se développèrent jusqu'au
troisième siècle de l'empire, les municipes jouissaient
d'une certaine indépendance : d'où le nom de *respublica
municipii* (3). Chaque ville administrait ses affaires locales comme un simple particulier, par l'intermédiaire
de son sénat et de ses magistrats, issus de son élection
propre (4). Mais les gouverneurs ne tardèrent pas à exercer un droit de contrôle sur les municipes : en Italie,
les *consulares*, qui furent créés par Adrien (5) et qui sur-
veillaient les limites des territoires des différentes
villes (6), inspectaient aussi la constitution intérieure
des villes indépendantes, principalement au point de

---

ciens Latins (V. *supra* n° 14) : c'était donc comme un souvenir de l'ancienne
tradition romaine, des droits accordés aux habitants des villes latines entre
elles et vis-à-vis de Rome (Mommsen, *Die Stadtrechte der lateinischen Ge-
meinden Salpensa und Malaga*, p. 408).

(1) *Cives Latini* (Malaga, LIII). Cf. Salluste, *Jug.*, 69 : *civis ex Latio.*

(2) V. *supra* n° 20.

(3) Ff., L. 13, § 1, De publican. ; L. 31, § 1, De furt. — C., L. 1 et 2, De
debit. civil. — Cic., *Ad div.*, XIII, 11.

(4) Cic., *Ad div.*, XIII, 11 ; *p. Cluent.*, 8 ; Orelli, 3700, 3882 ; etc.

(5) Spartien, *Hadr.*, 22 ; Capitolin, *Anton. Pius*, 2, 3 ; M. *Anton.*, 11.

(6) C'était ce que l'on appelait le *jus territorii*, qui était réglementé par
des constitutions impériales (Frontin, dans les *Gromatici veteres*, p. 18 et 54,
éd. Lachmann) ou par les priviléges des villes (Hygin, ibid., p. 118).

vue de leur administration financière (1); cette mission, qui avait pour but d'assurer l'intervention du pouvoir central dans la comptabilité municipale, fut souvent confiée dans les provinces à des commissaires extraordinaires, que l'on nommait quelquefois des *revisores* (2).

40. Les municipes avaient aussi une certaine indépendance au point de vue législatif. Non-seulement les Latins (3) et même les pérégrins (4) avaient conservé le droit de se gouverner au point de vue civil *suis legibus*; mais les villes même qui étaient soumises au droit romain jouissaient d'une certaine autonomie relativement aux lois d'intérêt local, à la condition, toutefois, de ne point porter de lois qui fussent contraires aux constitutions générales des empereurs (5) : ce fut ainsi que des

----

(1) Dans les provinces, un droit de tutelle administrative appartenait depuis longtemps au gouverneur (Ff., L. 1, §§ 2, 3, 4 et 13, Quand. appelland.; L. 34, pr., Ad munic.; L. 7, De off. proc.; L. 5, pr. et § 1, De oper. publ.; L. 33, De usur.; L. 3, § 15, De muner. — C., L. 1, 2, 3 et 4, Quemadm. civ. mun.; L. 4, De muner.). — On avait déterminé les cas dont la connaissance était de son ressort (Ff., L. 6, De decr. ab ord. fac.; L. 6, De oper. publ.)

(2) Pline, VIII, 24; X, 53; 92.—Cf. Becker et Marquardt, III, 1, p. 66 et 67.

(3) Aulu-Gelle, IV, 4.

(4) Varron, *de ling. Lat.*, V, 3; Festus, v° *Hostis*.

(5) Ff., L. 2, De alb. scrib.; L. 3, § 5, De sepulcr. viol. —Cic., *De leg.*, III, 16; Pline, *Ep.*, X, 114. — Aussi voit-on mentionner souvent des *leges municipales* non plus dans le sens de lois romaines sur la constitution municipale, mais bien d'un droit propre à tel ou tel municipe (Ff., L. 3, § 5, De sepulcr. viol.; L. 3, § 4, Quod vi aut clam; L. 21, § 7, Ad munic.; L. 1, § 2; L. 3, § 1; L. 18, § 27, De muner.; L. 5, § 1, De jur. immun.; L. 6, De decr. ab ord. fac.; L. 6, pr., Quod cujusc. univers.—C., L. 1, De vend. reb. civit.; L. 4, De jur. reip.). On donne quelquefois à ce droit local le nom de *leges moresque locorum* ou de *leges* tout court (C. L. 2, Quemadm. testam. inspic.). Cf. Ff., L. 3, Quod cujusc. univers.

municipes et des colonies obtinrent le droit de transformer leurs coutumes en *leges* obligatoires (1). Certaines villes avaient même acquis et conservé de nombreux priviléges qui faisaient exception au droit commun (2) : les empereurs voyaient ces priviléges avec faveur (3).

41. Quant à l'administration de la justice, qui appartenait autrefois aux magistrats municipaux d'une manière illimitée (4), elle fut déplacée en partie par les lois Julia et Rubria, qui subordonnèrent ces magistrats aux gouverneurs romains ; la juridiction municipale fut atteinte aussi par l'exercice d'une faculté dont les habitants des municipes usèrent largement, celle de préférer le *forum* de Rome à celui de leur ville, lorsqu'ils habitaient Rome ou qu'ils y possédaient des biens (5). — La loi Rubria reconnut, en principe, aux magistrats des villes de la Gaule cisalpine le droit de juridiction civile, c'est-à-dire le droit de nommer un juge et de délivrer la formule ; mais elle réserva au préteur romain certaines affaires, telles que le prêt d'argent, lorsque l'intérêt dé-

---

(1) Frontin, *De controv. agror.*, p. 49. 4, p. 448, p. 433. 47, p. 261. 24, éd. Lachm. — Telle était la loi de Salpensa.

(2) Ff., L. 1, § 1 ; L. 21, § 7, Ad munic. ; L. 37, De reb. auct. jud. possid. ; L. 17, § 1, De excus. tut. — C., L. 9, De testam.

(3) Trajan recommandait à Pline de les observer dans le doute (*Ep.*, x, 114).

(4) Dans les villes où il n'y avait point de magistrats, les décurions avaient une juridiction d'un ordre inférieur.

(5) Lex Rubria, ch. xxii. — Cic., *In Verr.*, v, 13. — En principe, la juridiction municipale s'étendait sur tous les habitants du municipe, *cives* ou *incolæ* : dans les municipes latins, elle atteignait même les citoyens romains (Cf. Mommsen, *Inscr. Regn. Neapol.*, 2222).

passait 15,000 sesterces (1); cette loi leur attribua même quelquefois encore l'*imperium* (2), mais ils ne tardèrent pas à le perdre, et avec lui le droit de juridiction volontaire et de procédure extraordinaire, sauf certains cas exceptionnels (3). On ignore à quelle époque les municipes de l'Italie perdirent leur droit illimité de juridiction et furent mis dans la même position que ceux de la Gaule cisalpine (4); mais il est certain que ce changement s'opéra au plus tard quand Marc-Aurèle substitua aux *consulares* les *juridici* pour la juridiction civile, et le *præfectus urbi* ainsi que le *præfectus prætorio*, chacun dans son ressort territorial, pour la juridiction criminelle (5) : le *juridicus* eut la juridiction civile au-dessus d'une certaine somme (6), et la procédure *extra ordinem*; le *præfectus*, la juridiction répressive (7), car les magistrats municipaux avaient perdu le droit de juridiction criminelle que la loi Julia leur avait reconnu (8). Enfin, dans les provinces, la juridiction municipale avait

---

(1) Lex Rubr., ch. xxi et xxii; Ff., L. 19, § 1, De jurisd; Paul, v, 5a, 1. — Cf. Malaga, lxix. —Cependant, le consentement des parties pouvait proroger au delà de cette somme la juridiction municipale (Ff., L. 28, Ad munic.).

(2) Lex Rubr. — Voilà pourquoi ils avaient anciennement un *tribunal* ou *forum* (Suét., *De clar. rhet.*, 6. — Paul, iv, 6, 2).

(3) Ff., L. 26, pr.; L. 28, Ad munic.; Paul, v, 5a, 1.—Ff., L. 131, § 1, De verb. sign.

(4) Ce fut probablement après la loi Rubria, ou sous le règne d'Adrien.

(5) Capitolin, *M. Anton. Phil.*, 11.

(6) D'où le titre de *juridicus de infinito* (Orelli, 3174).

(7) Sauf la compétence de police qu'avaient conservée les magistrats municipaux (Ff., L. 12, De jurisd.).

(8) Lex Jul. munic., L. 118. — Cf. Tac., *Ann.*, ii, 25.

subi une décadence semblable, et lorsque le pouvoir des gouverneurs atteignit son entier développement, les tribunaux municipaux ne constituèrent plus qu'un degré inférieur de juridiction civile (1) ; quant à leur juridiction criminelle, restreinte d'abord par celle du sénat et par les *quæstiones perpetuæ*, elle fut absorbée également par la compétence générale du président de la province, à tel point qu'ils conservèrent seulement le droit d'infliger aux esclaves de légers châtiments et de réprimer les infractions de simple police (2).

Il était aussi de principe que les différends entre plusieurs villes, ou entre les diverses autorités d'une même ville, devaient être portés devant le gouverneur. Enfin, les empereurs se réservèrent, tant en Italie que dans les provinces, le droit de trancher, en dernier ressort, les questions les plus importantes ; c'est ce qu'attestent un grand nombre de rescrits (3) : les uns étaient rendus pour une seule province, puis étendus à d'autres (4) ; les autres étaient immédiatement applicables à tout l'empire (5).

---

(1) C. Th., L. 1 et 3, De reparat. appellat.

(2) Ff., L. 12, De jurisd ; L. 15, § 39 ; L. 17, § 2, De injur. — C. Th., L. 8, De jurisdict.

(3) Ff., L. 18 ; L. 24, Ad munic. ; L. 3 ; L. 13, De decurion. ; L. 6 ; L. 11 ; L. 14, §§ 4 et 6, De muner. ; L. 5, § 6, De jure immun. ; L. 4 ; L. 8, § 1, De legation. ; L. 9, De adm. rer. ad civit. pertin. ; L. 5, pr., De oper. publ. — Cf. L. 3, § 5, cod. tit., qui dit en termes exprès qu'un rescrit de l'empereur peut abroger les lois municipales.

(4) Ff., L. 8, pr., De vacat. ; L. 6, § 2, De excusat.

(5) Pline, *Ep.*, x, 71 et suiv. — Ff., L. 1, § 2, De fugit. — C., L. 3, De tabular.

Après cet aperçu général, nous allons étudier en détail la constitution des pouvoirs publics et les objets de l'administration municipale.

SECTION PREMIÈRE.

Constitution des pouvoirs publics.

42. Dans les villes qui jouissaient de leur indépendance communale, trois pouvoirs se partageaient l'exercice des droits municipaux : le peuple, le sénat et les fonctionnaires. Leur influence relative varia suivant les époques.

§ 1. — Le peuple.

43. L'assemblée du peuple exerçait dans les municipes trois espèces de droits différents : elle élisait les magistrats (1); elle votait les lois locales (2); enfin, elle pourvoyait à l'expédition des affaires municipales en l'absence des magistrats (3). Pour l'exercice de ces droits, les citoyens étaient sans aucun doute divisés en curies, division politique très-ancienne (car à Rome les curies avaient précédé les centuries et les tribus), et qui avait probablement été commune autrefois à toutes les villes latines (4). Les monuments épigraphiques nous ont ré-

---

(1) Cic., *Ad div*, XIII, 11 ; *p. Cluent.*, 8, 25. — Lex Jul. munic., L. 84, 85, 99, 100, 130. — Orelli, 3700, 3882. — Malaga, LII, LV et suiv.

(2) Cic., *De leg.*, III, 16 ; 36 ; Pline, *Ep.*, XI, 114.

(3) *Cenotaph. Pisan.*, Orelli, 643.

(4) Mommsen, *Die Stadtr. der latein. Gem. Salp. u. Mal.*, p. 409.

vélé l'existence de ces curies dans plusieurs municipes d'Italie (1), d'Afrique (2) et d'Espagne (3), et jusque dans l'île de Sardaigne (4). Le peuple des municipes était organisé sur le modèle du *populus*, et non sur celui de la *plebs* de Rome, laquelle constituait, pour ainsi dire, un État dans l'État (5). — Les tables de Malaga nous ont conservé de précieux détails sur le mode d'élection des magistrats par tous les citoyens, en même temps qu'elles nous apprennent que, dans les municipes latins, le peuple possédait encore au temps de Domitien la plénitude de ses droits électoraux (6) : l'empereur lui-même, lorsqu'on lui déférait la dignité de duumvir, devait être élu par tous les habitants (7). Il est probable que ce fut en Afrique que l'assemblée du peuple conserva le plus longtemps le droit d'élire elle-même les magistrats (8).

44. Les comices, dont la réunion devait être annoncée à l'avance par les duumvirs, étaient toujours présidés

---

(1) A Lanuvium (Orelli, 3740) et à Cære (ibid., 5572).

(2) Léon Renier, *Inscriptions romaines de l'Algérie*, 1430, 1525, 2871 et *passim*. — Cf. Léon Renier, *Bulletin des Sociétés savantes*, juillet 1855. — Cette division paraît s'y être maintenue jusqu'au règne d'Alexandre Sévère (*Inscr. rom. de l'Algérie*, 91.)

(3) Malaga, LII, LIII, LV, LVI, LVII, du temps de Domitien. — Orelli, 7421.

(4) Orelli, 7420 e B.

(5) Mommsen, loc. cit., p. 430, note 118.

(6) C'est uniquement pour le *præfectus* nommé par un duumvir que l'on rencontre l'addition des mots *decreto decurionum* (Mommsen, *Inscriptiones Regni Neapolitani*, p. 480) : jamais on ne la trouve pour les magistrats qui devaient être nommés par les comices.

(7) M. Mommsen a fort judicieusement remarqué que, lorsqu'il est dit que le duumvirat lui est déféré par les *decuriones* ou par les *municipes* (Salpensa, XXIV), on n'entend parler que de la *legatio* qui lui est envoyée.

(8) C. Th., L. 1, Quemadm. mun.

par le plus âgé d'entre eux, quels que fussent les magistrats qu'il s'agissait d'élire (1). Quiconque essayait, par des manœuvres frauduleuses, d'empêcher la tenue de l'assemblée électorale ou de la faire suspendre était puni de l'infamie et d'une amende (2) ; il existait à cet égard une action populaire, c'est-à-dire ouverte à tout citoyen (*cuivis ex populo*). — On procédait hiérarchiquement à l'élection des divers magistrats : d'abord à celle des duumvirs, puis à celle des édiles et enfin des questeurs (3). On déterminait par la voie du sort la curie dans laquelle les *incolœ* devaient voter (4), puis le président invitait toutes les curies à la fois à aller donner leurs suffrages chacune dans l'enceinte (*consœptum*) qui lui était assignée ; les opérations du vote se faisaient au moyen de tablettes (*tabellœ*), que l'on jetait dans une corbeille (*cista*). Dans chaque *consœptum* se tenaient trois scrutateurs (*custodes diribitores*), qui étaient nommés par le président et prêtaient serment ; plus, autant de scrutateurs que de candidats demandant à choisir eux-mêmes un surveillant (5) ; ils faisaient le dépouillement des suf-

---

(1) Malaga, LII.—Cette présidence constante du duumvir était, dit M. Mommsen, loc. cit., pp. 121 et 122, une tradition de l'ancienne constitution latine, à l'esprit de laquelle il était conforme que toutes les magistratures fussent conférées par le magistrat suprême, dont elles dérivaient dans le principe.

(2) Malaga, LVIII.—Ff., L. uniq., § 1, De leg. Jul. amb. — C'était une application de la loi Julia *de ambitu*, étendue aux municipes par un sénatus-consulte.

(3) Malaga, LIV.

(4) Malaga, LIII. — V. *supra* n° 37.

(5) Malaga, LV. — Les scrutateurs devaient appartenir à une curie autre que celle dont ils avaient la surveillance ; mais, pour plus de facilité, ils votaient avec celle-ci.

frages et remettaient les *tabulæ* sur lesquelles ils avaient
inscrit le résultat du vote de chaque curie au président,
lequel, vérification faite, procédait à une première proclamation (*renuntiatio*) pour chaque curie (*pro curia*) des
candidats qui avaient obtenu la majorité même purement
relative (1). Puis, on dressait la liste d'ensemble des
suffrages de toutes les curies, en commençant par une
curie que le sort désignait, et le magistrat proclamait
(seconde *renuntiatio*) les noms des candidats définitivement élus : il fallait, cette fois, avoir obtenu les voix
de la majorité absolue des curies (2). Il est intéressant
de rapprocher de ces institutions municipales le système presque identique qui était suivi dans les comices
de Rome (3).

45. Aux approches de l'élection, le président devait
veiller à ce qu'il y eût autant de candidats capables que
de magistratures à remplir (4). Deux voies étaient ouvertes : 1° la présentation personnelle (*professio*), qui
devait être faite un certain temps à l'avance et était suivie
d'une publication (*proscriptio*) ; 2° la présentation par le
président (*nominatio*) : le candidat ainsi présenté avait le
droit d'en présenter à sa place un autre, lequel avait
également le droit d'en présenter un troisième ; on pu-

(1) Malaga, LV, LVI.

(2) Malaga, LVII, LIX. — Cf. Mommsen, loc. cit., p. 121 et suiv. — En cas
d'égalité de voix, le nombre des enfants ou la qualité d'homme marié était une
cause de préférence (Malaga, LVI, LVII) ; à position égale, le sort décidait.

(3) Cf. Denys d'Halic., VII, 59 ; Q. Cic., *De petit. cons.*, 2, 8, etc., et
parmi les auteurs modernes Becker et Marquardt, II, 3, p. 99 et suiv. ;
Mommsen, *Die römischen Tribus*, ch. II, § 6 (p. 94 et suiv.).

(4) Malaga, LI.

bliait leurs noms (1). M. Mommsen (2) voit dans le développement exclusif que prit ce dernier mode de nomination la cause principale de l'abandon des comices : les magistratures devenant des charges, il n'y eut plus d'autres candidats que ceux que le duumvir désignait, et comme il s'entendait à ce sujet avec le sénat municipal (3), les élections passèrent en fait aux magistrats et aux décurions (4).

46. Les pouvoirs de l'assemblée du peuple, qui subsistèrent dans les municipes plus longtemps qu'à Rome (5), où le pouvoir souverain passa au sénat dès le règne de Tibère, commencèrent par subir quelques modifications avant de disparaître complétement (6). Elle conserva pendant quelque temps une certaine influence sur les élections des magistrats, lesquelles se firent sur sa désignation : d'où la formule *beneficio* ou *ex postulatione populi* (7); puis, ce droit lui-même disparut (8), et le privilége d'élire les magistrats, comme les prêtres, passa aux sénats municipaux (9). Désormais, ce fut le magistrat sortant de fonctions qui dut présenter un successeur :

---

(1) Malaga, LI.

(2) Loc. cit., p. 424.

(3) C. Th., L. 53, De appellation.; L. 84, De decur.

(4) C., L. 1, § 3, Quando appell.

(5) V. *supra* n° 43.

(6) M. Zumpt, *Comm. epigr.*, p. 60 et 61, croit que ce fut une loi Petronia qui les supprima ; mais ils se maintinrent beaucoup plus tard.

(7) C. Th., L. 1, Quemadm. mun. civ. — Grut., 431.1 ; 475.3; Orelli, 3701, 3725, 3847, 4020.

(8) Ff., L. 12, De appellation.

(9) Orelli, 2263, 2287, 3701, 3709.

après cette présentation (*nominatio*) qu'il faisait à ses risques et périls, car il répondait du candidat qu'il avait désigné (1), avait lieu l'élection (*creatio*) par le sénat (2). Dans les provinces, il était d'usage que ce fût le gouverneur qui proposât aux décurions le successeur présenté par le magistrat dont les fonctions expiraient (3) ; il proposait, d'ailleurs, lui-même le décurion qu'il favorisait, lorsque le prédécesseur renonçait au droit de présentation (4).

Le droit d'élection fut rendu plus tard à l'assemblée du peuple pour la nomination des *defensores* (5), et la désignation des *legati* que l'on devait envoyer à l'empereur (6) ; et les principaux propriétaires (*possessores*) vinrent aussi s'adjoindre aux décurions, toutes les fois qu'il s'agissait de nommer les personnes qui pourraient exercer la médecine (7) ou d'autoriser la vente de biens communaux (8). Enfin, l'on trouve également plusieurs inscriptions dédicatoires qui font mention de délibérations du peuple (9).

---

(1) Ff., L. 11, § 1 ; L. 13 ; L. 15, § 1, Ad munic. — C., L. 1, De peric. nominat.

(2) Ff., L. 1, §§ 3 et 4, Quand. appell. — C., L. 45, De decur. ; L. 8, De suscept.

(3) Ff., L. 1, § 3, Quand. appell. — C., L. 2, De peric. nominat. ; L. 3, Quo quisq. ord. conven.

(4) Ff., L. 1, § 4, Quand. appell.

(5) C., L. 8, De defensor. civil. ; L. 19, De episcop. aud.

(6) C., L. 5, De legation.

(7) Ff., L. 1, De decr. ab ord. fac.

(8) C., L. 3, De vendend. reb. civil.

(9) Orelli, 3703, 3704, 3728, 3750.

§ 2. — Le sénat.

47. Tous les municipes possédaient un sénat (*ordo decurionum, ordo, curia*) (1), dont les membres s'appelaient *decuriones conscriptive, patres*, ou enfin *decuriones* tout court (2), et prirent, vers la fin de l'empire, le nom de *curiales* (3). Ils étaient souvent au nombre de cent, comme les sénateurs de Rome, et on les désignait même, à Veïes (4), à Pérouse (5) et à Cures (6), par le titre de *centumviri;* mais ce chiffre n'était pas de règle, et l'on voit indiqué, pour certaines villes, un nombre différent de sénateurs (7).

La composition du sénat municipal varia suivant les temps. Dans le principe, les décurions étaient élus à vie (*lectio senatus*) par les magistrats suprêmes de la ville, jouant le rôle de *quinquennales*, qui les choisissaient

---

(1) Orelli, 3724, 3725. — On l'appelait quelquefois aussi *senatus* (Orelli, 113, 120, 124; Lex Jul. munic., L. 87).

(2) Lex Jul. munic., L. 85-88. —Salpensa et Malaga, *passim*. — Orelli, 643, 784, 4036. — Cic., *p. Cluent.*, 14; *p. Rosc. Amer.*, 9; César, *De b. civ.*, I, 23.

(3) C. Th., L. 6, De decur. — On fait dériver le nom de *decuriones* de ce fait que, lorsque l'on fondait une colonie, on prenait la dixième partie des colons, *decima pars eorum qui deducerentur*, pour en former un conseil (Ff., L. 239, § 5, De verb. sign.); celui de *curiales*, du mot *curare* (Isidore, *Orig.*, IV, 22).

(4) Orelli, 108, 3448, 3706, 3737, 3738, 4046.

(5) Orelli, 3739.

(6) Orelli. 764, 3739, 6998.

(7) Ils étaient au nombre de 30 à Castrimœnium (Orelli, 6999). — *L'album* de Canusium (*Inscr. R. Neap.*, 635) en indique 164, chiffre qui se réduit à 100, déduction faite des 39 *patroni* et des 25 *prætextati*.

principalement parmi les citoyens qui avaient rempli des fonctions municipales (1) ; sous les empereurs, ils continuèrent d'être nommés à vie, mais la nomination dut être faite désormais par la curie elle-même (2), et, à partir du règne des Antonins, il fallut être décurion pour pouvoir aspirer aux magistratures (3). Enfin, pendant la dernière partie de l'empire, lorsque le décurionat cessa d'être un honneur pour devenir un fardeau, on eut recours à plusieurs moyens pour combler les vides que les désertions laissaient dans les curies. Hérédité de la condition de curiale (4), encouragements donnés à l'entrée volontaire dans la curie (5), tel fut le système suivi pendant la décadence du régime municipal. L'exercice des magistratures locales était devenu une sorte de servitude personnelle d'utilité publique.

48. Les conditions d'aptitude subirent aussi de nombreuses fluctuations. Il fallut d'abord, pour être éligible,

---

(1) Lex Jul. munic., L. 83 à 88; 137. — Pline, *Ep.*, x, 83 ; Fronton, *Ep.*, II, 11.

(2) Ff., L. 6, § 5, De decur.

(3) Ff., L. 7, § 2, De decur.

(4) Le fils, même adoptif, d'un curiale était attaché à la curie (*subjectus curiæ*) dès sa naissance (C., L. 4, 36 et 37, De decur.), bien qu'il ne pût prendre part à l'administration qu'à l'âge de 25 ans (Ff., L. 21, § 6, Ad munic.; L. 8, De decur.); et cette espèce de *nexus* ne pouvait être rompue ni par le choix d'une autre profession, ni par l'abandon des biens(C. Th., De decur., *pas·im.*).

(5, Les citoyens qui se faisaient agréger volontairement à la curie obtinrent une foule de privilèges : on décida que ni leur patrimoine ni celui de leurs descendants ne se trouverait engagé, et que leurs enfants nés ou à naître ne seraient point forcés de suivre la même condition (C., De h. q. sponte, *passim*). — La légitimation par oblation à la curie (C , L. 3, De natur. lib.) appartient au même ordre d'idées, et a été imaginée dans le même esprit.

avoir un cens d'au moins 100,000 sesterces (environ 20,000 francs) (1); à partir de Constantin, il suffit, pour devenir curiale, d'avoir 25 arpents (*jugera*) de propriété foncière (2). On exigea d'abord l'âge de 30 ans (3), puis celui de 25; bientôt, il n'y eut plus de condition d'âge, et l'on vit créer des enfants décurions, avec la qualification de *prætextati* (4). Les affranchis étaient incapables de devenir décurions, à moins qu'ils n'eussent obtenu le *jus aureorum annulorum* ou la *natalium restitutio*, et la loi Visellia punissait ceux qui tentaient de s'introduire dans la curie (5). Étaient exclus également du décurionat: les *coloni*, les plébéiens (6), les individus notés d'infamie (7), ceux sur lesquels pesait, depuis moins d'une année, une accusation capitale (8), et ceux qui, à raison de leur administration, étaient débi-

---

(1) Pline, *Ep.*, i, 19; Pétrone, 44. — Les dépenses auxquelles entraînait la qualité de décurion (Ff., L. 6, pr.; L. 14, § 3, De muner.) justifient cette condition de fortune.

(2) C. Th., L. 33, De decur. — Cf. Ff., L. 21, § 4, Ad munic.

(3) Cic., *In Verr.*, ii, 49; Pline, *Ep.*, x, 83. — Cf. Lex Jul. munic. L. 90.

(4) *Inscr. R. Neap.*, 645. — Ff., L. 21, § 6, Ad munic.; L. 6, § 1, De decur.

(5) C., L. 1 et 2, Si servus aut libert.; L. un., Ad leg. Visell.—Orelli, 3914. — On rencontre, à une époque assez avancée, des *liberti* décurions (Orelli 3750 et suiv.), mais ils n'ont que les *ornamenta decurionalia*, sans droits actifs.

(6) Ff., L. 2, § 3; L. 7, § 2, De decur.

(7) Lex Jul. munic., L. 95. — Ff., L. 6, § 3; L. 12; L. 13, pr. et § 1, De decur.; L. 40, De injur. — C., L. un., De infam.

(8) Ff., L. 17, § 12, Ad munic.; L. 7, pr., De muner. — C., L. un., De reis postul. — Cf. Ff., L. 21, § 5; L. 22, § 4, Ad munic.; L. 6, § 2, De muner.

teurs de la ville (1). Les juifs, que Sévère et Caracalla avaient admis à l'exercice des fonctions publiques (*honores*) (2), en furent exclus, ainsi que les païens et les hérétiques, par les empereurs chrétiens (3). Au contraire, les textes nous apprennent, en termes formels, que la qualité de décurion pouvait être conférée aux enfants des individus notés d'infamie (4); aux personnes qui avaient encouru une condamnation capitale, pourvu qu'elles eussent obtenu la *restitutio in integrum* (5); aux bâtards, sauf à leur préférer un concurrent fils légitime (6); aux petits marchands qui étaient sous le fouet des édiles (7); aux personnes illettrées (8); aux fils de famille, même contre la volonté de leur père (9). Enfin, ceux qui avaient renoncé aux *honores*, par serment, pouvaient néanmoins être faits décurions (10). — On pouvait être décurion de plusieurs villes à la fois (11).

Il arrivait quelquefois que la conduite d'un décurion rendait son expulsion nécessaire. Celui qui était chassé de la curie (*ordine motus*) pour quelque temps seulement, redevenait décurion après l'expiration de ce temps

---

(1) Ff., L. 6, § 1, De muner. — C., L. 1, De debit. civit.

(2) Ff., L. 3, § 3, De decur.

(3) C., L. 5; L. 10; L. 19, De Judæis; L. 12, De hæret.

(4) Ff., L. 2, § 7; L. 13, De decur.; L. 3, § 9, De muner.

(5) Ff., L. 3, § 2, De muner.

(6) Ff., L. 3, § 2, De off. procons.; L. 6; L. 9, De decur.

(7) Ff., L. 12, De decur.

(8) C., L. 6, De decur.

(9) Mais, dans ce cas, ils ne l'obligeaient pas (Ff., L. 3, § 5, De muner. — C., L. 5, De decur.). — Cf. *infra* n° 62.

(10) Ff., L. 38, pr., Ad munic.

(11) Orelli, 3744. — Ausone, *Edyllia*, II, 5.

et reprenait son rang, à la différence de celui qui était relégué (*relegatus*), lequel ne redevenait pas de droit décurion, et, s'il était réélu, ne reprenait pas son rang (1). Mais l'un et l'autre ne rentraient dans l'*ordo* qu'après l'expiration d'un temps égal à celui pendant lequel ils en avaient été exclus (2).

49. Certaines personnes étaient exemptes des charges de la curie, par exemple celles qui avaient revêtu quelques hautes dignités (3). L'âge de 55 ans était une cause de dispense, à moins d'acceptation expresse (4). Celui qui était père de douze enfants jouissait de la même exemption (5), ainsi que les citoyens qui exerçaient une profession éminemment utile, comme les armateurs de vaisseaux destinés à l'approvisionnement (*navicularii*) (6). Mais ni le service militaire (7), ni la profession d'avocat (8), ni l'exercice du sacerdoce d'un culte quelconque (9), ne suffisaient pour exempter du décurionat. Les dispenses individuelles ne pouvaient être accordées que par l'empereur (10), et il arrivait souvent qu'il les révo-

---

(1) Ff., L. 2, pr. et § 2; L. 3, § 1, De decur.

(2) Ff., L. 15, Ad munic. — C., L. 2, De h. q. in exil. dat. — On suppose, bien entendu, qu'ils n'avaient pas encouru une condamnation infamante; car alors ils seraient exclus à jamais du décurionat (Ff., L. 3 et L. 5, De decur. — C., L. 8, De decur.)

(3) C., L. 61, 64, 65 et 66, De decur. — La dignité de gouverneur de province n'était pas de ce nombre (C., L. 50, ibid.).

(4) Ff., L. 2, § 8, De decur.

(5) C., L. 24, De decur.

(6) Ff., L. 9, § 1, De decur.

(7) C., L. 17 et 55, De decur.

(8) C., L. 35, De decur.

(9) C., L. 49, De decur.

(10) C., L. 14, De decur.

quait ensuite, comme ayant été arrachées par importunité ou par surprise (1). La faveur présida de plus en plus à la concession de ces dispenses, qui, dans la suite, furent accordées surtout à des employés militaires (2) ou à des personnes de la classe la plus élevée (3). Le fardeau des charges municipales retomba ainsi tout entier sur la classe moyenne, qui s'en trouva accablée.

50. Deux causes principales contribuèrent à faire fuir le décurionat pendant la période qui suivit le règne de Constantin : les dépenses considérables auxquelles il obligeait, car il fallait donner des jeux à la *plebs* (4) ; les embarras résultant du mauvais état des finances municipales et la responsabilité imposée aux décurions, qui étaient obligés de solder l'excédant des dépenses du budget communal sur les recettes, et qui, en outre, répondaient solidairement, vis-à-vis de l'État, du recouvrement de l'impôt (5), pour le contingent de la cité (6). Ce principe de solidarité héréditaire des curiales pour le payement de l'impôt, s'opposait à ce qu'un proprié-

---

(1) C., L. 37 et 43, De decur.

(2) Par ex. au *magister equitum peditumve*, ainsi qu'à toute la milice cohortale (C. Th., L. 3, De cohortal.).

(3) Par ex. aux *clarissimi* (C., L. 66, De decur.).

(4) Ff., L. 6, pr.; L. 14, § 3, De muner.—C., L. 1, De spectac.

(5) La curie faisait faire ce recouvrement par des *susceptores* dont elle avait la nomination (Ff., L. 18, § 8, De muner. — C., L. 8, De suscept.). —V. *infra* n° 86.

(6) D'abord, la cité avait été responsable elle-même ; mais, lorsque son patrimoine se trouva épuisé par les exigences du pouvoir central, les administrateurs de ce patrimoine furent tenus sur leurs biens personnels. Il est vrai que cette rigueur fut proscrite à plusieurs reprises (C., L. 17, De omni agro des.; Nov. Major., t. 1.)

taire vendît ses terres à d'autres qu'à des *habitatores adscripti* (1). Les décurions furent même contraints de prendre à leur charge les immeubles abandonnés par ceux qui étaient hors d'état de payer l'impôt, et on les vit dévaster eux-mêmes leurs terres ou contracter des dettes pour échapper, au moyen d'une expropriation, à l'action tyrannique du fisc (2). On ne se contenta pas de rendre le décurionat héréditaire, et d'offrir une sorte de prime à l'entrée volontaire dans la curie (3) : on y fit entrer de force les soldats lâches, les ecclésiastiques indignes et les criminels eux-mêmes (4) ; cependant, quelques empereurs défendirent d'imposer comme châtiment l'agrégation à la curie (5). Enfin, de nombreuses prohibitions furent édictées dans le but unique de retenir les décurions dans le service actif de la curie : ils ne purent s'éloigner de la ville sans permission spéciale, ni aller ha-

---

(1) C., L. 1, De omn. agr. des. — Il devait d'ailleurs, s'il voulait vendre, obtenir la permission préalable du gouverneur de la province (C. Th., L. 2, De præd. et manc.)

(2) C., De censib., *passim ;* De omn. agr. des., *passim.* — Il s'établit à cette époque une sorte de glèbe universelle, comme dit M. Giraud (*Hist. du dr. franç. au moyen âge*, p. 170), une sorte d'immobilisation générale des personnes, et l'on peut voir dans la condition des curiales quelque chose d'analogue, dans l'ordre de la propriété territoriale, à ce qu'était dans l'ordre de l'exploitation la condition des colons. Chacun était parqué dans sa condition (*obnoxius conditioni*) ; il fallait employer la force pour faire cultiver la terre, et la possession se trouvant méprisée par suite de l'abandon de la culture, on dut attacher les propriétaires à la terre, en même temps que l'on se croyait obligé d'y attacher les agriculteurs.

(3) V. *supra* n° 47, en note.

(4) C. Th., L. 108, De decur. — Cf. Roth., *De re munic. Roman.*, p. 42 et suiv.

(5) C., L. 38, De decur. — C. Th., L. 66, De decur.

biter la campagne (1); il leur fut également interdit d'entrer dans l'armée, eux ou leur fils (2); de se faire recevoir dans les ordres, à moins d'abandonner leurs biens à la curie ou à quelqu'un qui comblât dans la curie le vide que leur départ y faisait (3); de remplir des fonctions qui les auraient exemptés, à moins d'avoir revêtu successivement toutes les charges et magistratures municipales, jusqu'aux plus élevées (4). — L'obligation principale des décurions était d'administrer eux-mêmes les affaires du municipe (5). De cette règle découlaient encore une foule de prohibitions : il leur était interdit de se charger des affaires d'autrui, comme mandataires ou tabellions (6); d'exploiter ou d'affermer les *prædia publica* et les *vectigalia*, soit par eux-mêmes, soit par personnes interposées (7); de prendre à bail une terre quelconque, et de se porter caution d'aucun fermier (8); de faire aucune donation (9), ni même d'aliéner à titre onéreux

---

(1) Ff., L. 2, § 6, Ad munic. — C., L. 46 et 51, De decur. ; L. uniq., Si curialis relicta civitate rus habitare maluerit.

(2) C. Th., L. 22, De decur. ; L. 28 et 30, De cohort. ; L. 14, De privil.

(3) C. Th., L. 59, 63 et 104, De decur.; L. 3, De episcop.—Arcadius et Honorius leur enlevèrent même cette faculté d'une manière absolue (C., L. 12, De episc.), prohibition que Justinien confirma (L. 53, ibid.)

(4) C. Th., L. 65, De decur. — Ceux qui contrevenaient à ces prohibitions étaient recherchés dans l'armée, dans le clergé et dans les fonctions publiques où ils s'étaient introduits furtivement, et ramenés dans la curie (Ff., L. 1, De decur.). Quand on ne pouvait les saisir, leurs biens étaient confisqués au profit de la curie (C. Th., L. 2, Si curial. rel. civit.).

(5) C., L. 60, De decur.

(6) C., L. 30, De loc. et cond. ; L. 15 et 34, De decur.

(7) Ff., L. 4 et 6, De decur. ; L. 2, § 1, De adm. rer. ad civit. pert.

(8) C., L. 3, De loc. et cond.

(9) Nov. XXXVIII, § 2; nov. LXXXVII, § 1.

leurs biens urbains ou ruraux, qui étaient les gages de leur administration, si ce n'est avec l'autorisation du magistrat (*ex decreto judicis*), à qui ils devaient faire connaître les motifs pressants (*quibus strangulantur*) qui en rendaient l'aliénation nécessaire (1). Enfin, les décurions, qui percevaient les impôts publics sous leur propre responsabilité, supportaient seuls une contribution particulière nommée *aurum coronarium* (2).

51. En retour de ces lourdes obligations, on leur avait accordé un certain nombre de privilèges. Ils étaient exemptés des charges extraordinaires (3) et des emplois considérés comme vils (4); ils ne pouvaient être soumis à la question, si ce n'est pour certaines causes déterminées (5), ni aux peines dont on ne frappait que les plébéiens, telles que les travaux des mines, l'exposition, la condamnation à être brûlés vifs (6). Les gouverneurs de provinces ne pouvaient les juger eux-mêmes, mais devaient réserver au prince la décision des causes qui les concernaient (7), et ne pouvaient non plus, à moins de

----

(1) C., L. 1, De præd. decur.

(2) Elle consistait en une somme à payer à l'empereur à l'occasion de certains évènements solennels (C. Th., L. 3, De aur. coronar.).

(3) C., L. 21, De decur.

(4) Ff., L. 17, § 7, Ad munic. — C., L. 14, De susceptor.

(5) Ff., L. 14, De decur. — C., L. 33 et 40, De decur.; L. 11, 16 et 17, De quæst.

(6) Ff., L. 9, § 11, De pœn.; L. 3, De veteran. — C., L. 3, De pœn. — Toutefois, on pouvait les fustiger s'ils avaient commis quelque fraude dans leur gestion (C., L. 40, De decur.) — Adrien les affranchit même, d'une manière générale, de la peine de mort, sauf dans le cas de parricide (Ff., L. 15, De pœn.).

(7) Ff., L. 27, § 2, De pœn.

circonstances extraordinaires, les obliger à quitter le territoire de leur ville pour venir comparaître en justice (1). On les protégeait aussi contre les abus de l'autorité militaire (2). Ceux d'entre eux qui avaient parcouru toute la carrière des charges municipales étaient dispensés de rentrer dans ces fonctions, jouissaient de certains honneurs et recevaient même quelquefois le titre de comtes (3). Enfin, ils avaient l'avantage de se partager les *sportulæ*, droit de bienvenue que chaque nouvel élu payait en entrant dans la curie (4), et lorsqu'ils avaient épuisé leur patrimoine en munificences envers leur patrie, on pouvait leur accorder sur le trésor public une pension alimentaire (5).

Enfin, pour accroître les ressources de la curie appauvrie, on décida, vers la fin de l'empire, qu'elle serait préférée au fisc en cas de déshérence de l'un de ses membres (6); en l'absence de fils, elle avait droit à un quart d'abord, et plus tard aux trois quarts de la succession de tout décurion (7); quant aux filles d'un curiale, elles n'avaient qu'une portion très-faible dans la succession de leur père lorsqu'elles n'étaient pas mariées elles-mêmes à un décurion (8).

52. C'était à la curie qu'appartenait, en principe, la dé-

---

(1) C., L. 25, De decur.

(2) C., L. 42, De decur.

(3) C. Th., L. 75, De decur.

(4) Ff., L. 6, § 1, De decur. — Pline, *Ep.*, x, 113 et 114; Orelli, 3722.

(5) Ff., L. 8 et 14, De decur.

(6) C. Th., L. 123, De decur.

(7) C., L. 1, Quand. et quib. — Nov. xxxviii, 1, 2.

(8) C., L. 2, § 1; L. 3, Quand. et quib. — Nov. xxxviii, 4, 5.

cision des questions d'intérêt local ; mais ses attributions étaient de natures fort diverses, et quelques-unes d'entre elles avaient été établies dans l'intérêt exclusif du pouvoir central. — Les décurions percevaient les tributs (1) et donnaient à ferme les *vectigalia publica* (2) ; ils fixaient aussi le budget communal (3) et nommaient des commissions financières pour recevoir les comptes qui intéressaient la ville (4) ; eux seuls pouvaient consentir à la vente des gages remis à la caisse municipale (5). Ils recevaient aussi, quelquefois, l'ordre d'acheter du blé et de le revendre à juste prix aux habitants du municipe (6). C'était probablement l'*ordo* qui conférait le titre de patron de la ville (7) ; il était compétent, dans les municipes latins, pour tenir lieu de *consilium* au maître âgé de moins de vingt ans qui voulait affranchir son esclave de manière à en faire un citoyen du municipe (*optimo jure Latinus*) (8), et pour approuver la nomination des tuteurs nommés par le duumvir (9). Enfin, il rendait des décrets (10) sur des objets d'utilité publique, tels que l'admission dans le corps des médecins (11), l'autorisation

---

(1) Ff., L. 17, § 7, Ad munic.

(2) Ff., L. 2, § 4, Ad munic.

(3) Malaga, LXIII.

(4) Malaga, LXVII, LXVIII.

(5) Malaga, LXIV.

(6) Ff., L. 8, Ad munic.; L. 3, pr., De L. Jul. de ann.; L. 5, De adm. rer.

(7) Malaga, LXI. — V. *infra* n° 79.

(8) Salpensa, XXVIII.

(9) Ff., L. 2, § 3, Ad munic.; L. 19, De tut. et cur. dat.—Salpensa, XXIX.

(10) D'où la fréquence de la mention D. D. (*decreto decurionum*) dans les inscriptions.

(11) Ff., L. 1, De decr. ab ord. fac.; L. 6, § 6, De excus. — C., L. 2, 7 et 10, De prof. et med.

de démolir un bâtiment situé dans la ville (1), l'indication de l'époque et du lieu des marchés (2), etc., et décernait des honneurs publics à ceux qui les avaient mérités (3). On devait annuler les décrets qui n'avaient pas été rendus dans l'intérêt de la chose publique, mais par faveur pour des particuliers (4), et ceux qui attentaient aux prérogatives des citoyens (5). — Outre cette compétence administrative, la curie eut le droit de nomination aux magistratures municipales, lorsque l'assemblée du peuple perdit ses droits électoraux ; mais la faculté pour les gouverneurs de provinces d'annuler, sur les réclamations des élus, les nominations faites par les décurions, rendit bientôt leur droit de désignation tout à fait illusoire (6). Enfin, le sénat municipal pouvait être compétent pour connaître des appels interjetés contre les amendes prononcées par les magistrats (7).

---

(1) Malaga, LXII. — Cf. *infra* n° 74.

(2) Nov. Theod.

(3) Ff., L. 13, § 4, De injur.—C. c., *In Verr.*, IV, 64. — Orelli, 3722 et suiv.; 3730 ; 4036.

(4) Ff., L. 4, pr., §§ 1 et 2 ; L. 5, De decr. ab ord. fac. — C., L. 1 et 2, De decr. decur.

(5) Ff., L. 10, § 2, De public.; L. 2, § 1, De leg. Jul. de ann. — C., L. 3, De vectig. nov.; L. 1, De pasc. publ.—Cette règle fut confirmée par un décret de Constantin (C., L. uniq., De præb. salar.).

(6) *Théorie des lois politiques de la France*, t. I, Preuves, p. 180.

(7) Malaga, LXVI. — Cf. Ff., L. 3, De decr. ab ord. fac. — On peut en rapprocher le droit de *provocatio ad populum*, accordé à tous les citoyens romains (Cic., *De leg.*, III, 3, 6) et transformé plus tard en droit d'*appellatio* à l'empereur (Ff., L. 244, De verb. sign.—C., L. 5, Quand. provoc.; L. 35, De appell.) M. Mommsen pense qu'il en fut à peu près de même dans les municipes latins, et qu'il y exista d'abord le droit de *provocatio ad municipes*, puis celui d'*appellatio ad decuriones*.

53. Convoquée et présidée par les magistrats suprêmes du municipe, ordinairement les duumvirs (1), la curie prenait ses décisions à la majorité des voix : il fallait donc, pour que ses décrets fussent valables, qu'ils eussent obtenu l'assentiment de la majorité des membres présents (2), et il fallait, en outre, que les deux tiers des membres de l'*ordo* fussent présents (3). Les mineurs de vingt-cinq ans ne pouvaient pas prendre part au vote (4). — Les décurions donnaient leurs avis suivant l'ordre du tableau (*album decurionum*) (5), et c'était aussi par le même rang d'inscription que se déterminait l'ordre suivant lequel chacun d'eux était obligé de remplir certaines fonctions (6) : ce tableau était dressé par les censeurs municipaux (*quinquennales*), qui tenaient compte, pour l'ordre d'inscription des différents décurions, d'abord des fonctions qu'ils avaient remplies à Rome ou auprès du prince, puis des magistratures qu'ils avaient exercées dans le municipe, de leur ancienneté, du nombre des suffrages qu'ils avaient obtenus, et enfin du nombre de leurs enfants (7).

54. Dans plusieurs villes, on distinguait parmi les décurions les *principales* ou *decemprimi* (8) : c'étaient pro-

---

(1) C., L. 2, De decur.

(2) Ff., L. 19, Ad munic.; L. 160, § 1, De reg. jur.

(3) Ff., L. 2 ; L. 3; L. 9, § 8, De decr. ab ord. fac. — C., L. 46, De decur.

(4) Ff., L. 6, § 1, De decur.

(5) Ff., L. 1, § 1, De alb. scrib.

(6) Ff., L. 3; L. 6, pr., De alb. scrib.; L. 6, pr., De muner.

(7) Ff., L. 1, 2 et 3, De alb. scrib.; L. 6, § 5, De decur.— C., L. 9, De decur. — Cf. l'*album* de Canusium (*Inscr. Regn. Neap.*, 635).

(8) Ff., L. 10, De pollicit. — C. Th., L. 52, pr.; L. 54, § 4, De hæret. — Cic., *Ad Att.*, x, 13; *p. Rosc. Amer.*, 9; *In Verr.*, II, 11; 67.

bablement les dix premiers sénateurs inscrits, et ils formaient au sein de la curie un conseil plus étroit (1). Il y avait, au point de vue de cette position éminente accordée aux premiers décurions, une grande variété entre les municipes : ainsi, au lieu de *X primi*, on voit quelquefois mentionner des *IIII primi* (2) ou des *XI primi* (3). Il est possible qu'il y eût de même des *V primi* (4) ou des *VII primi* (5).

§ 3. — Les fonctionnaires.

55. Il importe de distinguer tout d'abord deux classes de fonctions publiques : les *honores*, magistratures à l'exercice desquelles était attachée une dignité (*administratio reipublicæ cum dignitatis gradu*) (6), et les *munera*, charges d'un caractère inférieur, que les habitants

---

(1) Il importe (Godefroy, sur le C. Th., L. 1, De protastas.) de ne point confondre ces *decemprimi* décurions avec des fonctionnaires étrangers au sénat, chargés du recouvrement de certains impôts, et que les textes appellent *decemprimi* ou *decaproti* (Ff., L. 1 § 1, L. 3, § 10; L. 18, § 26, De muner. — C., L. 8, De muner.)—V. *infra* n° 86.

(2) Orelli, 7165.

(3) Orelli, 5317.

(4) Leur existence n'est pas suffisamment démontrée par la loi 190, C. Th. De decur. : *quinque primates ordinis Alexandrini*, car Alexandrie était une ville grecque.

(5) La loi 10, C., De prof. et med., ne doit pas faire conclure avec Roth, loc. cit., ii, 10, à l'existence d'un collége de vii *viri* ayant des prérogatives spéciales : elle dit seulement que les sept premiers décurions (ou davantage encore) doivent, pour une délibération déterminée, se prononcer favorablement (Henzen, *Annali dell' Instituto archeologico di Roma*, vol. xxxvii, p. 224).

(6) Ff., L. 6, § 3; L. 14, pr., De muner.

du municipe devaient supporter dans l'intérêt commun (1). La curie nommait elle-même aux *munera* comme aux *honores*, sur la proposition des magistrats, car les uns et les autres étaient des emplois publics.

I. Honores.

56. L'expression *honores* comprenait les magistratures proprement dites, c'est-à-dire les fonctions municipales d'un ordre supérieur. Le décurionat était aussi un *honor*, et devint même la source de tous les autres le jour où il fut nécessaire d'avoir été décurion pour pouvoir aspirer aux magistratures (2).

57. Les conditions d'aptitude exigées pour l'exercice des *honores* variaient suivant les lois locales (3). Les tables de Malaga nous fournissent à cet égard des renseignements précieux, pour les municipes dans lesquels l'assemblée du peuple avait conservé son droit d'élection. Voici quelles étaient les conditions d'éligibilité : 1° la qualité d'*ingenuus* (4); 2° l'honorabilité (5); 3° un certain nombre de campagnes (6) ou un âge déterminé, d'abord trente ans (7), puis vingt-cinq ans accomplis (8), et plus

---

(1) Ff., L. 239, § 3, De verb. sign.
(2) Ff., L. 7, § 2, De decur.; L. 5, De vacat.
(3) Ff., L. 11, § 1, De muner.
(4) Malaga, LIV. — C., L. 1, Ad leg. Visell.; L. 1, Si serv.
(5) Malaga, LIV. — Lex Jul. munic., L. 89 et suiv.; L. 108 et suiv.
(6) Lex Jul. munic., L. 89 et suiv.
(7) Cic., *In Verr.*, II, 49; 122; Pline, *Ep.*, X, 83.
(8) Malaga, LIV.— Ff., L. 8. De muner., etc.— Depuis Auguste, sans doute (Cf. Dion Cass., LI, 20).

tard encore, à partir d'Adrien, vingt-cinq ans commencés (1); d'ailleurs, la loi locale pouvait déroger à cet égard aux règles générales (2); 4° un intervalle d'un an, au moins, entre l'exercice et la répétition de la même magistrature (3); 5° certains gages ou cautions à fournir avant l'élection (4); le président des comices avait un pouvoir discrétionnaire quant à l'admission de ces cautions.—On pouvait conférer des *honores* à des fils de famille (5), sauf, dans certains cas, la responsabilité du père (6).

Plus tard, lorsque la curie eut absorbé le pouvoir électif, il fut de principe que, pour être nommé magistrat, il ne suffisait plus d'être capable d'exercer des *honores*, mais qu'il fallait, en outre, être décurion (7). Les décu-

---

(1) Ff., L. 74, § 1, Ad senatusc. Trebell.; L. 8, De muner. — Pour le *præfectus* qui devait remplacer le duumvir, on exigeait l'âge de trente-cinq ans (Salpensa, XXV).

(2) Ainsi, dans la Bithynie, il suffisait d'avoir vingt-deux ans (Pline, *Ep.*, x, 83 et 84).

(3) Ff., L. 17, § 3 ; L. 18, Ad munic.; L. 14, § 5, De muner. — C., L. 6, De asse s. — A Malaga (LIV), il fallait un intervalle de cinq ans entre deux duumvirats. Cependant, lorsqu'on manquait de citoyens propres à remplir les magistratures, on n'observait pas toujours cette règle (Ff., L. 11, § 2; L. 14, §§ 5 et 6 ; L. 16, § 3, De muner.).—Cette condition était, d'ailleurs, éminemment personnelle (C., L. 1 et 3, De mun. et hon. non contin. — V. pourtant la Lo 16, ff., De legat.).

(4) A Malaga, ils devaient être fournis par les candidats au duumvirat et à la questure. Le président des comices procédait, à cet effet, à un *estipulatio* et une *satisdatio* prétoriennes (Malaga, LVII, LX. — Ff., L. 3, De pecul.; L. 1, pr. et § 17, De mag. conv.; L. 68, pr., De fidejuss.; L. 2, pr. et §§ 1 et 5; L. 11, pr. et § 1; L. 13; L. 17, § 15, Ad munic.; L. 3, §§ 3 et 4, De adm. rer. — C., L. uniq., De peric. cor. q. pro mag.).

(5) Ff., L. 14, § 4, De muner.

(6) V. *infra* n° 62.

(7) Ff., L. 7, § 2, De decur.; L. 4, De senator. — Les nominations faites

rions étaient nommés suivant l'ordre du tableau ; mais l'on choisissait souvent les riches de préférence à ceux dont la fortune paraissait insuffisante (1).

58. Nous avons déjà parlé du mode d'élection, puis de nomination, des magistrats et des différents systèmes qui furent successivement adoptés pour la présentation des candidats (2). Pendant la dernière période de l'empire, le magistrat nommé dut être confirmé par le président de la province (3). Cette possibilité pour le gouverneur d'annuler l'élection faite par la curie, enleva aux magistrats leur indépendance et devint une source d'exactions. Toutefois, le nouveau magistrat pouvait exercer immédiatement après sa nomination et sans en attendre la confirmation, à moins qu'il n'eût été interjeté appel de sa nomination (4). La désignation devait précéder de trois mois au moins l'entrée en fonctions. afin que l'on pût remplacer en temps utile le magistrat désigné, s'il parvenait à faire admettre ses causes d'excuse (5) : sa nomination devait lui être notifiée par un officier public, pour qu'il eût à les faire valoir (6). Les citoyens qui refusaient d'exercer les magistratures auxquelles ils avaient été nommés pouvaient être forcés par le

en dehors de la curie étaient nulles de plein droit, sans qu'il fût nécessaire de recourir à l'appel pour en faire prononcer la nullité (C., L. 27, De appell.).

(1) Ff., L. 7, pr., De decur.; L. 6, pr.; L. 14, § 3, De muner.

(2) V. *supra* nos 44 et suiv. —L'élection avait lieu, en principe, le 1er juillet; l'entrée en fonctions, le 1er janvier (Lex Jul. munic., L. 99).

(3) C., L. 59, De decur.

(4) Ff., L. 7, § 1, De muner. — C., L. 59, De decur.

(5) C., L. 1, De mag. munic. — Il est fait quelquefois mention de magistrats *designati* (Orelli, 3813; Orelli. *Inser. Helvet.*. 163).

(6) C., L. 2, De decur.

gouverneur de les remplir : on employait à leur égard les moyens employés contre les tuteurs pour les contraindre d'accepter leurs tutelles (1). Ils ne pouvaient pas se racheter par de l'argent (2), prohibition qui prouve que ce trafic avait dû être en usage; mais ils pouvaient demander que l'on déférât de préférence l'*honor* à telle personne qu'ils désignaient (*nominare potiorem*) (3). S'ils se rendaient introuvables, leurs biens étaient attribués aux citoyens que l'on nommait à leur place, et lorsqu'ils reparaissaient, ils étaient contraints d'exercer cette magistrature pendant un temps double de celui qui était ordinairement prescrit (4).

59. L'exemption des charges (*munera*) n'exemptait pas des magistratures (*honores*) (5); mais il y avait des causes de dispense spéciales, telles que la dignité de *comes præsidum*, etc. (6), ou la qualité de *negotiator frumentarius* (7), ou enfin la minorité de vingt-cinq ans (8), ainsi qu'une foule d'immunités accordées par des lois locales et qu'il serait impossible d'énumérer (9). Néanmoins, comme il importait à tous que les intérêts

---

(1) Ff., L. 9, De muner.

(2) Ff., L 16, pr., De muner. — C , L. 9, De excus. mun.

(3) C , L. un., De potior. ad mun.

(4) C., L. 18. De decur.

(5) Ff., L. 12, De muner.; L. 2, § 1, De vacat. — Cf. L. 8, pr., cod. tit. — On distinguait deux espèces d'exemptions : l'une totale, qui s'appliquait même aux *honores;* l'autre partielle, qui était restreinte aux *munera* (Ff., L. 13, § 1, De vacat.).

(6) Ff., L. 12, § 1, De vacat.

(7) Ff., L. 9, § 1, De vacat.

(8) Ff., L. 8, De muner., etc.

(9) Ff., L. 5, § 1, De jur. immun.

municipaux ne fussent pas en souffrance, ces exemptions fléchissaient lorsqu'on manquait de citoyens aptes à exercer les fonctions publiques (1). L'exercice d'une magistrature dispensait de toute autre; mais, bien entendu, le décurionat n'était pas une cause d'exemption (2). On était dispensé non-seulement pendant le temps d'exercice de la fonction, mais encore pendant un certain laps de temps, qui était de deux, de trois ou de cinq ans, suivant les circonstances (3), pourvu que ce fût dans la même ville (4). Enfin, on ne pouvait jamais remplir deux magistratures à la fois, même dans deux villes différentes : en cas de conflit, on donnait la préférence à la ville dans laquelle le futur magistrat avait son *jus originis* (5).—Quant aux *defensores*, ils étaient exemptés des *honores* (6), et dispensés en même temps d'être appelés une seconde fois à remplir cette haute mission (7).

60. Les magistrats, qui ne faisaient souvent qu'exécuter les décisions de la curie, jouissaient cependant, dans certains cas, du droit d'initiative indispensable à la prompte expédition des affaires. Il fallut donc protéger les villes contre les dangers d'une mauvaise administration, et la loi romaine leur accorda à cet égard des garanties considérables. Nous avons déjà vu que, dans

---

(1) Ff., L. 11, § 2; L. 14, § 6, De muner.: L. 2, § 1, De jur. immun.

(2) Ff., L. 5, De vacat.

(3) C., L. 2, De mun. et hon. non contin.

(4) Ff., L. 17, § 3 Ad munic.

(5) Ff., L. 17, § 4, Ad munic. — Mais on pouvait être décurion dans deux villes à la fois. — V *supra* n° 48.

(6) Ff., L. 10, § 4, De vacat.

(7) Ff., L. 16, § 3, De muner.

certains municipes, les candidats devaient fournir avant l'élection des gages et des cautions (1). Ils devaient également prêter serment de gérer fidèlement leurs fonctions et d'observer les lois; les tables de Salpensa et de Malaga imposent aux duumvirs, aux édiles et aux questeurs l'obligation de prêter deux serments, dont elles nous ont conservé la formule : le premier devait être prêté avant la proclamation (*renuntiatio*) définitive (2) ; le second, dans les cinq jours de l'entrée en fonctions et avant la première séance de l'*ordo* (3). Tous deux se prêtaient en public (*pro concione, palam*) : à la prestation du premier était subordonnée la *renuntiatio;* le second était exigé à peine d'amende, et le droit de poursuivre le payement de cette condamnation appartenait à tout citoyen du municipe (4).

61. Indépendamment de ces garanties préalables, la ville avait certains droits à exercer vis-à-vis de ses magistrats, à l'expiration de leurs fonctions. D'abord, ceux qui avaient le maniement des deniers publics devaient rendre compte de leur gestion : à Malaga, la curie choisissait dans son sein, à la pluralité des voix, trois com-

---

(1) V. *supra* n° 57. — Les magistrats municipaux devaient fournir la caution *rem reipublicæ salvam fore*, alors même qu'ils avaient été contraints d'accepter (Ff., L. 38, § 6, Ad munic.), à moins qu'ils n'eussent été nommés par le gouverneur après enquête (Ff., L. 9, § 7, De adm. rer.).

(2) Malaga, LVII, LXIX.

(3) Salpensa, XXVI.

(4) En ce qui touche le système suivi à Rome, cf. pour le premier serment Pline, *Paneg. Traj.*, 64 ; pour le second, Pline, ibid., 65 ; Tite-Live, XXXI, 49, et les différents textes relatifs au célèbre *jusjurandum in leges*, ou serment d'observer les diverses lois réunies dans une même formule : il devait également être prêté dans les cinq jours.

missaires chargés de recevoir ces comptes, et une action populaire était ouverte tant contre l'administrateur qui négligeait de rendre les siens, que contre tout citoyen qui tentait d'en empêcher la reddition (1). Les magistrats n'étaient pas responsables de leur dol seulement, mais même de leur simple négligence (2), tandis que leurs héritiers n'étaient tenus que du dol de leurs auteurs (3). Toutefois, lorsqu'ils étaient coupables de fraude, au lieu d'être *in simplum*, la condamnation était *in duplum*, peine toute personnelle, d'ailleurs, et non transmissible à leurs héritiers (4). Leurs comptes devenaient inattaquables vingt ans ou dix ans après leur apurement, suivant qu'ils avaient été rendus par les administrateurs eux-mêmes ou par leurs héritiers (5) : les erreurs de calcul pouvaient toujours être relevées (6), mais l'on ne pouvait plus réformer les comptes, sous prétexte qu'ils avaient été apurés par faveur (*gratiose*) (7). — Les *curatores* répondaient de l'insolvabilité des débiteurs qu'ils avaient négligé de poursuivre et des fermiers auxquels ils avaient négligé d'imposer une caution suffisante (8), à moins, toutefois, que ces créances ou ces baux n'eussent été

----

(1) Malaga, LXVII.
(2) Ff., L. 6, De adm. rer.
(3) Ff., L. 5, De mag conv.
(4) Ff., L. 9, § 4, De adm. rer.
(5) Ff., L. 13, § 1, De div. temp. præser.
(6) Ff., L. 8, pr., De adm. rer.
(7) Ff., L. 8, § 1, De adm. rer.
(8) Ff., L. 3, § 1, De adm. rer. — En général, ils étaient responsables de toutes les sommes qui se perdaient, faute par eux d'avoir pris des garanties suffisantes (Ff., L. 38, § 2, Ad munic. — C., L. 2. De adm. rer.).

approuvés par leurs successeurs, auquel cas ceux-ci en devenaient responsables (1), bien qu'en principe chacun ne répondît que de sa propre gestion (2).—En règle générale, les administrateurs ne devaient que le capital dont ils étaient déclarés reliquataires (3), à moins qu'ils ne l'eussent conservé *post non pauco tempore*, car, dans ce cas, ils étaient en faute et devaient payer les intérêts (4). A Malaga, ils étaient tenus de verser dans la caisse municipale, dans un délai de trente jours, toute somme appartenant au municipe (5). Ils ne devaient jamais les intérêts des sommes dont ils n'étaient débiteurs qu'à titre de dommages-intérêts (6), ni de celles que la faute d'autrui les mettait seule dans l'impossibilité de restituer, par exemple de celles qu'ils avaient avancées à des entrepreneurs de travaux publics (7). Lorsqu'ils étaient tenus de payer les intérêts, ils pouvaient compenser les pertes résultant de l'insolvabilité de certains débiteurs avec les intérêts, d'un taux supérieur au taux ordinaire, qu'ils avaient pu retirer des débiteurs solvables (8). En aucun cas, la ville ne pouvait invoquer

---

(1) Ff., L, 36, § 1, Ad munic.; L. 3, § 1 ; L. 9 § 9, De adm. rer.; L. 35, De reb. cred.

(2) C., L. 23, De decur.

(3) Ff., L. 21, § 1, Ad munic. — C., L. 4, Q. quisq. ord.; L. un., De h. q. ex off.

(4) Ff., L. 9, § 10, De adm. rer.

(5) Malaga, LXVII.

(6) Ff., L. 24, Ad munic.

(7) Ff., L. 17, § 7, De usur.; L. 9, pr., De adm. rer. — C., L. un., De h. q. ex off.

(8) Ff., L. 11, pr. et § 1, De usur. — Mais, lorsqu'ils avaient employé les deniers publics à des dépenses autres que celles auxquelles ils étaient affectés,

contre eux la capitalisation des intérêts (1).—Enfin, tout magistrat qui ne s'était obligé que comme administrateur cessait d'être obligé à l'expiration de ses fonctions (2), tandis que l'obligation qu'il avait contractée personnellement, même dans l'intérêt du municipe, par exemple en se rendant garant vis-à-vis de ses créanciers, soit par novation, soit par simple fidéjussion, continuait d'exister et passait à ses héritiers (3).

62. En cas de mauvaise gestion, la ville avait un recours à exercer non-seulement contre l'administrateur lui-même, mais encore contre certaines personnes qui étaient obligées pour lui soit expressément, comme ses fidéjusseurs, soit tacitement, comme son collègue, son prédécesseur ou *nominator* et son père. Les magistratures étant indivisibles de leur nature, les risques de la gestion étaient communs entre les différents collègues, alors même qu'ils s'étaient partagé l'administration (4) : la rigueur de cette solidarité, qui était sous-entendue (5) et à laquelle on ne pouvait se soustraire par des conventions particulières (6), se justifie par la possibilité pour tout magistrat d'arrêter, grâce à l'exercice du droit

ils devaient en restituer le montant, sans pouvoir le compenser avec la créance que l'utilité de ces dépenses pouvait leur donner contre la ville (Ff., L. 2, § 4, Ad munic.)

(1) Ff., L. 2, § 5, De adm. rer.

(2) Cf. pour les tuteurs et curateurs la loi 26, C., De adm. tut.

(3) Ff., L. 67, De procur.; L. 35, § 1, De obl. et act.; L. 3, § 2, De adm. rer.

(4) Ff., L. 11, Ad munic.; L. 3, pr.; L. 9, § 8, De adm. rer.

(5) Ff., L. 25, Ad munic.

(6) Ff., L. 2, § 8, De adm. rer.

de *veto* ou d'*intercessio*, l'action de son collègue (1). Nous avons vu qu'il était d'usage que les magistrats sortant de fonctions présentassent leurs successeurs à la curie (2). Ce droit de présentation était plutôt une charge qu'un privilège, car ils répondaient comme des fidéjusseurs de la solvabilité des candidats (*nominati*) qu'ils présentaient; mais il leur suffisait de prouver que ces candidats étaient solvables au moment où leurs fonctions (celles des *nominati*) venaient à cesser (3). On comprend, d'ailleurs, que leur responsabilité à cet égard était purement civile, et qu'ils n'étaient pas exposés aux actions qui avaient un caractère pénal, comme l'action *dupli* en cas de dol (4). Elle ne s'étendait pas, non plus, aux conséquences de la *nominatio* plus ou moins prudente que pouvait faire le successeur qu'ils avaient désigné (5). — Le père répondait *in solidum* de la gestion de son fils (6), même de son fils purement adoptif (7), à moins qu'il n'eût émancipé ce fils sans fraude (8) ou qu'il n'eût protesté formellement contre sa nomination, soit devant

---

(1) Les Tables de Salpensa, xxvii, reconnaissent expressément aux duumvirs, édiles et questeurs le droit d'*intercessio*, qui ne pouvait être exercé qu'une fois dans chaque affaire et était proscrit dans certains cas, par exemple pour les opérations électorales (Malaga, lviii); la loi 9, § 8, ff., De adm. rer., le reconnaît implicitement pour le *curator*.

(2) V. *supra* nᵒˢ 45 et suiv.

(3) Ff., L. 2, § 7, De adm. rer., où nous interprétons ainsi le mot *postea* par les lois 15, § 1, ff., Ad munic., et 1, C., De peric. nomin.

(4) Ff., L. 17, § 15, Ad munic.; L. 9, § 4, De adm. rer. — C., L. un., De peric. eor. q. pro mag. interv.

(5) Ff., L. 17, § 14, Ad munic. — C., L. 2, De peric. nomin.

(6) Ff., L. 2, Ad munic.; L. 7, De adm. rer.

(7) Ff., L. 21, § 3, Ad munic.; L. 7, De adm. rer.

(8) Ff., L. 38, § 4, Ad munic. — C., L. 1, De fil. fam.

le gouverneur de la province (*apud acta præsidis*), soit devant la curie assemblée (1) : il était même responsable du choix que son fils faisait d'un successeur (2). Mais il n'était tenu que *de peculio* vis-à-vis des particuliers, par exemple vis-à-vis des pupilles auxquels son fils avait négligé de donner des tuteurs ou avait donné des tuteurs insolvables (3). L'obligation du père se transmettait à ses héritiers, mais seulement pour les fonctions dont son fils avait été revêtu de son vivant (4).—Le fils ne pouvait être contraint de se porter garant de l'administration de son père (5), ni la femme de celle de son mari (6), ni le patron de celle de son affranchi (7); mais le fils de famille qui avait lui-même un fils devenait responsable de sa gestion, de la même manière qu'un *paterfamilias* (8).

La ville devait suivre un ordre déterminé dans l'exercice des recours qui lui appartenaient. Lorsque la responsabilité de deux magistrats était mise en jeu par la gestion de l'un d'eux, ce n'était qu'après avoir poursuivi celui qui avait géré, puis ses fidéjusseurs et ses *nominatores*, que la ville pouvait agir contre son collègue (9) :

(1) Ff., L. 5 ; L. 7, § 2, De decur.
(2) Ff., L. 2, § 3 ; L. 17, § 14, Ad munic.
(3) Ff., L. 3, § 13. De pecul. — Cf. L. 2, § 5, Ad munic. — Mais si le fils, devenu décurion du consentement de son père, avait été nommé tuteur par voie de conséquence, le père serait tenu *in solidum* des suites de la tutelle (C., L. 1, Quod cum eo).
(4) Ff., L. 21, § 2, Ad munic. ; L. 15, De muner. — C., L. 1. De decur.
(5) Ff., L. 16, § 2, De muner. ; L. 3, § 3, De adm. rer.
(6) Même sur ses biens dotaux, bien que le mari fût propriétaire de la do (Ff., L. 21, § 4, De adm. rer. — C., L. 11, De decur.).
(7) Ff., L. 3, § 8, De muner.
(8) Ff., L. 2. De muner
(9) Ff., L. 12 ; L. 13 ; L. 25, Ad munic. — C., L. 3 et 4, Quo quisq. ord

lors donc que les administrateurs étaient tous solvables, chacun d'eux n'était appelé à répondre que de ses propres actes (1). Quant à l'obligation du père, elle n'était que subsidiaire, et le fils devait toujours être poursuivi le premier (2).—Les magistrats devaient d'ailleurs, dans leurs rapports entre eux, se rembourser ce qu'ils avaient payé les uns pour les autres dans l'exercice de leurs communes fonctions (3): ils avaient une action utile pour obtenir ce remboursement (4), soit l'*actio negotiorum gestorum utilis* (5), soit plutôt l'action du créancier cédée *utilitatis causa* (6). Quant aux fidéjusseurs et aux *nominatores*, ils pouvaient recourir, par l'action de mandat ou de gestion d'affaires, contre le fonctionnaire, débiteur principal, pour lequel ils avaient payé; mais les fidéjusseurs n'avaient point d'action contre leurs co-fidéjusseurs (7), ni le *nominator* contre son *co-nominator* (8), à moins de s'être fait céder les actions de la ville.

63. Le contrôle du pouvoir central avait également pour objet d'assurer la bonne administration des affaires municipales : les magistrats locaux étaient soumis à la

---

conv. — Il était naturel que le *nominator*, qui était tenu *quasi ex contractu*, fût poursuivi avant le collègue, qui n'était tenu que *quasi ex delicto* (Ff., L. 11, § 1, Ad munic.).

(1) Ff., L. 11, pr., Ad munic.

(2) Ff., L. 17, § 2, Ad munic.

(3) Ff., L. 2, §§ 9 et 10, De adm. rer. — C., L. un., Sumpt. inj. mun.

(4) Ff., L. 2, § 8, De adm. rer.

(5) Ff., L. 30, De negot. gest.

(6) Ff., L. 1, § 13, De tut. et ration.

(7) Ff., L. 39, De fidejuss.

(8) Ff., L. 12, Ad munic.— Dans ce texte nous supprimons, avec Cujas et Pothier, le mot *nominati*.

surveillance des gouverneurs des provinces, qui étaient chargés de prendre les mesures nécessaires pour la conservation et l'augmentation des biens des cités (1), et de veiller au bon emploi de l'argent dépensé (2).

64. Les fonctionnaires municipaux, dont les pouvoirs étaient restreints d'une manière expresse au territoire même de leur ville (3), ne restaient en exercice que pendant une année (4). Ils avaient le droit de faire des *acta*, c'est-à-dire de constater dans des espèces de procès-verbaux (*commentaria, actorum commentaria*) les actes de leur magistrature, ce qui en facilitait la preuve pour l'avenir (5) : c'était devant eux, par exemple, que devaient se faire l'insinuation des donations (6) et l'ouverture des testaments (7); ils constataient aussi les adoptions, les mandats (8), les ventes des biens des pupilles (9), etc.

65. Pour arriver aux hautes magistratures, il fallait avoir passé par les magistratures inférieures : on s'élevait graduellement dans l'échelle des *honores* (10)

---

(1) Ff., L.7, § 1, De off. proc.; L. 5, § 1, De oper. publ. ; L. 33, De usur.— C., L. 1 et 2, De serv reip. manum.

(2) Ff., L. 21, § 3, D. ann. leg. — C., L. un., De expens. lud.

(3) C., L. 53, De decur. — C. Th., L. 174, De decur.

(4) Ff., L. 18, Ad munic.; L. 14, §§ 5 et 6 ; L. 16, § 3, De muner.— Malaga, LII. — Cic., *p. Cluent.*, 8; *Ad Att.*, v, 2. — Les magistrats municipaux portaient la *toga prætexta* (T.-L., XXXIV, 7 ; Apulée, *Métam.*, 1, p. 21), et étaient précédés d'appariteurs portant des espèces de *fasces* (Grut., 630.12; Cic., *De l. agr.*, II, 34 : 93; *Ad Att.*, XI, 6, 2; Horace, *Sat.*, I, 5, 34 ; Martial, VIII, 72; Apulée, *Métam.*, x, p. 239; Ausone, *Mosell.*, 405).

(5) C., L. 2, De mag. munic. — Paul, I, 3, 1. — Fr. Vat., 317.

(6) C. Th., L. 1 ; L. 3 ; L. 5 ; L. 6, De donation.

(7) Paul, IV, 6, 2. — Ff., Livre XXIX, titre 3. — C., Livre VI, titre 32.

(8) Paul, I, 3, 1.

(9) C. Th., L. 4, De adm. et peric. tut.

(10) Ff., L. 2, § 2 ; L. 11, pr. ; L. 14, § 5, De muner.

et l'on ne redescendait jamais (1). C'est ainsi que les tables de Malaga nous apprennent qu'il fallait avoir passé par l'édilité ou par la questure pour arriver au duumvirat (2), et que l'on pouvait commencer indifféremment par l'une ou l'autre de ces magistratures de second ordre (3), mais que, hiérarchiquement parlant, l'édilité était supérieure à la questure (4). Le plus âgé des duumvirs avait la préséance sur l'autre (5).

66. C'est une idée erronée, et malheureusement beaucoup trop accréditée, que celle qui consiste à prétendre que la constitution des municipes étaient calquée sur celle de Rome : il y a là une grave erreur chronologique. Rome ne fut dans le principe qu'une ville comme les autres, et les villes latines avaient toutes une constitution analogue, de telle sorte qu'il n'est point permis de dire que l'une d'elles l'ait empruntée à l'autre (6). On peut ajouter que ce furent, au contraire, les autres villes latines qui servirent de modèles à Rome, lorsqu'à ses rois elle substitua des consuls : elle créa alors des préteurs à l'image de ceux qui existaient dans les cités du Latium, avec cette différence qu'elle leur donna bientôt le nom de *consules*. Cette analogie entre les constitutions des diverses villes latines étant plutôt une coïncidence fortuite que l'expression d'un système préconçu et

---

(1) C., L. 2, Quemadm. civ. mun.

(2) Malaga, LIV.

(3) Malaga, LII, LIV ; Salpensa, XXVII.— Strabon, IV. 1, 12, pour Nimes.

(4) Malaga, LII, LIII, LIV ; Salpensa, XXVI, XXVII.

(5) Malaga, LII.

(6) Mommsen, *Röm. Geschichte*, II. p. 361. — C'est également l'opinion d'un autre savant non moins illustre, M. Léon Renier.

imposé d'une manière uniforme, on comprend qu'une certaine variété dut se manifester dans la création des fonctions municipales : d'où la diversité des noms qui servent à désigner les magistrats suprêmes. Nous allons donner sur ce sujet quelques détails que nous empruntons à une remarquable dissertation de M. Henzen (1).

67. On rencontre très-anciennement un dictateur comme magistrat suprême dans plusieurs villes latines, par exemple à Aricia (2), à Lanuvium (3), à Nomentum (4) et à Tusculum (5), ainsi que dans la ville étrusque de Cære (6) : on trouve même deux dictateurs à Fidènes (7), dualité contraire au principe même de cette magistrature. Un grand nombre de ces villes conservèrent même leurs dictateurs jusqu'à l'époque impériale (8).

A la tête des villes latines qui n'avaient point de dictateur étaient placés des préteurs, par exemple à Lavinium (9), à Préneste (10), à Tibur (11) et à Cora (12). Bientôt, cette institution s'étendit à des colonies latines (13) et romai-

-----

(1) *Annali dell' Instituto archeologico di Roma*, vol. XXXI, p. 193 et suiv.

(2) Orelli, 1455.

(3) Orelli, 3324, 3786, 5157, 6086. — Cic., *p. Mil.*, 10; 17.

(4) Orelli, 208, 6138, 7032.

(5) T.-L., III, 18.

(6) Orelli, 3787, 5572.

(7) Orelli, 112.

(8) Spartien, *Hadr.*, 19. — On cite des dictateurs qui n'avaient que des fonctions religieuses, comme le *dictator Albanus* (Orelli, 2293).

(9) Orelli, 2276, 6709.

(10) T.-L., XXIII, 17. — Muratori, 132.1.

(11) Orelli, 1551.

(12) Orelli, 7022.

(13) Par ex. Signia (Orelli, 7023) et Setia (Orelli, 7024).

nes (1), et se répandit dans diverses parties de l'Italie (2). Enfin, dans d'autres villes tout à fait étrangères aux usages des Latins, telles que Cumes (3) et peut-être Capena (4), les préteurs furent introduits par les Romains, après l'absorption de ces villes dans la cité romaine.—A ces préteurs succédèrent plus tard, sans doute après la guerre sociale, des duumvirs (5) et des quatuorvirs (6) ; mais quelques villes, telles qu'Anagnia, Cumes, Lavinium, etc., conservèrent leurs préteurs jusqu'à l'époque impériale. Le souvenir de cette ancienne magistrature laissa même des traces dans beaucoup d'autres villes (7) : tel fut le titre de *prætores uviri ou uuviri* (8), ou même celui de *prætor Cerealis juri dicundo* à Beneventum (9), ou enfin celui de *prætor juri dicundo* (10). Un fait qui vient confirmer l'idée que ces préteurs avaient réellement la qualité de magistrats suprêmes, c'est que la *quinquennalitas* leur était quelquefois attribuée (11).

Enfin, dans certains municipes qui furent longtemps

---

(1) Par ex. Castrum Novum dans le Picenum (Orelli, 7026), Auximum (Orelli, 3868), et autrefois Ostie (Orelli, 1381, 2166, 2204, 2205, 7011).

(2) Par ex. à certaines villes des Herniques, qui faisaient partie de la confédération latine, telles qu'Anagnia et Ferentinum (Orelli, 125, 3785).

(3) Orelli, 1498, 2263.

(4) Orelli, 896, 3687.

(5) A Préneste (Orelli, t. iii, p. 155 de l'*index*) et à Cora (Orelli, 3808).

(6) A Setia (Gruter, 1066.7), à Signia (Murat., 477.1) et à Tibur (Orelli, t. iii. p. 156).

(7) Henzen, loc. cit., n° 2.

(8) Orelli, 3265, 3785, 3895, 7027 à 7031.

(9) Orelli, 3992.

(10) *Prætor juri dicundo montis Dianæ Tifatinæ* (Inscr. R. Neap., 3920).

(11) Orelli, 124, 125, 3993, 3994.

des préfectures, on rencontre des édiles comme magistrats suprêmes chargés de la juridiction, par exemple à Arpinum (1), à Formies (2) et à Fundi (3). Il est probable que du temps où des *præfecti* furent envoyés de Rome dans quelques villes pour y rendre la justice, les magistrats chargés dans ces villes des affaires municipales prirent le nom d'*ædiles*, nom donné dans toutes les cités latines aux magistrats non revêtus du droit de juridiction suprême ; et qu'au moment où le système préfectoral fut abandonné, ces édiles se trouvèrent être naturellement les premiers magistrats dans les villes qui ne s'empressèrent point d'adopter la constitution duumvirale : or, en devenant les magistrats supérieurs, ils reçurent le droit de juridiction (4). En pareil cas, ils étaient au nombre de trois, le troisième étant destiné à remplacer le préfet jadis envoyé de Rome (5). A Peltuinum, il n'y eut que deux édiles, et le *præfectus* romain fut remplacé non plus par un troisième édile, mais par un préfet municipal, élu par les citoyens comme magistrat ordinaire, avec la qualification de *præfectus juri dicundo* (6).

Nous aurions à signaler une variété plus grande encore, si nous avions à nous occuper des magistratures des colonies. Ainsi, on rencontre des *triumviri*, comme magistrature suprême, dans les quatre *coloniæ Cirten*-

---

(1) *Inscr. R. Neap.*, 4472, 7254. — Cic., *Ad fam.*, xiii, 11, 3.
(2) *Inscr. R. Neap.*, 4102.
(3) *Inscr. R. Neap.*, 4146 à 4151.
(4) Henzen, loc. cit., n° 3.
(5) La même particularité existait à Superæquum (*Insc. R. Neap.*, 5474).
(6) *Inscr. R. Neap.*, 6034, 6036, 6040.

ses de la Numidie (1) ; un démarque à Naples, depuis que cette ville était devenue une colonie (2), etc. ; les duumvirs de la colonie de Carthage s'appelaient *suffetes* (3), etc.

68. La constitution duumvirale, qui date probablement du même temps que les institutions de Sylla (4) fut une conséquence nécessaire de l'extension du droit de cité à une foule de municipes, et un signe de la dépendance plus grande dans laquelle ils se trouvèrent vis-à-vis de la république romaine, qui ne permit plus l'emploi des noms brillants d'autrefois (5). Cette constitution plaçait à la tête des municipes quatre magistrats de deux ordres différents, savoir : deux *duumviri J. D. (jure dicundo)*, correspondant aux préteurs des villes latines et aux consuls de Rome, et deux *duumviri Æ. P. (ædilitiæ potestatis)*, correspondant aux édiles curules. On considérait ces deux espèces de magistratures tantôt séparément (*II viri J. D.; II viri Æ. P.*), tantôt comme formant un seul et même collége, celui des *quatuorviri*, auquel cas on les distinguait par l'addition de leur compétence spéciale (*II II viri J. D.; IIII viri Æ. P.*) (6) M. Zumpt le premier a montré (7) que l'on ne rencontre jamais que deux *IIII viri J. D.* (8) ou *Æ. P.* (9), et que, lorsqu'on

---

(1) Renier, *Inscr. rom. de l'Algérie*, 2324 et passim.

(2) Orelli, 3720, 3800. 3801. — Spartien, *Hadr.*, 19.

(3) Eckhel, *Doctr. num.*, IV, p. 138. — Gruter, 470.1,2.

(4) Mommsen, *Röm. Gesch.*, II, p. 361.

(5) Henzen, loc. cit., n° 4.

(6) L'édilité n'en était pas moins une magistrature inférieure à celle des *II viri J. D.*, comme le prouve l'ordre à suivre dans l'obtention des *honores*.

(7) *Comment. epigr.*, I, p. 166 et suiv.

(8) C'est-à-dire ceux des *IIII viri* qui doivent rendre la justice.

(9) C'est-à-dire ceux des *IIII viri* qui ont la *potestas ædilitia*.

voit quatre *IIII viri*, c'est qu'il s'agit du collége tout entier : aussi ne lit-on jamais, dans ce dernier cas, que *IIII viri* tout court (1). — C'était ainsi qu'à Rome on avait compris quatre espèces différentes de magistrats sous la dénomination commune de *XX viri* (2).

69. Les duumvirs *jure dicundo*, qui n'ont jamais porté comme titre officiel la qualification de *consules municipales*, par laquelle quelques auteurs les ont désignés (3), étaient, en principe, au nombre de deux, ainsi que leur nom l'indique. Toutefois l'empereur, lorsqu'il acceptait cette dignité, était seul duumvir (4); mais il pouvait y avoir deux empereurs duumvirs tous deux dans la même ville (5). Chacun des *II viri J. D.* avait à lui seul toute la puissance : d'où le droit d'*intercedere* contre son collègue aussi bien que contre un magistrat inférieur (6), application de cette règle romaine, que tout acte n'est valable qu'avec la restriction *ni par majorve potestas prohibessit* (7). — Les duumvirs, qui portaient la toge prétexte

---

(1) Gruter, 168. 8. 172.3; 1078.15. — C'est en ce sens qu'il faut entendre les *IIII viri* de Pompéi (*Inscr. R.* [*Neap.*, 2198), où les magistrats suprêmes furent toujours des *II viri*.

(2) On a trouvé de même, dans certains municipes, des *VIII viri*, dénomination commune d'un collége qui comprenait, outre les *II viri J. D.* et les édiles, les questeurs et les *curatores fanorum*, lesquels prenaient alors les titres de *VIII viri ærarii* et de *VIII viri fanorum* (Orelli, t. III, p. 136 de l'*index*. — Borghesi, *Giorn. di Perugia*, 1838, p. 327 et suiv.).

(3) Cic., *In Pison.*, 11; 24; *p. domo*, 23 ; 60; Ausone, *Ordo nobilium urbium*, XIV, 40.

(4) Salpensa, XXIV. — Cette règle date, au plus tôt, du règne de Tibère (*Inscr. R. Neap.*, 2272 et suiv. — Eckhel, VI, 487).

(5) *Inscr. R. Neap.*, 1195.

(6) Salpensa, XXVII; Malaga, LVIII.

(7) Cic., *De leg.*, III, 3, 6. — Dans les municipes latins, le gouverneur lui-même n'était pas *major potestas* par rapport aux *II viri*.

et étaient précédés de douze licteurs (1), avaient aussi le privilége de complimenter le gouverneur à son passage dans la ville (2). Ils étaient éponymes, c'est-à-dire qu'ils donnaient leurs noms à l'année, comme les consuls de Rome (3).

70. Les duumvirs *J. D.* avaient, en leur qualité de magistrats suprêmes (4), la direction de toutes les affaires qui n'étaient pas attribuées à des magistrats spéciaux (5). Tant que l'assemblée du peuple conserva ses pouvoirs électifs, ils eurent la présidence des comices (6). Ils présidaient aussi le sénat municipal (*consilium habere*) (7), et pouvaient en déléguer la présidence (*consilium dare*) à un citoyen qui n'aurait pas eu, en principe, le droit de la convoquer (8). Ils pouvaient même déléguer tous leurs pouvoirs : c'est ainsi qu'ils avaient, en cas d'absence, le droit et le devoir de se faire remplacer par un *præfectus* (9). Ils avaient également pour mission de régler le budget municipal et d'administrer les affaires locales, car ils pouvaient contracter au nom de la ville (10); par exemple, d'affermer les impôts (*vectiga-*

---

(1) C. Th., L. 174, De decur.

(2) Ff., L. 7, pr., De off. procons.

(3) Orelli, 3810; Grut., 207.4; 490.3; Eckhel, IV, p. 474 et suiv.

(4) Ff., L 1, pr., De alb. scrib. — C. Th., L. 77, De decur.

(5) Aussi les jurisconsultes les appellent-ils souvent *magistratus* par excellence (Ff., L. 4, §§ 3 et 4, De damn. inf. — C., L. 18, De decur.).

(6) V. *supra* n° 44.

(7) Malaga, LXVIII; Salpensa, XXVI. — C,. L. 2, De decur.

(8) Lorsque le gouverneur assistait aux délibérations de l'*ordo*, il avait la place d'honneur, mais il ne présidait pas (Ff., L. 1, § 4, Quand. app. — C., L. 2, De decur.)

(9) V. *infra* n° 71.

(10) Ff., L. 35, § 1, De oblig. et action.

lia) (1), et les services publics (*ultro tributa*) du municipe, tels que l'exécution de constructions (2); de tenir les livres de recettes et de dépenses (3); enfin, de faire afficher, aux lieux désignés par l'*ordo*, les baux (*locationes*) qu'ils passaient, avec l'indication de leur objet, de leurs conditions et des sûretés fournies (4). L'action des duumvirs à cet égard était indépendante, sans intervention du sénat, et ils pouvaient même confier l'administration à des mandataires, lorsque les décurions avaient autorisé cette délégation (5).

Mais leur attribution principale était l'administration de la justice (*jurisdictio*) (6). La juridiction municipale, autrefois illimitée, fut restreinte dans la Gaule cisalpine par la loi Rubria, restrictions qui furent étendues aux municipes et aux colonies de l'Italie (7). Les magistrats locaux conservèrent, en matière civile contentieuse, le droit de nommer un juge et de délivrer la formule, ce qui constituait la *jurisdictio* proprement dite (8); mais certaines affaires étaient réservées au magistrat romain, lorsque l'intérêt dépassait 15,000 sesterces (9); ils étaient

---

(1) Ff., L. **2**, § 4, Ad munic.—Plus tard, ce fut le *curator reipublicæ* qui fut chargé du recouvrement des contributions municipales (Ff., L. 3, § 1, De adm. rer.).

(2) *Inscr. R. Neap.*, 2458.

(3) Cf. Ff., L. 9, § 6, Ad leg. Jul. pecul.

(4) Malaga, LXIII.

(5) Ff., L. 6, § 1, Quod cujusc. univers.

(6) Lex Jul. munic., L. 116, L. 118-120.—Ff., L. 28, Ad munic.—Paul, V, 5 a, 1.

(7) V. *supra* nº 41.

(8) Ff., L. 3 ; L. 13, pr. et § 1, De jurisd.

(9) V. *supra* nº 41. — Les tables de Malaga (LXIX) parlent aussi, pour la

incompétents d'une manière générale en matière de procédure *extra ordinem*, sauf pour la *multæ dictio* et la *pignoris capio* (1); mais les magistrats supérieurs pouvaient leur déléguer le droit de procéder extraordinairement (2). Enfin, les duumvirs avaient une petite portion de l'*imperium* comme conséquence de leur droit de juridiction (*quia jurisdictio sine modica coercitione nulla est*) (3), mais ce n'était que l'*imperium mixtum;* ils n'avaient jamais l'*imperium merum* ou droit de juridiction criminelle, et ne jouissaient, en matière pénale, que d'une compétence de simple police : ils n'avaient que le droit d'infliger aux esclaves de légers châtiments(4), d'arrêter provisoirement les hommes libres (5), et de prononcer des amendes (6). Ils n'avaient même point la garantie accordée aux fonctionnaires romains de ne pouvoir être attaqués pendant la durée de leur magistrature (7), ni le pouvoir de punir les atteintes portées à leur autorité (8), à moins que des esclaves n'en fussent les auteurs (9).

---

compétence des duumvirs, d'un minimum de 1,000 sesterces, somme au-dessous de laquelle la juridiction appartenait probablement aux édiles.

(1) Ff., L. 26, pr. et § 1, Ad munic. — Ff., L. 131, § 1, De verb. sign.; L. 29, § 7, Ad leg. Aquil.; L. 3, § 1, De reb. eor.

(2) Ff., L. 1, De damn. inf.

(3) Ff., L. 5, § 1, De off. ej. c. mand.; L. 2, De jurisd.

(4) Ff., L. 12, De jurisd.; L. 17, § 1, Q. et a quib. manum.

(5) Ff., L. 6, § 1, De cust. et exhib. reor.

(6) Ff., L. 131, § 1, De verb. sign.—Ils devaient veiller à l'inscription de ces amendes, ainsi que de celles qui étaient prononcées par les édiles, dans les livres du municipe, et à leur recouvrement (Malaga, LXVI.).

(7) Ff., L. 32, De injur.

(8) Ff., L 1, pr., Si q. jus dic.

(9) Ff., L. 15, § 39, De injur.

Quant aux actes de juridiction volontaire, tels que la *manumissio*, l'*emancipatio*, l'*adoptio*, l'*in jure cessio*, on ne pouvait y procéder devant les duumvirs que dans des cas exceptionnels, lorsque la *legis actio* leur avait été accordée (1) : ainsi, dans les municipes qui s'étaient fondus dans la cité romaine, il fallait, en principe, s'adresser au consul ou à son représentant, le proconsul (2). Mais, lorsque nous disons que les magistrats municipaux devaient avoir la *legis actio* pour que l'on pût affranchir, par exemple, devant eux, nous supposons qu'il s'agit d'un citoyen romain qui veut affranchir son esclave de manière à en faire également un citoyen romain ; au contraire, les Latins, qui ne pouvaient en aucun cas faire des affranchis citoyens romains, n'avaient pas besoin de s'adresser à des fonctionnaires qui eussent la *legis actio* proprement dite, et les magistrats municipaux étaient compétents dans tous les cas (3). Le simple *incola* ne pouvait point passer d'actes de juridiction volontaire devant les duumvirs d'un municipe auquel il n'appartenait pas (4) ; et, s'il était *peregrinus*, il ne pouvait affranchir que dans les formes reconnues dans sa patrie (5).

Le droit de nommer un tuteur (*datio tutelæ*), qui ne faisait partie ni de l'*imperium*, ni de la *jurisdictio* (6), mais

---

(1) Paul, II, 25, 4. — Ff., L. 4, De adoption.; L. 3, De off. proc. — C., L. 1, De adoption.; L. 4, De vindict.

(2) Cf. T.-L., XLI, 9.

(3) Salpensa, XXVIII. — Cf. Giraud, *Les tables de Salp. et de Mal.*, p. 107 et 108. — On peut dire que les municipes latins avaient leur *legis actio* propre, en même temps que leurs propres lois.

(4) A moins que la *lex municipii* ne le permît (C., L. 1, De emanc. lib.).

(5) Pline, *Ep.*, X, 4. — Dosithée, *De manum.*, 12 (14.)

(6) Ff., L. 6, § 2, De tutel.

était conféré *extra ordinem* et ne pouvait, par conséquent, être l'objet d'une délégation (*mandata jurisdictio*) (1), fut réservé dans les provinces au gouverneur, qui confia aux magistrats municipaux le soin de faire l'enquête et de faire exécuter le décret de nomination. Ces magistrats eurent plus tard le droit de présenter (*nominare*) un tuteur, présentation dont on les rendit responsables (2). Enfin, dans l'impossibilité où le président de la province se trouvait de leur déléguer la *datio tutelæ* (3), on imagina un expédient subtil (4) : le gouverneur donna un ordre (*jussit, præcepit*, etc.), en exécution duquel les magistrats ou le sénat du municipe procédèrent directement à la *datio* au lieu de la simple *nominatio* (5), d'où la formule générale *dederint seu nominaverint* (6), et plus tard l'usage exclusif de la *datio* par les magistrats municipaux (7); ce droit de *datio*, qui leur appartenait déjà du temps de Domitien (8), était restreint expressément au territoire de leur municipe (9); il s'exerçait après enquête (*causa cognita*), mais sans exiger de caution du tuteur nommé. On maintint le contrôle du gouverneur et la res-

---

(1) Ff., L. 1, § 1, De off. ej. c. mand.

(2) C., L. 5, De mag. conv.

(3) Ff., L. 8, De tut. et curat. dat.

(4) Giraud, loc. cit., p. 150 et suiv.

(5) Ff., L. 46, § 6, De adm. et peric. tut.; L. 5, L. 19, De tut. et curat. dat.; L. 2, § 2, Ad senatusc. Tertull.

(6) C., L. 1, De mag. conv.

(7) Ff., L. 3, De tut. et cur. dat. ; L. 2, De mag. conv. — Fr. Vat., 191.

(8) Salpensa, XXIX.—Ff., L. 7, De mag. conv.—M. Giraud, loc. cit., p. 154, pense que les municipes obtinrent cette prérogative sous Galba, Othon ou Vitellius, au milieu des luttes qui agitaient l'empire à cette époque.

(9) Ff., L. 24, De tut. et cur. dat.

ponsabilité des magistrats municipaux (1). A Salpensa, la *tutoris datio* était faite par l'un des duumvirs, de l'avis de ses collègues, — c'est-à-dire l'autre duumvir et les édiles, — ou des décurions, qui devaient se prononcer dans les dix jours (2). Il pouvait exercer ce droit à l'égard de tous les *cives municipii* sans distinction, citoyens latins ou citoyens romains ; mais il fallait que la personne à laquelle les duumvirs nommaient un tuteur fût *municeps* de la ville (3), qu'elle n'eût pas d'autre tuteur (4), et enfin que l'on eût demandé un tuteur pour elle et que l'on en eût proposé un. A partir du règne de Justinien, les magistrats municipaux nommèrent les tuteurs sans ordre du gouverneur et sans enquête, mais avec caution, et seulement lorsque la fortune du pupille n'excédait pas 500 *solidi* (5).

71. Il arrivait quelquefois que les duumvirs étaient remplacés par un *præfectus* : il faut distinguer à cet égard deux hypothèses différentes (6). 1° *Empêchement des duumvirs* : lorsqu'après le départ de son collègue l'un des duumvirs s'absentait pour plus d'un jour, il déléguait, pour le remplacer, un décurion qui devait être âgé de trente-cinq ans et prêter le serment requis, mais auquel cette magistrature déléguée ne pouvait servir

---

(1) Ff., L. 46, § 6, De admin. et peric. tut. ; L. 5, De conf. tut. ; L. 25, De tut. et cur. dat.; L. 1, § 2, De mag. conv.

(2) Salpensa, XXIX.—Ff., L. 19, De tut. et cur. dat.— Cf. Cic., *Ad Att.*, IV, 2 4.

(3) Ff., L. 3, De tut. et cur. dat.; L. 10, De tutel.

(4) *Cum tutor non erit incertusve erit* (Salp., XXIX) — Cf. Gaius, I, 187.

(5) Inst., I, 20, § 5. — Ff., L. 5, De conf tut. — C., L. 30, De episc. aud.

(6) Mommsen, *Die Stadtr. der latein. Gem. Salp. und Mal.*, p. 446.

pour l'acquisition de la cité romaine, et qui n'avait pas le droit de s'absenter plus d'un jour ni de nommer un second *præfectus :* les fonctions de ce délégué cessaient dès le retour de l'un des duumvirs (1). Lorsque l'empereur acceptait la dignité de duumvir, il nommait un représentant *(præfectus Cæsaris* II *viri)* pour toute la durée de sa magistrature (2) : il avait toute espèce de latitude pour ce choix, et quelquefois il s'en remettait à l'*ordo* du soin de le faire (3).— 2° *Inexistence des duumvirs.* Le cas se présentait, par exemple, lorsque les comices n'avaient pas abouti à une élection par suite de rivalités (*propter contentiones candidatorum*) (4). A Rome, on nommait un *interrex* en pareille circonstance, et c'est aussi ce que l'on faisait autrefois dans les villes latines (5). La loi Petronia (6), rendue probablement sous le règne d'Auguste, décida qu'en pareil cas la curie élirait deux magistrats suppléants : ils prirent tantôt le titre de *II viri* ou de *IV viri*, tantôt celui de *præfecti*, en ajoutant qu'ils étaient nommés en exécution de la loi Petro-

---

(1) Salpensa, xxv. — Tant qu'il restait un duumvir, comme il avait la plénitude de la puissance, il n'y avait point de *præfectus* à nommer. Les inscriptions qui mentionnent un *præfectus II viri* à côté d'un *II vir* se rapportent à l'époque à laquelle on donnait encore un collègue à l'empereur nommé *II vir :* la présence de ce collègue n'empêchait pas l'empereur de se faire remplacer par un *præfectus*, à cause du caractère permanent que devait avoir son absence (*V. infra*). On trouve aussi deux *præfecti* à la fois, ce qui arrivait dans le cas de la loi Petronia (*V. infra*), et, en outre, lorsque deux princes avaient été nommés *II viri* (Orelli, 3874).

(2) Salpensa, xxiv. — Orelli, 3877.

(3) Orelli, 3874: *Inscr. R. Neap.*, 5330.

(4) Orelli, 643.

(5) *Inscr. R. Neap.*, p. 479.

(6) Orelli, 3680, 6957.

nia (*ex lege Petronia*) ou par l'*ordo* (*decreto decurio-num*) (1). Lorsque les comices n'avaient élu qu'un seul duumvir, les décurions nommaient un *præfectus* unique (2). Que si les décurions ne pouvaient s'accorder sur la nomination d'un *præfectus* (3), il est probable que l'on nommait une commission de décurions pour pourvoir provisoirement à l'administration de la justice (4).

— Enfin, lorsque l'on n'était point parvenu à élire des édiles, les décurions nommaient aussi des *præfecti* à leur place (5).

72. Les édiles municipaux (*II viri* ou *IIII viri ædilitiæ potestatis*), qui correspondaient aux édiles curules de Rome, avaient le droit de siéger dans l'*ordo* (6), ainsi qu'une certaine juridiction locale (7) : ils avaient la connaissance des contestations qui s'élevaient à propos de la vente des denrées et des animaux domestiques ; ils faisaient battre de verges les marchands qui commet-

---

(1) Mommsen, *Inscr. R. Neap.*, p. 480 ; Zumpt, loc. cit., I, p. 65.

(2) Les fastes des *Interamnates Lirinates* ont trait à cette hypothèse ; mais à côté du *IIII vir* élu, on trouve, au lieu d'un *præfectus* unique deux *IIII viri præfecti lege Petronia*, ne formant point un collége à eux deux, mais destinés à se succéder l'un à l'autre dans le courant de l'année, à rester chacun six mois en fonctions (*Inscr. R. Neap.*, 4195). — Cf. Henzen, loc. cit., n° 6.

(3) Le cas s'est présenté à Pisa (Orelli, 743.)

(4) C'est ainsi que l'on voit à Faléries un *Xvir senatus consulto pro IIII viro* (Orelli, 7129). — Cf. Henzen, loc. cit., n° 6.

(5) Par exemple, les *præfecti Æ. P.* de Brixia (Orelli, 3909, 7073) et les quatre *præfecti* de Patavium (Orelli, 7072).

(6) Salpensa, XXVI.

(7) On comprend que les édiles pouvaient être considérés comme collègues des duumvirs (Salp., XXIX), de même qu'à Rome le préteur était *collega minor consulum*, car les *IV viri J. D.* et *Æ. P.* avaient à eux tous la plénitude de la juridiction, avec une compétence distincte : d'où leur dénomination commune de *IV viri*.

taient des actes d'improbité (1) et infligeaient des amendes aux particuliers qui n'exécutaient pas les mesures
de police (2) : lorsqu'ils prononçaient des amendes, ils
devaient en référer (*profiteri*) aux duumvirs (3) ; ordinairement et sauf quelques exceptions (4), ils n'avaient pas
la disposition de l'argent qui en provenait (5). Ils avaient
le droit d'*intercessio* entre eux, mais non vis-à-vis des
duumvirs, qui étaient *major potestas*, ni des questeurs,
qui étaient *impar potestas* (6). Leurs attributions spéciales consistaient dans l'entretien des édifices publics (7), des arcs de triomphe, des temples, des bains (8),
des rues, etc. (9), la police des rues et des places (10),
ainsi que des rivières dont ils assuraient le libre usage
par des interdits, la surveillance des marchés (11), des
auberges et des mauvais lieux (12), l'inspection des poids
et mesures (13), les approvisionnements de grains et les
distributions de blé (14), et enfin l'organisation des jeux

---

(1) Ff., L. 12, De decur.

(2) Par exemple, à ceux qui ne réparaient pas leurs maisons conformément
aux règlements locaux (Ff., L. un.. §§ 1 et 2, De via publ., et si quid).

(3) Malaga, LXVI.

(4) Grenville-Temple, ii, 303, nº 5 ; Long, *Vocontiens.*, p. 453.

(5) Aussi n'exigeait-on point d'eux le serment *pecuniam communem salvam fore* (Malaga, LX).

(6) Salpensa, XXVII.

(7) Grut., 168. 1,.

(8) Ff., L. 30, § 1. Locati.

(9) Orelli, 3973 ; Fabretti, p. 609, nº 72

(10) Ff., L. un., De via publ. et si quid.

(11) Ff., L. 17, De compens. — Apulée, *Metam.*, i. p. 21 ; Pétrone. c. 44.

(12) Sénèque, *Ep.*, 86 ; Aulu-Gelle, x, 5.

(13) Ff., L. 13, § 8, Locati.

(14) Ff., L. 17, De compensation

publics (*cura ludorum*) (1). On distinguait quelquefois
dans les municipes des *œdiles curules* et des *œdiles plebis* (2). Enfin, il est à remarquer que les édiles des colonies de Cirta, Rusicade et Tiddi prenaient quelquefois la qualification de *quæstoriæ* ou *quæstoriciæ potestatis* (3).

73. La questure, qui n'avait été longtemps qu'un *munus personale* (4), fut considérée plus tard comme un
honor (5). Les questeurs, dont la fonction principale consistait dans l'administration de la caisse municipale (6),
avaient le droit d'*intercessio* entre eux (7) et siégeaient
dans l'*ordo* (8) ; ils n'avaient aucune espèce de droit de
juridiction (9). — Dans une foule de villes, la questure
n'existait pas à l'époque des jurisconsultes, et les fonctions remplies à Rome par les questeurs étaient confiées,
dans ces municipes, à un *curator reipublicæ*, appelé aussi
logista (10).

74. Ces *curatores* (11) étaient de véritables magistrats,

---

(1) Grut., 484. 6.

(2) Par exemple à Ariminum (Orelli, 3836, 3979, 6008), à Crémona (Orelli,
3843), à Interamna (Orelli, 3279, 3979).

(3) Renier, *Inscr. Rom. de l'Algérie*, 1869, 1880, 2172, 2173, 2325. —
Cf. 2619 : *œdilis habans jurisdictionem quæstoris pro prætore.*

(4) Ff., L. 18, § 2, De muner.

(5) Ff., L. 1, § 3, De off. quæst.

(6) Malaga, LX.

(7) Salpensa, XXVII.

(8) Salpensa, XXVI.

(9) Malaga, LXVI.

(10) C., L. 3, De mod. mulct.—*Corpus Inscr. Græc.*, 2349, 3747 et s., etc.

(11) Le mot *curator* est employé, dans un sens large, pour désigner le magistrat chargé de l'administration générale ; dans un sens restreint, pour désigner tel ou tel fonctionnaire chargé des détails de l'administration : dans le
premier cas, il s'agit d'un *honor;* dans le second, d'un *munus.*

car ils avaient des assesseurs (1); mais ils n'avaient pas le droit de prononcer des amendes (2). Nommé directement par l'empereur pour inspecter les finances municipales (3), le *curator* était lui-même sous la surveillance du gouverneur d'abord, puis, après Justinien, de l'évêque (4). Mentionné dans les constitutions avant les duumvirs (5), décoré souvent du titre de *pater civitatis* (6), il occupa vers la fin de l'empire la première place parmi les *honores* municipaux (7), et en Afrique cette dignité fut réunie, vers la même époque, à celle de flamine perpétuel (8). — C'était à lui que la ville remettait le soin de la fortune publique : il devait revendiquer les biens du municipe, même entre les mains des possesseurs de bonne foi, car ces biens étaient inaliénables (9),

---

(1) Ff., L. 6, De off. adsess.

(2) C., L. 3, De mod. mulct.

(3) Borghesi, *Iscriz. del console Burbuleio*, p. 35; Zumpt, loc. cit., 1, p. 148. — Orelli, 3264, 4011.

(4) C., L. 26, De episc. aud. — Nov. cxxviii, 16.

(5) C. Th., L. 3, De donat.; L. 5, De reparat., etc.

(6) C., L. 12, De hæret.; L. un., De ratioc. op. publ. — *Corp. Inscr. Græc.*, 2745.

(7) « Le plus ancien curateur que les inscriptions nous fassent connaître « appartient au règne de Trajan : c'est un citoyen de Brixia, qui n'avait « exercé jusque-là que des magistratures municipales (Grut., 392. 7). A partir « du règne d'Hadrien, ces fonctions furent souvent confiées à des sénateurs, « qui étaient presque toujours choisis parmi les anciens préteurs..... Après « le règne de Marc-Aurèle, la plupart des curateurs furent pris parmi les « chevaliers romains; et enfin, à partir de Constantin, ces fonctions ne fu- « rent plus confiées qu'à des citoyens ayant parcouru, dans leur patrie, toute « la carrière des honneurs municipaux (C. Th., L. 1, De decur.). La charge « de *curator reipublicæ* devint alors la première des magistratures munici- « pales. » (Léon Renier, *Mélanges d'épigraphie*, p. 42 et 43).

(8) Léon Renier, loc. cit., p. 44.

(9) Ff., L, 9, § 2, De adm. rer. — Quant aux lieux publics occupés par des

réclamer les legs qui lui étaient faits (1), poursuivre ses débiteurs et principalement ceux dont la dette était destinée à l'approvisionnement de la ville (2), etc.; il plaçait les deniers publics, en ayant soin de se faire donner des gages ou hypothèques (3); enfin, il donnait à bail les biens de la cité (4) : les baux étaient faits généralement à long térme, pour cent ans, où même à perpétuité (5), moyennant une redevance annuelle appelée *vectigal;* et tant que le concessionnaire payait régulierement, le *curator* ne pouvait lui reprendre ces biens-fonds sans la permission de l'empereur, à la différence du retrait que Rome exerçait quant aux concessions par elle faites (6); il ne pouvait prendre ces biens à bail, ni par lui-même, ni par personnes interposées (7). Il lui était également défendu d'employer l'argent de la ville à d'autres usages que ceux auxquels il avait été destiné par le testateur qui l'avait légué (8), à moins que le sénat lui-même n'eût ordonné le changement d'emploi (9); enfin,

---

particuliers, c'était le gouverneur qui devait examiner s'il convenait de les revendiquer ou de leur imposer plutôt une redevance (Ff., L. 5, § 1, De op. publ.).

(1) Ff., L. 38, § 2, Ad munic.

(2) Ff., L. 9, § 5, De adm. rer.

(3) Ff., L. 33, § 1, De usur. — C., L. 2, De debit. civit. — Grut., 1103. 8.

(4) Ff., L. 21, § 7, Ad munic. ; L. 3, § 1, De adm. rer.

(5) Ff., L. 11, § 1, De publ. et vect.; — C., L. 1, De adm. rer.; — Ils se faisaient aux enchères, après publications (*proscriptio*). Cf. Malaga, LXIII.

(6) Ff., L. 11, § 1, De publ. et vect. — Le concessionnaire d'un *ager vectigalis* avait non-seulement une action personnelle *conducti,* mais encore une action réelle, même contre la ville (Ff., L. 1, § 1; L. 2; L. 3, Si ag. vectig.)

(7) Ff., L. 2, § 1, De adm. rer. ; L. 6, § 2, De decur.

(8) Ff., L. 1; L. 5, § 1, De adm. rer.

(9) Ff., L. 4, De adm. rer.; L. 7, pr., De oper. publ.

il lui était interdit de la manière la plus formelle, et sous peine d'avoir à restituer les intérêts avec le capital, de détourner de leur destination les fonds affectés à des achats de blé (1).— Le *curator reipublicæ* était chargé, en outre, de la réception des comptes des travaux publics (2), travaux dont il avait la direction et la surveillance (3); il devait faire restaurer les maisons particulières qui menaçaient ruine et rebâtir les maisons détruites, reconstruction qui était faite par les propriétaires ou, sur leur refus, avec les deniers publics (4). Dans certains municipes, les lois locales défendaient de démolir sans une autorisation donnée par les magistrats municipaux (5) sous le contrôle du gouverneur ou du *curator* (6); l'étendue de cette prohibition, qui fut plus tard générale pour tout l'empire (7), variait suivant les règlements locaux : à Malaga, on donnait une action populaire contre le particulier qui démolissait sans autorisation un bâtiment situé dans la ville (8). — Dans l'exercice de ses diverses attributions, le *curator reipublicæ* avait sous ses ordres des *curatores* spéciaux (9).

---

(1) Ff., L. 2, §§ 2, 4 et 5, De adm. rer.

(2) Il traitait avec les entrepreneurs, qui devaient fournir des cautions ou *prædes* (Malaga, LXIII, LXIV, LXV ; *Inscr. R. Neap.*, 2458), et payait les ouvriers (C., L. un., De ratiocin. oper. publ.).

(3) Ff., L. 2, § 3, De oper. publ. — *Corp. Inscr. Græc.*, 3747.

(4) Mais alors on faisait vendre l'immeuble au profit de la ville, en cas de non-remboursement (Ff., L. 46, pr. et § 1, De damn. inf.)

(5) C., L. 4, De jur. reip.; L. 3, De ædif. priv.

(6) Ff., L. 7, De off. præs ; L. 46, pr., De damn. inf.

(7) C., L. 8, De æd. priv.

(8) Malaga, LXII. — Cf. Mommsen, *Die Stadtrechte*....., p. 480.

(9) V. *infra* nº 84.

75. Il est probable qu'il y avait anciennement, dans les premiers municipes latins, des *censores* particuliers (1). Plus tard, leurs fonctions furent conférées tous les cinq ans aux magistrats ordinaires de l'année (2), d'abord aux préteurs et aux édiles (3), puis aux *II viri J. D.* (4). C'est à MM. Zumpt (5) et Henzen (6) qu'est due la révélation de ce véritable caractère des censeurs dits *quinquennales* (7), et de ce déplacement des attributions censoriales (8).—Le système nouveau est antérieur à l'époque impériale (9), et date probablement du même temps que l'institution des duumvirs (10).

---

(1) Henzen, *Annali*, 1858, p. 5 et suiv. — Cf. Grut., 165. 3, 171.8, 306. 2. — Cic., *In Verr.*, II, 53 ; 56 ; Pline, *Ep.*, 115, 116 ; T. - L., XXIX, 15.

(2) Ainsi, pour Beneventum, où il y avait autrefois un *censor* (*Inscr. R. Neap.*. 1475), on n'a trouvé plus tard qu'un *prætor Cerealis juri dicundo quinquennalis* (Orelli, 3973, 3994). — Il devient de plus en plus rare de trouver, comme à Abellinum (*Inscr. R. Neap.*, 1888, 1892), des *censores* spéciaux.

(3) *Prætores quinquennales* (Orelli, 124, 125) ; *ædiles quinquennales* (Orelli, 4036, 6150, 7037).

(4) *II viri* (*IIII viri*) *censoria potestate quinquennales ; II viri* (*IIII viri*) *censoria potestate ; II viri* (*IIII viri*) *quinquennales ;* ou enfin *quinquennales* tout court.

(5) *Comment. epigr.*, I, p. 73 et s.

(6) *Annali*, 1851, p. 6 et s.

(7) C'é aient les *II viri* (*IIII viri*) *J. D.*, qui, tous les cinq ans, ajoutaient à leur titre celui de *quinquennales,* au moment d'opérer le recensement.

(8) De Savigny, *Hist. du dr. rom. au moyen âge*, ch. II, § 15, avait soutenu que le *quinquennalis* était identique au *curator reipublicæ ;* mais l'on rencontre simultanément dans les mêmes villes des *quinquenna'es* et un *curator* (Grut., 392. 7 ; Murat., 173. 2).

(9) Henzen loc. cit. —*Contra* Zumpt, I, p. 75.

(10) *Inscr. R. Neap.*, 1956, 1957, 2513, 2514, 3918, 4558, 5021 et surtout 2249. — Plus tard, un empereur, nommé *II vir*, put souvent se trouver être

76. Notons, en passant, que deux inscriptions (1) signalées et interprétées par M. Henzen (2) viennent attester l'existence à Assise de fonctionnaires spéciaux qualifiés de *quinqueviri* (3) : mentionnés dans l'un de ces moments après les *IIII viri*, ils n'occupaient qu'un rang secondaire, et, comme ils étaient nommés par les décurions (*senatusconsulto*), il est probable qu'ils formaient une commission extraordinaire chargée, sous la présidence des IIII *viri*, de s'occuper des travaux publics (4).

77. On trouve quelquefois aussi, dans les municipes, des *triumviri* constituant une magistrature non plus suprême, mais secondaire (5).

78. On y rencontre enfin, bien que fort rarement, quelques *tribuni plebis*. Le tribunat n'avait existé que dans quelques municipes de l'Italie (6) et de la Bithynie (7); mais le droit d'*intercessio* venait souvent suppléer, dans les autres, à l'absence de l'*auxilium tribuni-*

---

quinquennalis (Spartien, *Hadr.*, 19; Orelli, 3875, 3877). — Cf. Zumpt, loc. cit., p. 57.

(1) Gruter, 167.9 rectifiée; Muratori, 506.4.

(2) Loc. cit., p. 221 et suiv.

(3) Le P. Garrucci avait cru trouver ailleurs quelques exemples de *V viri* (*Fabrateria vetere*, n° 7; Orelli, 7128; Grut., 395.4), mais M. Henzen et M. Léon Renier (dans une lettre citée par M. Henzen, loc. cit., p. 220, en note) ont démontré que ces premières inscriptions étaient étrangères à la question.

(4) C'est ainsi que l'on voit à Rome un grand nombre de commissions de cinq membres instituées pour des objets analogues (Grut., 197.3; 200.6). — Cf. Henzen, loc. cit., p. 225 et 226.

(5) Par exemple, à Ariminum et à Vienne (Orelli, 3835, etc.; 253 et s.; 3440 et s.).

(6) Par exemple, à Venusia et à Teanum (*Inscr. R. Neap.*, 704, 3998).

(7) Marini, *Atti*, IX; Pline, *Ep.*, passim; Orelli, 2651, 3865, etc.

tium (1).—L'institution des *defensores civitatum*, créée en 365 par Valentinien et Valens (2), assura d'une manière permanente aux villes des provinces d'abord, puis à celles de l'Italie (3), les avantages du tribunat ancien. Chargé, en principe, de veiller au maintien des droits des citoyens, de protéger le peuple contre l'oppression des officiers impériaux et de porter à la connaissance du prince les abus de la tyrannie locale (4), le *defensor* pouvait franchir les divers degrés de l'administration pour porter directement les plaintes au préfet du prétoire (5) qui, d'ailleurs, avait seul le droit de le priver lui-même de sa dignité. Il était élu par tous les ordres de la ville (6), y compris les évêques et les clercs, qui ne tardèrent pas à dominer cette institution, et devait être choisi parmi certaines personnes d'une position indépendante; dans le principe, les plébéiens y étaient seuls admissibles et les décurions en étaient exclus (7); mais Justinien permit d'y appeler tout citoyen honorable (8). Sa nomination devait être confirmée par le préfet du prétoire, qui percevait pour cet acte un droit que payait le municipe (9). Limitées d'abord à cinq ans (10), ses fonctions furent réduites

---

(1) Salpensa, XXVII. — On trouve dans la loi Rubria, la table d'Héraclée et la table de Bantium, des restrictions au droit *d'intercessio*.

(2) C. Th., L. 1, De defensor. civit.

(3) Cassiodore, VII, 2.

(4) C., L. 4; L. 5; L. 8, § 1; L. 9, De defensor. civit.

(5) C., L. 1, De defensor. civit.

(6) C., L. 8, pr., De defensor. civit. — Cf. Abel Desjardins, *De civitatum Defensoribus*.

(7) C., L. 2, De defensor. civit.

(8) Nov. XV. — C., L. 8, De decur.; L. 8, De defensor. civit.

(9) C., L. 7; L. 8, De defensor. civit.

(10) C., L. 4, De defensor. civit.

à deux ans par Justinien (1). Il ne pouvait quitter avant l'expiration de ce temps, ni se faire remplacer (2). Sa juridiction, restreinte dans le principe aux affaires de moins de cinquante *solidi* (3), fut étendue par Justinien jusqu'à trois cents *solidi* (4); on lui reconnut aussi la connaissance des accusations de peu d'importance et le droit d'incarcérer préventivement les grands criminels (5); enfin, il pouvait donner des tuteurs (6), faire l'insinuation des donations et recevoir les testaments, ainsi que les autres actes de notoriété publique (7). Justinien lui accorda aussi le droit de remplacer le gouverneur en son absence (8). — Les *defensores* devinrent bientôt les plus considérables des magistrats municipaux, et ne tardèrent pas à absorber les autres magistratures.

79. Nous pouvons rapprocher des *honores* une distinction conférée sous le nom de patronage : une foule de municipes et de colonies avaient à Rome des *patroni*, personnages puissants qui les protégeaient et consentaient à s'occuper de leurs affaires (9). La qualité de *patronus* se trouvait jointe, quelquefois, à celle de *curator*

---

(1) Nov. xv, c. 1, § 1.

(2) Nov. xv, c. 1, § 1; c. 2.

(3) C., L. 5, De hæret.

(4) Nov. xv, c. 2, § 2.

(5) C., L. 6; L. 7, De defensor. civit. — Nov. xv, c. 6, § 1.

(6) Instit. i, 20, § 5. — C., L. 30, De episcop. aud.

(7) C., L. 30, De donation. — Nov. xv, c. 3, § 1.

(8) Nov. xv, c. 3, § 1.

(9) Grut , 470; 477. Orelli, 110, 142, 491, 3676 et s., etc. — Cicéron fut le *patronus* des habitants de Capoue (Cic,, *In Pison.*, 2; *p. Sest.*, 4); Antoine, celui de Bonônia (Suét., *Oct.*, 17), etc. — Quelquefois, l'*hospitium* était joint au patronage (Orelli, 156, 784, 1079, 3056 et s., 3693).

reipublicœ (1). — M. Mommsen (2) suppose que le choix
(*cooptatio*) d'un *patronus* fut d'abord une espèce de concession honorifique du droit de cité : cette idée aurait été
abandonnée alors que s'établit le principe qu'on ne pouvait être citoyen de deux États à la fois (3), et l'idée de
patronat aurait seule subsisté. Il est probable que le droit
de choisir un *patronus* appartenait, en principe, à l'assemblée du peuple ; plus tard, il passa, en fait, aux décurions et aux magistrats, sauf, peut-être, une confirmation
impériale (4). Les tables de Malaga laissent cette question indécise : *ne quis patronum publice cooptato* (5).
Elles se bornent à exiger, sous la sanction d'une amende
de 15,000 sesterces, garantie par une action populaire,
un décret des décurions préalable à la *cooptatio*.

II. Munera.

80. Les *munera civilia*, appelés aussi *munera publica* (6), par opposition aux charges qui n'étaient établies
que dans l'intérêt des particuliers (*munera privata*),
étaient des fonctions d'un ordre inférieur (*sine titulo
dignitatis*). On distinguait les *munera personalia*, services purement personnels, les *munera patrimonii*,
charges purement pécuniaires, et les *munera mixta*, qui

---

(1) *Inscr. R. Neap.*, 4618.
(2) *Die Stadtrechte.....*, p. 453 et s.
(3) Cic., *p. Balb.*, 11, 12.
(4) *Inscr. R. Neap.*, 4336.
(5) Malaga, LXI.
(6) Ff., L. 239, § 3, De verb. sign.; L. 14, § 1 ; L. 18, § 28, De muner.

obligeaient à la fois à des prestations personnelles et pécuniaires (1).

81. C'étaient les décurions qui nommaient aux *munera*, sur la proposition des magistrats (2) : ils devaient choisir les citoyens qui leur paraissaient propres à les remplir (3), mais de façon que les mêmes ne fussent point assujettis toujours aux mêmes charges (4), surtout lorsqu'elles étaient pécuniaires.—Les charges étaient supportées par les *incolæ* comme par les *municipes*, mais non par les simples *advenæ* (5).—Quiconque, ayant été nommé régulièrement, ne faisait pas valoir dans le délai voulu ses causes d'exemption, était réputé acceptant (6). S'il renonçait volontairement à la dispense qu'il eût pu invoquer, les conditions mises à cette renonciation devaient être observées (7). Les décurions devaient supporter les mêmes charges que les autres citoyens, et n'étaient exemptés que des travaux manuels (*munera sordida*) (8). —En principe, on devait remplir soi-même les *munera* auxquels on était appelé; toutefois, les *illustres* et les ec-

---

(1) Ff., L. 1, pr. et § 3; L. 6, § 3; L. 14, § 1; L. 18, De muner.

(2) C., L. 2, De decur. — Ils déléguaient quelquefois les magistrats eux-mêmes pour faire cette nomination (ff., L. 6, § 1, Q. cujusc. univ.).

(3 Ff., L. 7, De decur.; L. 11, § 1; L. 14, § 3. De muner.

(4) Ff., L. 7, pr., De decur ; L. 3, §§ 3 et 15; L. 14, § 3 De muner.— C., L. 52, De decur.; L. un., De pot. nomin.

(5) V. *supra* nᵒ 37.

(6) Ff., L. 1, pr , De vacat.

(7) Cette proposition est vraie également pour les *honores*, à moins toutefois que ce ne fût le décurionat qu'il eût ainsi accepté volontairement (Ff , L. 2; L. 5, § 13, De jure immun.—C., L. 1 et 2, De h. q. sponte).

(8) Godefroy, Ad Cod. Theod., XI, 16. — Cf. Ff., L. 17, § 7, Ad munic.

clésiastiques pouvaient se substituer des remplaçants à leurs risques et périls (1).

82. En ce qui concerne l'obligation de remplir les fonctions imposées et le droit d'invoquer un certain répit, on doit étendre aux *munera* ce qui est vrai des *honores* (2) ; mais les règles relatives à l'exemption étaient beaucoup plus nombreuses et plus variées.—Les femmes et les mineurs, qui étaient soumis aux *munera patrimonii* (3), étaient dispensés de la plupart des *munera personalia*, comme des *honores* (4) ; mais les majeurs de vingt-cinq ans y étaient assujettis, alors même qu'ils étaient *in patria potestate* (5). — L'âge de soixante-dix ans accomplis exemptait des *munera personalia*, à moins de dispositions contraires des lois locales (6). La mauvaise santé ou les infirmités exemptaient aussi, pour le tout ou pour partie, des *munera personalia* (7). L'excuse résultant du nombre des enfants ne s'appliquait aussi, sauf des cas fort rares, qu'aux *munera* du même genre (8).

---

(1) C., L. 21, De episcop. et cler.

(2) V. *supra* n⁰ˢ 58 et 59.

(3) Ff., L. 3, § 10, De muner. — C., L. 7 et 9, De muner. patrim.

(4) Ff., L. 3, § 3 ; L. 8, De muner. ; L. 2, pr., De vacat. — D'autres textes le disent formellement pour les impubères (Ff., L 2, § 1, De jur. immun.; L. 2 § 1, De reg. jur.).

(5) Ff., L. 3, § 4, De muner. — Les affranchis y étaient soumis aussi (Ff., L. 17, pr. et § 1, Ad munic.), ainsi que les procureurs des absens (C , L. 5, De excus. mun.).

(6) Ff., L. 3, § 12, De muner. ; L. 3 ; L. 5, pr. et § 1, De jur. immun.

(7) C'était une question de fait, que devait trancher le gouverneur (Ff., L. 2, §§ 6 et 7 ; L. 13, De vacat. ; L. 7, § 1, De decur. — C., L. 1, 2 et 3, Q. mo b. se excus.).

(8) Il fallait avoir cinq enfants non adoptifs encore vivants (Ff., L. 3, § 12 ; L. 4, De muner. ; L. 2, §§ 2 et 5, De vacat.). Le fils mort à la guerre comptait

Étaient encore dispensés des *munera personalia* : les citoyens qui étaient absents pour cause légitime (1) ; les philosophes (2) ; jusqu'à l'âge de vingt-cinq ans, les jeunes gens qui se livraient aux études libérales, notamment les étudiants en droit (3) ; les vétérans, après vingt ans de service dans les légions ou la cavalerie (*vexillatio*) (4). — La pauvreté était une cause d'excuse temporaire pour les *munera patrimonii* (5) : Constantin étendit cette exemption aux *munera personalia* (6). — Enfin, d'autres causes de dispense s'appliquaient d'une manière générale à toute espèce de *munera*. Telle était l'immunité accordée aux professeurs des études libérales (*grammatici, sophistæ, rhetores, magistri*) et aux médecins (7), immunité qui devait être conférée par décret des décurions et était soumise à plusieurs conditions (8) ;

---

pour un fils vivant, mais le fils captif ne comptait pas (Ff., L. 14, De vacat. —C., L. 2, De h. q. num.) ; les enfants d'un enfant décédé remplaçaient leur père (C., L. 3, ibid.). La mère pouvait invoquer cette excuse relativement aux *munera personalia* que les femmes exerçaient (C., L. 5, De h. q. num.).

(1) C'est-à-dire pour un service public ou le service militaire (Ff., L. 3, § 1 ; L. 4, § 3, De muner. ; L. 4. L. 8, § 5, De vacat.).

(2) Ff., L. 6, § 8, De excusat. ; L. 8, § 4, De vacat.

(3) C., L. 1 et 2, Q. ætat. v. prof.

(4) Ff., L. 7, De vacat.—C., L. 1, 2 et 3, De h. q. non impl. stip. — Constantin étendit cette exemption à ceux qui avaient servi dans les cohortes du préfet du prétoire ou des gouverneurs de province (C. Th., L. 1, De cohort. princ.).

(5) Ff., L. 4, §§ 1 et 2, De muner. ; L. 10, § 3, De vacat.—Cf. Ff., L. 15, § 2 ; L. 22, § 7, Ad munic. ; C., L. 4 De h. q. num.

(6) C., L. 6, *in fine*, De h. q. num.

(7) Ff., L. 6, § 1, De excusat , L. 18, § 30, De muner. ; L. 8, § 4, De vacat.

(8) C., L. 1, 2, 5, 7 et 8, De prof. — Cf. Ff., L. 11, § 3, De muner.—Elle

Constantin étendit ce privilége aux professeurs de droit (1). Certains membres des corporations d'artisans, comme les *fabri*, ou de commerçants (*negotiatores*), comme les *frumentarii* et les *navicularii annonœ*, jouissaient, en principe, de la même immunité pendant tout le cours de leurs opérations (2); les *navicularii* et *mercatores olearii* n'étaient exemptés que pendant les cinq premières années d'exercice de leur profession (3): ces exemptions n'étaient pas toutes applicables dans les provinces (4). La même immunité générale était accordée aux athlètes couronnés trois fois (5), aux fermiers du fisc (6), et à ceux qui soutenaient un procès à Rome, pour tout le temps que durait ce procès (7). Enfin, la dignité de *defensor* (8) et certaines hautes fonctions remplies auprès des gouverneurs ou de l'empereur (9), entraînèrent une dispense

---

était accordée à ceux qui exerçaient à Rome, comme s'ils exerçaient dans leur patrie (Ff., L. 6, § 11, De excusat.; L. 9, pr., De vacat.).

(1) C., L. 6, De profess. — Mais il est dit expressément que les poètes, les instituteurs primaires et les *calculatores* n'en jouissaient pas (Ff., L. 2, § 8; L. 11, § 4, De muner. — C., L. 3 et 4, De profess.).

(2) Ff., L. 3 De vacat.; L. 5, §§ 3, 5 et 12, De jur. immun.

(3) Ff., L. 5, De muner. — Afin de prévenir les fraudes, on exigea qu'ils eussent engagé dans leur commerce la moitié de leur fortune, pour qu'ils pussent invoquer cette dispense (Ff., L. 5, §§ 6, 8 et 9, De jur. immun.).

(4) Ff., L. 10, § 1, De vacat. — Constantin étendit considérablement ces privilèges (C., L. 1 et 2, De excusat. art.; L. 7, De excusat. muner.).

(5) C., L. un., De athlet.

(6) A moins que leur fortune ne fût telle que le fisc ne courût aucun danger (Ff., L. 38, § 1, Ad munic.; L. 8, § 1, De vacat.; L. 5, §§ 10 et 11, De jur. immun. — C., L. 2, Q. muner. excus.).

(7) Ff., L. 8, § 5, De vacat.

(8) Ff., L. 10, § 4, De vacat.

(9) Ff., L. 12, § 1, De vacat. — Cf. C., L. 1, De excusat. mun.

de tous les *munera* : Théodose et Valentinien multiplièrent les dispenses de cette nature (1). — A partir du règne de Constantin, les sénateurs, les *illustres* et certaines personnes parvenues aux plus hautes dignités furent exemptés des *munera sordida et extraordinaria* (2). On en doit dire autant des membres du clergé catholique, de leur famille et de leurs serviteurs (3), dispense qui fut même étendue aux *munera personalia* (4). — Rappelons, en terminant, que, lorsque l'on accomplissait un *munus*, on était dispensé de tout autre *munus*, mais que l'on pouvait néanmoins être appelé à un *honor* (5).

Toutes ces exemptions ne dispensaient des *munera* que pour l'avenir, et ne s'appliquaient jamais aux charges qui étaient déjà imposées au moment où la cause d'immunité se présentait (6). Elles produisaient leur effet pour les *munera patrimonii extraordinaria* (7): quant aux *munera ordinaria*, ils étaient, en général, imposés à tout le monde (8); mais l'exemption de quelques-uns d'entre eux était accordée aux professeurs, aux médecins, aux philosophes et surtout aux militaires en activité de service (9). — En principe, toutes ces immunités étaient

---

(1) C., L. 11, De assessor. ; L 11, De excusat. mun.

(2) C., L., 3, 4, 7 et 14, De dignit. ; L. 12 et 16, De excusat. mun.

(3) C., L. 1 et 2, De episc. et cler. ; L. 1, De hæret.

(4) Par Valentinien, Valens et Gratien (C., L. 6, De episc. et cler.).

(5) Ff., L. 14, § 1, De vacat. ; L. 1, § 1, De oper. publ. ; L. 10, De muner.

(6) Ff., L. 5, § 7, De jur. immun.

(7) Ff., L. 6 ; L. 8, § 3, De vacat. — C., L. un., De vac. publ. mun.

(8) Ff., L. 6, § 4 ; L. 18, § 24, De muner. ; T. 10, pr. ; L. 11, De vacat. — C., L. 2 et 3, De muner. patrim.

(9) Ff., L. 18, §§ 29 et 30, De muner. ; L. 10, § 2, De vacat. — Cf. C., livre x, titre 48, pour certaines charges imposées à tout le monde ; et livre I.

personnelles (1); mais, lorsqu'elles avaient été accordées d'une manière générale à toute une famille, elles passaient aux descendants par les mâles du premier titulaire (2).

83. Que si maintenant nous recherchons quelles étaient les garanties que devait fournir et la responsabilité que devait subir le citoyen auquel était imposée une fonction inférieure, ainsi que ses fidéjusseurs, ses *nominatores* et son père, nous voyons que l'on doit étendre aux *munera* ce que nous avons dit des *honores* (3). Toutefois, en ce qui concerne les recours, cette assimilation doit être restreinte au cas de *munus divisum,* c'est-à-dire au cas où le même *munus*, imposé à deux personnes, leur a été imposé divisément : en pareil cas, il est vrai de dire que la ville ne peut poursuivre le collègue qu'en dernier lieu, après celui qui a mal géré, ses fidéjusseurs et son *nominator*, et que, si les deux collègues sont solvables, l'action de la ville contre eux se divise *ipso jure*; au contraire, dans le cas de *munus indivisum,* c'est-à-dire dans le cas où le même *munus* leur a été conféré conjointement, on doit poursuivre les deux collègues avant leurs fidéjusseurs ou leurs *nominatores*, et l'action de la ville ne se divise qu'autant qu'ils invoquent eux-mêmes le bénéfice de division (4): principe qui ne reçoit pas

---

titres 2 et 3, pour quelques règles spéciales aux ecclésiastiques et aux églises catholiques.

(1) Ff., L. 3, §§ 1 et 6, De muner.; L. 8, § 2, De vacat.; L. 1, § 1; L. 5, § 4, De jur. immun. — C., L. 4, Q. morb. se excus.

(2) Ff., L. 13, De muner.; L. 1, § 2; L. 4, De jur. immun.

(3) V. supra nos 60 et s iv.

(4) Ff, L. 3 pr.; L. 9, § 8, De adm. r. r. — C., L. 1, 2 et 4, Q. quisq.

exception, même lorsque le *munus indivisum* est une *curatio reipublicæ* (1).

84. Les *munera personalia* étaient ceux qui imposaient des soins, un travail, une aptitude personnelle, mais s'accomplissaient aux frais de la cité (2). Le plus honorable et le plus considérable était la *legatio*, mission qui se rapprochait sans doute des *honores* (3), mais était généralement qualifiée de *munus* (4), et qui n'était confiée probablement qu'à des décurions (5). Les municipes avaient, en effet, le droit d'envoyer à l'empereur, au gouverneur ou même à de simples particuliers des députés (*legati*), pour exposer leurs griefs; mais les villes d'une même province ne pouvaient, à elles toutes, en envoyer plus de trois à la fois (6). Dans le principe, c'était le

---

ord. — Peu importe, d'ailleurs, que, dans leurs rapports entre eux, les collègues aient divisé leurs fonctions.

(1) En effet, la loi 2, C., Q. quisq. ord., s'exprime d'une manière générale : « *Quoties....* pro indiviso munus injungitur; » et la loi 1 suppose formellement le cas d'une « *cura pecuniæ civitatis*, non tamen separatis portionibus.» — La loi 46, § 1, ff., De admin. et peric. tutor., qui a fait admettre par Cujas une exception pour le cas de *curatio reipublicæ*, suppose, comme l'a fait observer Pothier, une espèce toute spéciale : celle où les *curatores* doivent rendre compte, comme simples gérants d'affaires, à un simple particulier.

(2) Ils sont énumérés dans la loi 18, §§ 2 à 17, ff, De muner., et résumés dans la loi 1, § 2, même titre.

(3) Ff., L. 6, de legation.

(4) Ff., L. 13, De legation.; L. 1, § 2, De muner.

(5) Les décurions étaient obligés de remplir cette fonction par ordre d'ancienneté et à tour de rôle (Ff., L. 1 ; L. 4, § 5, De legation.).

(6) Ff., L. 4, § 6, De legation. — C. Th., L. 7, De legation —On s'était vu forcé de limiter le nombre des *legati*, parce que cette mission était fort recherchée.

peuple qui conférait aux députés leur mandat (1) : Théodose et Honorius décrétèrent qu'il serait conféré par
l'assemblée des décurions (2). On pouvait confier plusieurs missions à un même député (3). — Ne pouvaient
être nommés *legati* ni ceux auxquels on refusait le *jus
postulandi* (4), ni les débiteurs de la ville (5), ni même
les débiteurs du fisc (6). — La présence de trois enfants
vivants dispensait de toute *legatio* (7). On avait le droit
d'invoquer un répit de deux ans entre deux *legationes*,
alors même qu'il s'agissait de la même affaire (8) ; mais
cette exemption (*vacatio biennii*) ne s'étendait aux autres
honores et *munera* que dans le cas de *legatio transma-
rina* (9). Enfin, l'on pouvait toujours se faire remplacer
par ses fils, et même, dans certains cas, le droit de rem-
placement était absolu (10).—Les *legati* qui désertaient
ou négligeaient leurs fonctions étaient frappés de peines

---

(1) Il pouvait se réunir à cet effet sans autorisation du gouverneur (C., L. 5
et 6, De legation. — C. Th., L. 9, 10 et 12, De legation. — Ammien-
Marcellin, xxviii, 6.)

(2) C., L. 6, De legation.

(3) Ff., L. 16, pr., De legation. — L'objet de la mission était consigné
dans des lettres qu'on lui remettait avant son départ (C. Th., L. 11, De legation.)

(4) Ff., L. 4, § 1, De legation.

(5) Ff., L. 4, pr., De legation.

(6) A moins que les intérêts du fisc ne fussent à couvert (Ff., L. 5, § 10,
De jur. immun. ; L. 38, § 1, Ad. munic. — Cf. L. 4, § 2, De legation.)

(7) C., L. 1, De legation.

(8) Ff., L. 8, pr. et § 1, De legation. ; L. 12, pr., De vacat.

(9) C., L. 3, De legation. — Elle appartenait, d'ailleurs, non pas à celui qui
avait accompli matériellement la mission, mais à celui au nom duquel elle
avait été accomplie (Ff., L. 6; L. 7; L. 13, De legation.)

(10) Ff., L. 4, § 4; L. 11, pr., De legation.

graves et expulsés de l'*ordo* (1). — En principe, ils ne pouvaient s'occuper de leurs propres affaires, ni intervenir dans les affaires d'autrui, pendant la durée de leurs fonctions (2). — Ils jouissaient d'un double privilége : celui de ne pas pouvoir être poursuivis en justice depuis le jour de leur nomination jusqu'à l'accomplissement de leur mission (3), à moins que le contraire n'eût été convenu avec le créancier (4); celui d'opposer l'incompétence, lorsqu'on les poursuivait à Rome, et de réclamer le *forum* de leur domicile (5), sauf pour les actions criminelles (6). — Ils recevaient pour frais de voyage une certaine somme, dite *legativum* ou *viaticum*, qu'ils pouvaient réclamer contre la ville par voie d'action (7).

Les villes, étant des personnes morales, étaient obligées de se faire représenter en justice : cette représentation constituait un *munus personale*. Lorsqu'un débiteur du municipe ou un détenteur de deniers municipaux (*pecuniæ communis*) venait rendre ses comptes, l'*ordo* nommait, lorsqu'il ne pouvait terminer l'affaire immédiatement, une commission de trois membres *ad publicam causam agendam*, qui devaient faire un rapport concluant à la décharge ou à la poursuite du débiteur (8) :

---

(1) Ff., L. 1 ; L. 2, §§ 1 et 2 ; L. 4, § 4, De legation.

(2) Mais cette règle comportait une foule d'exceptions (Ff., L 8, § 2 ; L. 9 ; L. 10 ; L. 11, § 1 ; L. 12, De legation. — Cf. L. 15, ibid.).

(3) Ff., L. 5 ; L. 16, § 1, De legation.

(4) Ff., L. 3 De legation.

(5) Ff., L. 2, §§ 3 4 et 5 ; L. 24, § 2, De judic.

(6) F., L. 24, § 1, De judc.

(7) Ff., L. 36, pr., Ad munic. ; L. 18, § 12, De muner. ; L. 2, § 3 ; L. 10, § 1, De leg tion. ; L. 7, pr., Quod cujusc. univers.

(8) On les appelait aussi *patroni causæ* (Malaga, LXVII, LXVIII.)

en cas de poursuite, il est probable que c'était un seul des commissaires qui intentait l'action (*judicium pecuniæ communis*) au nom du municipe (1). Il est souvent question de ces *actores municipum* (2). — En ce qui touche les procès ordinaires de la cité, les duumvirs nommaient un mandataire pour chaque affaire spéciale (3). Plus tard, les villes purent avoir un représentant général, nommé *syndicus* ou *defensor*, qui plaidait toutes leurs causes sans décret particulier (4) : il avait la même responsabilité que les mandataires ordinaires, et était soumis aux mêmes causes de révocation (5). Le droit acquis *ex judicato* donnait une action directe à la ville ou contre elle (6); lorsque celle-ci n'avait pas été régulièrement défendue, elle pouvait nier que le jugement lui fût opposable (7). Enfin, lorsqu'une ville faisait défaut, les créanciers étaient envoyés en possession de ses biens par un premier décret du proconsul, puis un second décret en ordonnait la vente (8).

Sous les ordres du *curator reipublicæ* et des édiles étaient placés une foule du *curatores* spéciaux, chargés de tel ou tel service municipal déterminé. Tels étaient

---

(1) Inscription d'Historium, rapportée dans 'e *Bulletino Napolitano, nuova seria*, 1853, p. 180. — Cf. Mommsen, *Die Stadtrechte*......, p. 452 et 484.

(2) Ff., L. 10, Quod cui; L. 3, § 4, De bon. possess; L. 5, § 10, Q. vi aut clam.

(3) Ff., L. 3; L. 4; L. 6, § 1. Quod cui.

(4) Ff., L. 1 § 1; L. 3; L. 6, §§ 1 et 3; L. 10, Q. cujusc. univers ; L. 1, § 2; L. 16, § 3; L. 18, § 13. De muner.

(5) Ff., L. 6. § 3, Q. cujusc. univers ; L. 6, De adm. rer.

(6) Ff., L. 6. § 3 Q. cujusc. univers.

(7) C., L. 1. De jur. reip.

(8) Ff, L. 1, § 2 ; L. 8 Q. cujusc. univer-.

les *curatores operum, viarum, balneorum, aquœductus, œdium, pistrinorum*, etc., dont les noms indiquent suffisamment les attributions (1); tels étaient aussi les *curatores annonœ* (ou *frumenti*) et *olearii*, chargés de l'acquisition des grains et de l'huile, dont la ville s'approvisionnait à l'avance afin d'empêcher la disette (2), ainsi que le *curator ad colligendos civitatis publicos reditus*, chargé de recouvrer les revenus municipaux (3). Mais le plus considérable de ces fonctionnaires était le *curator calendarii* (4), qui plaçait les capitaux de la ville (5) : il devait les prêter à intérêts et exiger des emprunteurs des gages suffisants (6). Le *curator prœdiorum* administrait, au contraire, la partie immobilière de la fortune municipale (7).

Les *hirenarchœ*, qui étaient nommés par la curie et confirmés par le gouverneur (8), avaient pour attributions, comme les juges d'instruction de nos jours, la

---

(1) Orelli, 3887.—Ff., L. 1, pr. ; L. 2, § 1. De oper. publ., L. 1, § 2; L. 18, §§ 5, 6, 7, 10, 11, et 15, De muner.

(2) Orelli, 4001. — Ces emplois étaient nommés *sitonia* et *elœonia* (Ff., L. 18, § 5, De muner.; L. 2 ; L. 9, §5, De adm. rer.— Nov. cxxviii, c. 16).

(3) Ff., L. 18, § 9, De muner.

(4) Orelli, 3940, 4491. — Le nom de *calendarium* vient de ce que les intérêts se payaient aux calendes de chaque mois.

(5) Ff., L. 18, § 2, De muner. ; L. 9, pr., §§ 7 et suiv., De adm. rer — C., L. 2, De debit. civit. — C. Th., L. 1, De curat. calend. — Fr. Vat., 187.— Orelli, 4016 et suiv.

(6) Ff., L. 33, De usur. — Il était nommé sur enquête par le gouverneur (Ff., L. 9, §§ 7 et 9, De adm. rer.) et, par conséquent, n'était pas tenu de donner caution.

(7) Ff., L 1, § 2, De muner.

(8) C., L. un., De hirenarch.

recherche et la première poursuite des délits (1). Ils avaient sous leurs ordres des gardes destinés à les seconder. Les *agonothetæ* ou *designatores* maintenaient l'ordre dans les combats et jeux publics, à l'aide de licteurs dits *mastigophori* (2). Les *nyctostrategi* ou *triumviri nocturni*, commandants du guet, faisaient la police des incendies (3). Les *limenarchæ* étaient préposés à la garde des ports (4). Les *gymnasiarchæ* inspectaient les gymnases, et les *episcopi* les marchés (5), tandis que les *zygostates* tranchaient les contestations relatives au poids de l'or et de l'argent. Les *scribæ*, employés subalternes des bureaux, dont les fonctions étaient viagères ou même héréditaires (6), comprenaient les *tabularii*, expéditionnaires de tous les actes publics (7), les *censuales*, qui dressaient les états des contribuables et faisaient le relevé de leur fortune (8), et les *logographi*, qui étaient chargés d'une certaine comptabilité (9). On donnait aux archivistes les noms d'*antiquarii* ou *archeotæ* (10), et aux

---

(1) Ils soumettaient à un interrogatoire sommaire les malfaiteurs qu'ils arrêtaient, consignaient leurs réponses dans un procès-verbal (*elogium*) qui servait de base à l'instruction, et les remettaient au juge compétent (Ff., L. 6, De cust. et exhib. reor.).

(2) Ff., L. 18, § 17, De muner.

(3) Ff., L. 18, § 12, De muner.

(4) Ff., L. 18, § 10, De muner.

(5) Ff., L. 18, § 7, De muner.

(6) Ff., L. 18, § 17, De muner. — C., L. 1, De tabular.

(7) Ff., L. 18, § 10, De muner. — C., L. 17, De exact. — C. Th., L. 2, De tabular.

(8) Ff., L. 18, § 16, De muner.

(9) Ff., L. 18, § 10, De muner.

(10) Ff., L. 18, § 10, De muner.

notaires celui de *tabelliones* (1). Ajoutons enfin, pour clore la liste des principaux *munera personalia*, les *xenoparochi*, qui assignaient un logement et des vivres aux fonctionnaires voyageant au nom du prince (2), et une foule d'employés d'un ordre inférieur, chargés de fournitures et de services divers, tels que la *camelasia*, l'*equorum productio*, l'*angariarum præbitio*, etc. (3).

85. Les *munera patrimonii* étaient ceux qui n'assujettissaient point à un travail personnel, mais à des prestations appréciables en argent (4) : telle était l'obligation de recevoir un hôte, ou de fournir certains approvisionnements ou certains moyens de transport (5). Ces *munera* étaient dits *ordinaria* ou *extraordinaria*, suivant qu'ils étaient prescrits par une loi, un sénatus-consulte ou une constitution, ou bien qu'ils étaient imposés par les magistrats, sans être prévus par aucune disposition législative (6). On les subdivisait aussi en *munera* imposés à tous les possesseurs, quels qu'ils fussent, et en *munera* imposés seulement aux *municipes* et aux *incolæ* (7).

86. Enfin, les *munera mixta*, qui soumettaient en même temps à un service corporel et à des prestations

---

(1) C., L. 17, De fid. instrum.; L. 24, De testam.

(2) Ff., L. 18, § 10, De muner. — Il y avait aussi des commis chargés de donner aux étrangers le pain et le sel, et qu'on appelait *parochi* (Horace, *Serm.*, I, 5).

(3) Ff., L. 18, §§ 3, 4 et 11, De muner.

(4) Ff., L. 1; L. 18, § 18, De muner.

(5) Ff., L. 3, § 14; L. 18, §§ 19 à 21, De muner.

(6) Ff., L. 6; L. 8, § 3, De vacat.

(7) Ff., L. 6, § 5; L. 14, § 2; L. 18, §§ 21, 22 et 25, De muner.

pécuniaires, consistaient surtout dans la perception des impôts : telles étaient les attributions des *decaproti* ou *icosaproti* (1). Plus tard, les décurions nommèrent sous leur responsabilité un *susceptor* (2), chargé de percevoir les impôts dus au souverain (3) ; les registres du *tabularius* lui indiquaient ce qu'il avait à recevoir (4) et les rentrées, versées entre les mains de son caissier (*arcarius*), étaient envoyées au *præfectus thesaurorum* du district (5). Ces *munera mixta* ayant beaucoup d'affinité avec les *munera patrimonii*, les textes leur donnent quelquefois cette dernière qualification (6). Enfin, il est à remarquer que certains *munera personalia* deviennent en même temps *munera patrimonii*, et par conséquent *mixta*, lorsque la loi municipale ou la coutume met des dépenses au compte de ceux qui les gèrent, ou les soumet à une responsabilité pécuniaire (7).

---

(1) Les receveurs portaient l'un ou l'autre de ces noms, suivant que c'était aux 10 ou aux 20 premiers de la ville que cette charge incombait (Ff., L. 18, § 26, De muner.). — Cf. *Corp. Inscr. Græc.*, 2264, 3201, 3418, 3732, etc.

(2) C., L. 8, De susceptor. ; L. 23, De decur.

(3) Il faut se garder de le confondre avec les *exactores* chargés de percevoir les impôts dus à la cité, ce qui était un *munus personale* (Ff., L. 18, § 8, De muner.).

(4) C., L. 1 et 7, De exact. tribut.

(5) C., L. 15, De susceptor.

(6) Ff., L. 3, §§ 10 et 11, De muner.— C., L. 8, De muner. patrim.—Ceux des décurions qui n'étaient point chargés de la perception et ne faisaient que garantir subsidiairement le recouvrement de l'impôt, ne remplissaient qu'un *munus patrimonii*.

(7) Ff., L. 1, § 1 ; L. 18, § 27, De muner.

SECTION II.

Objets de l'administration municipale.

87. Les municipes étaient des personnes civiles, des êtres moraux ayant une existence indépendante de celle de leurs habitants (1). Leurs créances et leurs dettes n'étaient pas celles des citoyens, mais celles de l'être juridique (2), et c'était lui aussi que représentait, dans les procès, l'*actor* ou le *syndicus* (3). L'esclave de la cité était l'esclave de la personne morale, et non l'esclave des citoyens considérés individuellement : aussi pouvait-on le mettre à la torture tant contre un citoyen qu'en sa faveur (4) ; c'était la ville qui jouissait des droits de patronage (5), lorsqu'il avait été affranchi (6), et, en pareil cas, il n'était astreint à demander la permission du préteur (*venia edicti*) que lorsqu'il plaidait contre la ville, et non quand il plaidait contre un de ses habitants (7). Les cités étaient considérées, au point de vue du droit privé, comme de simples particuliers (8) : aussi est-ce

---

(1) *Personæ vice fungitur municipium* (Ff., L. 22, De fidejuss.).

(2) Ff., L. 7, § 1, Q. cujusc. univers. — Cf. Ff., L. 1, § 15, Ad senatusc. Trebell.

(3) Ff., L. 2, Q. cujusc. univers. — V. *supra* n° 84.

(4) Ff., L. 6, § 1, De divis. rer. ; L. 1, § 7, De quæstion.

(5) Ff., L. 1 et 3, De manum. q. serv. ; L. un., De lib. univ. ; L. 3, § 6, De suis et l git.

(6) Le *servus municipii* était affranchi par l'*ordo* (Ff., L. 3, De stip. serv. — C., L. 1 et 2, De serv. reip. manum).

(7) Ff., L. 10, § 4, De in jus voc.

(8) Ff., L. 15, De senatusc. Macedon. ; L. 1, §§ 3 et 4, De ædil. ed. ; L. 26, § 9, Ex quib. caus. major. ; L. 81, De furt.

par erreur que des textes nombreux traitent de *bona publica* les biens qui leur appartenaient (1). Plusieurs constitutions nous apprennent qu'elles étaient traitées comme des pupilles, et qu'elles pouvaient invoquer le secours extraordinaire de la *restitutio*, lorsqu'elles n'avaient pas été défendues ou que leurs droits avaient subi quelque atteinte (2); mais, en principe, on leur appliquait le droit commun à tous les citoyens : ainsi, elles ne jouissaient pas du droit de gage tacite, comme le fisc, à moins que ce privilége ne leur eût été accordé spécialement, ou ne fût établi par leurs lois, comme pour la ville d'Antioche dans la Cœlé-Syrie (3); les contrats de vente ou de louage passés avec une ville ne pouvaient pas être rescindés à raison d'offres supérieures survenues depuis, à moins qu'elle n'eût reçu à l'égard de ces surenchères une prérogative semblable à celle du fisc (4); enfin, les pactes ajoutés aux contrats passés avec les villes devaient être observés par elles de bonne foi (5), et lorsqu'elles achetaient, les risques étaient pour elles, comme pour tout particulier (6). Cependant, les villes jouissaient de

---

(1) Ff., L. 15, De verb. sign. — Néanmoins, leurs biens du domaine public étaient inaliénables et imprescriptibles (Ff., L. 9, De usurp. et usuc.), et leurs murailles étaient des *res sanctæ*, comme celles de Rome (Ff., L 8, § 2, De rer. divis.). — Il est à remarquer que les tables de Salpensa et de Malaga emploient presque constamment le mot *communis* (et non *publicus*) pour désigner ce qui appartient à un municipe.

(2) C., L. 1, De off. ej. q. vic.; L. 1 et 3, De jur. reip. — V. *supra* n° 84.

(3) Ff., L. 10, Ad munic.; L. 37, De reb. auct. jud.— C., L. 2, De jur. reip.

(4) Ff., L. 21, § 7, Ad munic. — C. L. 1 et 2, De vend. reb. civit.

(5) Elles devaient respecter toutes les clauses accessoires des baux, par ex. la réduction de fermages convenue pour le cas de stérilité (Ff , L. 2, § 13, De adm. rer.).

(6) Ff., L. 2, § 6, De adm. rer.

certains priviléges : elles pouvaient réclamer les intérêts qui leur avaient été promis par simple pacte, sans
qu'il fût nécessaire qu'elles les eussent stipulés expressément (1); elles étaient mieux traitées aussi que les
créanciers ordinaires, car elles étaient toujours collo-
quées sur les biens de leurs débiteurs avant les créanciers chirographaires (2). — C'était par l'intermédiaire de
leurs magistrats que les municipes accomplissaient les
différents actes de la vie juridique (3) : on avait même
admis qu'ils pouvaient posséder et usucaper par les personnes qui possédaient en leur nom (4). Ils n'étaient en-
gagés par les emprunts de leurs préposés qu'autant que
ces emprunts tournaient à leur profit : dans le cas contraire, ces préposés étaient seuls obligés (5). Lorsqu'un
délit avait été commis au préjudice d'une ville, elle pouvait exercer par ses représentants les actions auxquelles

---

(1) F., L. 30, De usur. — Ces intérêts ne cessaient pas de courir à leur
profit, à quelque somme qu'ils s'élevassent, tandis qu'en principe les intérêts
cessaient d'être dus lorsqu'ils arrivaient à produire un chiffre double du capital,
du moins depuis Justinien (C., L. 29, De usurp. — Nov. CXXI, c. 2; nov.
CXXVIII; nov. CLX, c. 1).

(2) Ff., L. 38, § 1, De reb. auct. jud. poss. — En outre, elles avaient un véritable droit de suite sur les biens de leurs débiteurs, et pouvaient poursuivre
contre les acquéreurs de ces biens le remboursement de leurs créances (C., L. 2,
De deb. civ.).

(3) Il importait quelquefois de savoir si les parties contractantes avaient eu
connaissance de tel ou tel fait : la ville était réputée avoir su ce qu'avaient su
ses magistrats (ff., L. 14, Ad munic.). — C'étaient aussi ses magistrats qui prêtaient serment pour elle, lorsqu'on lui avait fait un legs sous la condition d'un
serment (ff., L. 97, De condit. et demonstr.).

(4) Ff., L. 1. § 22; L. 2, De adq. poss.; L. 7, § 3, Ad exhib.; L. 3, § 1,
De publ.

(5) Ff., L. 27, De reb. cred.; L. 11, De pign. et hypoth.

il donnait naissance (1) ; mais elle ne pouvait pas, elle-même, commettre de délit ni encourir de peine, car une personne morale, étant un être abstrait, ne peut pas être coupable de dol (2) : elle n'aurait pu subir que des châtiments politiques, des privations de priviléges, par exemple, à raison des trahisons ou autres crimes commis par ses habitants, et l'on ne pouvait lui reconnaître aucune responsabilité pénale personnelle (3). En ce qui touche les réparations civiles, elle était tenue *de in rem verso* : elle n'était obligée par les délits de ses administrateurs que dans les limites du profit qu'elle en avait retiré, tandis que les coupables eux-mêmes était tenus suivant le droit commun (4).

Nous venons de voir que les municipes pouvaient être propriétaires, créanciers, débiteurs, comme des particuliers (5) : nous sommes amenés ainsi à passer en revue les éléments de la fortune municipale.

88. Chaque ville avait sa caisse communale (*ærarium*) (6), à la tête de laquelle était un receveur muni-

---

(1) Adrien avait décidé que tout administrateur qui détournerait les biens d'une ville serait considéré comme coupable non de vol simple, mais de péculat (Ff., L. 4, § 7, Ad leg. Jul. pecul.).

(2) Cf. Nov. Majorien, titre 7. — Une constitution de Frédéric II, rapportée au *Corpus juris civilis* (en note sous le titre *de episcopis*, au Code), vint fournir cependant des exemples de châtiments infligés à des *universitates*.

(3) Si la loi 9, §§ 1 et 3, ff., Q. met. caus., donne contre une ville l'action *quod metus causa*, c'est que cette action est *in rem scripta*, et que l'on n'a point à rechercher de qui viennent les faits de contrainte.

(4) Ff., L. 15, § 1, De dol. mal.; L. 4, De vi.

(5) Ff., L. 1, § 1, Q. cujusc. univ.; L. 25, § 1, De adq. vel omitt. hered.; L. 16, De verb. sign.

(6) Orelli, 3987, 4000.

cipal (*quæstor municipii, quæstor ærarii, quæstor pecuniæ publicæ, quæstor arcæ publicæ*, ou enfin *arcarius*) (1), fonctionnaire d'un ordre inférieur. Le domaine
privé de la ville, qu'il importe de distinguer de son domaine public (2), comprenait à la fois des biens communaux (3) et des biens patrimoniaux. Nous devons nous
occuper spécialement de ces derniers.

Les revenus principaux des cités étaient les fermages
(*vectigalia*) des fonds de terre (*prædia, agri fructuarii*)
municipaux, champs cultivés ou pâturages, qui étaient
souvent situés loin de la ville (4) et avaient été acquis de
diverses manières (5); elles concédaient souvent ces
immeubles ruraux, ainsi que leurs maisons (*œdes vecti-
gales*) (6) à longs termes ou à perpétuité (7). Elles avaient
quelquefois aussi des carrières ou des mines, qu'elles
affermaient (8). Le respect des droits des générations
futures voulait que les biens des cités, qui étaient administrés librement par leurs mandataires, ne pussent être
aliénés sans le concours de la puissance publique (9).

---

(1) Orelli, 62, 118, 3722, 3966, 3987, 3997. — V. *supra* n° 86.

(2) Ff., L. 8, § 2; L. 9, De divis. rer.; L. 9, De usurpat. et usucap.

(3) C., L. 1, De pasc. publ. — Isidore, *Orig.*, xv, 1. — Aggenus Urbicus,
de controv. agr., dans le recueil *Rei agrariæ scriptorum* de M. Giraud, p.
46 et suiv.

(4) Arpinum, par ex., en avait dans la Gaule (Cic., *Ad fam.*, xiii, 11.)

(5) Ff., L. 2, § 1, De adm. rer.· L. 6, § 2, De decur.; L. 13, § 6, De action. empt. — C., L. 10, De vectig. — Grut., 164. 1. — Vell. Paterc., ii, 81;
Dion Cass., xix, 14; Lampr., *Alex. Sec.*, 21.

(6) Ff., L. 15, § 26, De damn. inf.

(7) V. *supra* n° 74.

(8) Ff., L. 13, pr. et § 1, De publican.

(9) Béchard, *Hist. du dr. municip. dans l'antiq.*, p. 350 et suiv.

Cette matière est réglementée par une constitution de l'empereur Léon (1); il est probable qu'auparavant les administrateurs des biens des villes étaient, comme les tuteurs, incapables d'aliéner (2). Les gouverneurs eux-mêmes étaient tenus de respecter les monuments et les statues des cités, et il leur était interdit de les enlever pour les transporter dans d'autres (3). Léon n'autorisa la vente des biens municipaux que pour cause légitime, avec l'autorisation de l'empereur à Constantinople, et dans les provinces avec l'assentiment de la majorité des *curiales, honorati et possessores*, confirmé par un décret rendu dans la forme des jugements provinciaux. Plus tard, les empereurs usurpèrent souvent, par fraude ou par violence, les biens des cités. — Les revenus des villes étaient souvent affermés à des *publicani* (4). — La fortune municipale comprenait encore des capitaux, dont le *curator calendarii* devait recouvrer les intérêts (5); le produit des amendes prononcées par les *II viri J. D.* et les édiles (6); des droits perçus pour l'usage des aqueducs, des bains publics, des ponts, des routes, des marchés, des égouts, etc. (7); des contributions en nature (8); enfin,

---

(1) C.. L. 3, De vend. reb. civil.

(2) La loi 1, § 2, ff., Q. cujusc. univers., cite un cas particulier dans lequel le proconsul ordonne la vente des biens d'une cité. celui où il y a poursuite des créanciers.

(3) C. Th., L. 1 ; L. 14 ; L. 37, De oper. publ.

(4) Ff., L. 13, § 1, De publican.; L. 2, § 4, Ad munic.: L. 6, § 2, De decur.; L. 2, § 12, De adm. rer.

(5) V. *supra* n° 84.

(6) V. *supra* n° 70.

(7) Ff., L. 27, § 3, De usufr. et quemadm.; L. 41, De action. empt ; L. 60, § 8, Locat. — Cic., *De leg. agr.*, III, 2; Sénèque, *De const. sap.*, 14.

(8) Certaines villes avaient soumis les propriétés foncières au versement

des droits sur les marchandises (1), droits qui s'élevaient quelquefois jusqu'à 1/8ᵉ de leur valeur. Les empereurs concédèrent aussi à quelques villes le droit d'établir des octrois (2). En outre, les municipes possédaient le pécule de leurs esclaves, qu'ils occupaient à des services d'un ordre inférieur, ou qu'ils louaient moyennant un salaire (3); lorsque l'affranchi d'une ville mourait sans laisser d'enfants, la curie lui succédait pour le tout; s'il laissait des enfants, elle avait droit à une portion virile, qu'il fût mort testat ou intestat (4).

Les villes qui, étant des êtres abstraits, ne pouvaient acquérir la possession par elles-mêmes (5), purent l'acquérir par leurs esclaves et même par leurs représentants libres (6). Elles purent, en conséquence, acquérir de la même manière la propriété par usucapion (7). Elles pouvaient également devenir propriétaires par la *traditio*, ou par la *mancipatio* faite par un de leurs esclaves, ou, enfin, par l'*adjudicatio* faite à leur profit par un *judex*; mais la *cessio in jure*, qui n'admettait point de représentation, leur était refusée. — Quant à la capacité d'acquérir

---

d'une quantité déterminée de froment : c'était un *munus possessionis* (Ff., L. 18, § 25, De muner.).

(1) C., L. 9, De susceptor.

(2) C., L. 1, De vectigal.

(3) Ces esclaves pouvaient stipuler pour les villes. (Ff., L. 3, De stipul. servor.).

(4) Ff., L. un., De libert. civit.

(5) Ff., L. 1, § 22, De adquir. v. omitt. possess.

(6) Ff., L. 1, § 22; L. 2, De adq. v. om. poss. — Cette dérogation aux principes sur l'*animus possidendi* fut restreinte d'abord aux choses acquises par leurs esclaves *peculariter*.

(7) Ff., L. 7, § 3, Ad exhib.; L. 1, § 22; L. 2, De adquir. v. omit. possess

par succession, on comprend que les cités, étrangères aux rapports de famille, en furent longtemps privées. On commença par leur accorder le droit de recueillir l'hérédité de leurs affranchis morts intestats (1). Bientôt la capacité de recevoir par testament, qui leur avait été refusée parce qu'elles ne pouvaient faire elles-mêmes la *cretio* ou la *gestio pro herede* (2), et que, d'autre part, il était impossible de se faire représenter pour faire adition d'hérédité, leur fut accordée dans une certaine mesure par un sénatus-consulte (peut-être le sénatus-consulte Apronien), qui permit à leurs affranchis de les instituer héritières (3); plus tard, Léon leur accorda d'une manière générale le droit de recueillir par testament (4). Quant à la faculté de recevoir des fidéicommis, elle leur fut octroyée par le sénatus-consulte Apronien, rendu sous Trajan ou sous Adrien, qui les soumit à l'application du sénatus-consulte Trébellien (5). La *bonorum possessio*, pouvant s'acquérir par un intermédiaire, fut reconnue de bonne heure aux municipes; elle pouvait être demandée par l'*actor* de la ville ou par tout citoyen sans qualité spéciale, et le préteur pouvait même la déférer d'office (6). Enfin, le droit de recueillir des legs leur fut accordé par Nerva, et ré-

---

(1) Ff., L. 3, § 6, De suis et legitim. — Ce droit fut étendu par Marc-Aurèle aux corporations qui avaient des esclaves et pouvaient les affranchir (Ff., L. 1 et 2, De manum. q. serv.).

(2) Ulp., *Reg. jur.*, xxii, 5. — Pline, *Ep.*, v, 7.

(3) Ff., L. 30, De vulg. et pupill. substit.; L. 66, § 7, De legatis, 2°; L. un., § 1, De libert. univers. — Ulp., xxii, 5.

(4) C., L. 12, De hered. instit.

(5) Ff., L. 26; L. 27, pr., Ad senatusc. Trebell.; L. un., § 1, De lib. univ.

(6) Ff., L. 3, § 4, De bonor. possess.; L. un., §§ 1 et 2, De libert. univ.

glementé en détail par un sénatus-consulte rendu sous Adrien (1) ; Marc-Aurèle étendit aux *vici* la même capacité (2).

Les municipes pouvaient avoir non-seulement la pleine propriété, mais encore de simples démembrements de la propriété. Ils ne pouvaient pas exercer le droit d'*usus*, car ce droit était éminemment personnel et ne comportait pas de représentation ; mais ils pouvaient posséder un usufruit : ce droit d'usufruit, qu'ils n'acquéraient jamais que par un legs *per vindicationem* ou par la *quasi traditio* (3), — car la *mancipatio* ne s'appliquait pas à l'usufruit, qui était *res nec mancipi*, et la *cessio in jure* ne pouvait être faite ni à un esclave, ni à un mandataire libre, — était restreint, pour sa durée, au terme de la vie humaine la plus longue, c'est-à-dire à cent ans (4), et devait, d'ailleurs, s'éteindre en cas de destruction de la ville, comme l'usufruit constitué au profit d'une personne naturelle s'éteignait par la mort du titulaire. Quant aux servitudes prédiales, les villes pouvaient les acquérir, de même, par un legs *per vindicationem* et sans doute aussi par une *quasi traditio ;* mais la *cessio in jure* était également impossible, et les servitudes rurales étaient seules susceptibles de *mancipatio* (5).

---

(1) Ulp., xxiv, 28. — Gaius, ii, 195. — Ff., L. 117; L. 122, pr., De legatis, 1°.

(2) Ff., L. 73, § 1, De legatis, 1°.

(3) De Savigny, *Traité de droit romain*, t. ii, p. 290, note 5.

(4) Ff., L. 56, De usufr. et quemadm.; L. 8, De usu et usufr. — La loi 68, ff., Ad leg. Falcid., indique 30 ans comme terme de la durée de l'usufruit; mais elle n'a trait, sans doute. qu'à l'application de la loi Falcidie.

(5) Ff., L. 12, De servitut.

89. Considérons, maintenant, le côté passif du budget municipal. Les dépenses principales consistaient dans la construction et l'entretien des monuments publics, des temples, des murailles, des ponts, des aqueducs, etc., en un mot, des *opera publica* (1). On ne pouvait faire de constructions nouvelles sans la permission de l'empereur ou du préfet du prétoire (2); quant aux réparations, c'étaient les décurions qui les ordonnaient, à l'exception, toutefois, de celles des murailles, qui devaient être autorisées par l'empereur ou par le gouverneur (3). Avant d'appliquer l'argent de la ville à des travaux nouveaux, on l'employait, de préférence, aux réparations d'entretien (4). Un tiers des revenus était réservé à ces dépenses de construction (5); elles étaient faites par les édiles (6), ou des *curatores* spéciaux qui répondaient des travaux des entrepreneurs auxquels ils s'adressaient, responsabilité qui passait à leurs héritiers pour les fautes commises de leur vivant (7). Il était défendu d'inscrire sur les monuments publics d'autre nom que celui de l'empereur ou des personnes qui avaient fourni l'argent nécessaire pour les édifier (8).

---

(1) Ff., Titre De operib. publ. — C. Th. et C. Just., mêmes titres.

(2) Ff., L. 3, § 1,; L. 6, De oper. publ. — C., L. 13, De oper. publ. — Pline, *Ep.*, x, 34 et suiv., 75, 94 et suiv., 99.

(2) Ff., L. 9, § 4, De divis. rer.; L, 6, De oper. publ.

(4) Ff., L. 5, § 1, De adm. rer.

(5) C., L. 11, De oper. publ.; L. 3, De div. præd. urban. — C. Th., L. 18, 32 et 33, De oper. publ.

(6) Ff., L. 1, De via publ.

(7) Ff., L. 1, § 2; L. 4, pr.; L. 18, §§ 6, 7 et 10, De muncr.; L. 9, §§ 1 et 3, De adm. rer.; L. 1, pr.; L. 2, § 1, De oper. publ. — Cf. *supra* n° 61.

(8) Ff., L. 2, pr. et § 2; L. 3, § 2; L. 4; L. 7, § 1, De oper. publ. — C.,

Les dépenses des *sacra* du paganisme, et plus tard celles du culte chrétien, étaient également supportées avec les ressources publiques (1).

Il en était de même des distributions de blé (*annonœ*), qui étaient faites aux pauvres par l'entremise des édiles et des *cereales* : le trésor public avançait aux municipes l'argent nécessaire à l'achat de ce blé, et ils devaient le rendre sans pouvoir opposer la compensation (2).

L. 10, De oper. publ. — Cf. C., L. 3, De stat. et imagin. — Il arrivait, en effet, assez souvent, que des particuliers laissaient de l'argent pour faire des ouvrages publics, et c'est peut-être ici le lieu de rappeler que les promesses faites à des villes étaient soumises à des règles spéciales. On sait qu'une simple promesse (*pollicitatio*) ne suffit pas, en principe, pour faire naître une obligation, lorsqu'elle n'a point encore été acceptée, car un contrat ne se forme que par un concours de volontés, mais l'on s'était départi de la rigueur de ce principe en faveur des villes ; los pollicitations qui leur étaient faites produisaient des obligations dans trois cas spécialement déterminés: 1° Lorsqu'elles avaient été faites en vue d'obtenir une magistrature (*ob honorem*), ou à l'occasion d'une magistrature déjà déférée (ff., L. 1, § 1 ; L. 3, De pollicitation.; L. 19, pr., De donation.); 2° lorsqu'elles avaient une cause réelle et légitime (*ob justam causam*), par exemple lorsqu'elles étaient faites à l'occasion d'un malheur public qui était venu frapper la ville (ff., L. 1, § 1 ; L. 4; L. 7, De pollicitation.); 3° lorsque l'exécution de l'ouvrage promis avait été commencée soit par le promettant, soit par la ville elle-même sur la foi de sa promesse, alors même qu'elle n'avait pas une *justa causa* (ff., L. 1, §§ 2 à 5; L. 6, § 1, De pollicitation. ; L. 16, § 1, De muner.) A plus forte raison était-il interdit expressément à un donateur de revendiquer les choses qu'il avait données à une ville (ff., L. 3, § 1, De pollicitation. ; L. 23, De exception.) — Plus tard, une constitution de Zénon vint généraliser, en quelque sorte, cet effet civil que l'on reconnaissait aux pollicitations faites à certaines personnes juridiques, en déclarant obligés et exposés à une action les individus qui feraient des promesses à un ange, à un saint ou à des établissements de bienfaisance, par exemple à des hôpitaux (C., L. 15, De sacrosanct. eccles.)

(1) Cic., *Ad. div.*, XIII, 11.

(2) Ff., L. 17, De compensation.; L. 2, § 4, De adm. rer. ; Orelli, 3992 et suiv.

Un certain nombre de villes pourvoyaient à l'éducation des enfants pauvres, par les soins des *quæstores* ou *curatores pecuniæ alimentariæ* (1), qui étaient, pour ainsi dire, les administrateurs de grands établissements de bienfaisance (2). Des legs étaient souvent faits aux cités pour procurer la nourriture aux enfants et aux vieillards. Depuis le triomphe du christianisme, les legs pieux, distingués avec soin des legs faits en faveur de personnes incertaines, durent être administrés conformément aux vues des disposants (3).

Les frais des jeux publics constituaient aussi l'une des principales dépenses municipales (4). Le sénat romain avait d'abord défendu d'appliquer à des chasses ou à des spectacles les legs faits avec cette destination, et en avait prescrit un emploi plus utile (5); il était même admis, en principe, dans les municipes, que, lorsque le testateur avait assigné à l'argent légué une destination que les statuts locaux ne reconnaissaient pas, par exemple

---

(1) Quelquefois, les receveurs municipaux (*quæstores ærarii*, etc.; v. *supra* n° 88) cumulaient avec leurs fonctions celles de *quæstores alimentorum*, auquel cas on les appelait *quæstores reipublicæ et alimentorum* ou *quæstores ærarii et alimentorum* (Orelli, 62, 3366, 3980 et suiv., 3991 et suiv., 4101, 5005).

(2) Aurelius Victor, *Epit.*, 24. — Trajan fit une fondation de ce genre (Pline, *Paneg. Traj.*, 28; Dion Cass., LXVIII, 5). — Cf. Ernest Desjardins, *De tabul. aliment.*

(3) C., L. 13, 15, 19 et 24, De sacrosanct. eccles. — Ils étaient placés sous la protection du *defensor* (C., L. 17, § 2, ibid.), et les immeubles qui en dépendaient ne pouvaient pas être aliénés ni hypothéqués sans utilité (Nov. VII, 1; Nov. CXX, 6 et 7).

(4) C., L. un., De expens. ludor.

(5) Ff., L. 4, De adm. rer.

des divertissements somptueux, on devait considérer la
condition mise au legs comme non écrite, et que les principaux habitants, réunis en conseil aux héritiers du testateur, devaient déterminer l'application d'utilité générale qu'aurait à recevoir le legs (1) ; mais les mœurs pré-
valurent contre ces dispositions : plusieurs lois font
mention de sommes léguées pour les spectacles publics (2), et les revenus de certains biens, appelés *ago-
notheticæ*, furent même affectés aux dépenses des jeux ;
en cas d'insuffisance des deniers publics, les magistrats
y pourvoyaient à leurs propres frais.

Enfin, le budget municipal devait fournir les traitements (*salaria*) des *professores* et des *medici* (3), car il y
avait des écoles municipales florissantes (4), et les pauvres étaient traités gratuitement par les médecins publics.

---

(1) Ff., L. 16, De usu et usufr.

(2) Ff., L. 122, pr., De legatis, 1° ; L. 6 ; L. 24, De ann. legat. ; L. 17, De
usu et usufr. ; L. 68, pr., Ad leg. Falcid.

(3) Ff., L. 4, § 2, De decr. ab ord. fac. — Suétone, *Vesp.*, 18. — Capitlin, *Antoninus Pius*, 2 — Pline, *Ep.*, iv, 13.

(4) Ausone, *Appendix*, iv (rescrit de l'empereur Gratien). — Cf. Ausone,
Commemor. professor. Burdigalens.

DU

CONFLIT DES LOIS FRANÇAISES

ET DES LOIS ÉTRANGÈRES.

———

INTRODUCTION HISTORIQUE.

1. Les peuples, comme les individus, ont leur personnalité, et il paraît conforme aux vues de la Providence qu'ils se mêlent perpétuellement sans se confondre, et que, sans s'isoler, ils restent toujours séparés. C'est ainsi que, marquée de son caractère distinctif et remplissant à son insu, au sein de l'humanité, la mission mystérieuse dont elle est investie, chaque nation s'avance dans la voie qui est tracée pour elle : les routes sont diverses, mais le but est commun. S'éclairant mutuellement dans leur marche individuelle, elles échangent entre elles de graves enseignements, et puisent dans l'é-

tude de leurs constitutions différentes les termes de comparaison qui leur permettent d'approcher de plus en plus de la perfection et de la vérité. De même que, dans l'ordre politique, leurs constitutions respectives maintiennent entre elles un juste et nécessaire équilibre, et que, dans l'ordre économique, la variété des produits de leur sol et de leur industrie fait circuler sur toute la surface du globe, par de perpétuels échanges, la richesse et la vie ; de même, dans l'ordre moral et dans l'ordre social, la diversité de leurs usages et de leurs législations doit être considérée comme un bienfait pour l'humanité : leurs mœurs se corrigent et s'épurent par leur contact incessant, et leurs lois s'améliorent et se perfectionnent, alors que chaque nation découvre dans le droit des nations voisines des remèdes aux défauts et aux lacunes que cet examen comparé lui fait apercevoir dans sa propre législation.

Cessons donc de nous plaindre d'une diversité aussi salutaire, et, dans notre impatience de voir s'abaisser toutes les barrières qui peuvent encore séparer les peuples, gardons-nous de porter atteinte à leur individualité. Souvenons-nous plutôt que l'union ne suppose pas la similitude, et que l'unité peut exister sans l'uniformité. L'unité dans la variété, telle est, pour le corps social comme pour le corps humain, la condition même de l'existence. Or, les peuples sont véritablement les membres de ce vaste corps qu'on nomme l'humanité, et si l'on veut qu'il continue de vivre et de se fortifier, il faut laisser à chacun des organes qui le constituent la liberté de son action personnelle. Prétendre leur imposer une formule unique, qu'il s'agisse de leur droit ou de leur langue, de leurs mœurs ou de leur industrie, c'est préparer partout le dépérissement et la mort. Il est heureux pour le perfectionnement du droit qu'il n'y ait point de législation universelle, de même qu'il est heureux pour le triomphe de la liberté que la monarchie universelle ne puisse s'établir, de même qu'il est heureux pour le développement de l'esprit humain qu'il n'existe point de langue universelle. Sans doute, il est un droit idéal, que l'on appelle le droit naturel, et qui doit demeurer le modèle éternel du droit positif; mais, en présence de notre faiblesse, qui jamais ne nous permettra d'atteindre complétement ce but constant de nos aspirations, les législations humaines s'en rapprochent plus par une variété féconde en progrès que par une uniformité stérile dans son immobilité. C'est ainsi que le Code Napoléon lui-même, la moins imparfaite des législations modernes, s'est déjà perfectionné par des modifications puisées dans les législations étrangéres, et gagnerait à multiplier encore ces emprunts.

2. Cette diversité de lois soulève dans la pratique de nombreuses difficultés : des conflits fort délicats peuvent s'élever entre les législations de deux ou plusieurs nations différentes. Tel est le fait qui se produit lorsqu'un individu possède des biens, contracte ou fait un acte licite ou illicite sur le territoire d'une nation autre que celle à laquelle il appartient : alors s'élève la question de déterminer quelle est la nation dont la loi est applicable. Il existe aujourd'hui à cet égard, entre les différents États civilisés, un certain accord, exprès ou tacite, qui a eu pour conséquence l'adoption de principes généraux et uniformes pour la réglementation de ces conflits.

Il faut nécessairement que l'accord qui s'établit ainsi, et qui a sa base dans des considérations d'utilité réciproque, soit entièrement volontaire de part et d'autre (1), car les nations ne reconnaissent point de supérieur commun, et sont toutes trop jalouses de leur souveraineté et de leur indépendance pour se laisser imposer l'application forcée, sur leur territoire, de lois émanées d'un législateur étranger. — Mais, lorsque les lois d'un pays ou les traités règlent la collision de législations différentes, c'est presque toujours sous l'inspiration de ces principes généraux.

Nous nous proposons de rappeler en quelques pages les règles principales adoptées en France pour la solution des questions de ce genre, et de résumer brièvement les principes auxquels les tribunaux français doivent se conformer, lorsqu'ils sont appelés à statuer sur des points réglés différemment par une loi française et par une loi étrangère, et qu'il y a lieu d'hésiter sur l'application de l'une ou de l'autre loi. — Nous croyons utile de faire précéder cet exposé d'un court aperçu historique.

3. Il n'était intervenu aucune espèce d'accord entre les Romains et les peuples étrangers, au point de vue du règlement des conflits qui pouvaient naître entre leurs lois (2). Mais la législation romaine avait prévu ces conflits, et les tranchait d'une manière fort simple. Les citoyens romains étaient toujours régis par le *jus civile* romain : 1° quant à leurs personnes, en quelque pays

____

(1) Huber, *De Conflictu legum*, § 2 ; J. Voet, *De Statut.*, §§ 1, 12, 17.

(2) Nous n'entendons parler que des peuples étrangers qui avaient conclu des traités avec Rome, car ils étaient les seuls auxquels on ouvrît les portes des tribunaux.

qu'elles se trouvassent ; 2° quant à leurs biens, quelle qu'en fût la situation ; 3° quant à leurs actes, en quelque lieu qu'ils fussent passés. Il faut en dire autant des *Latini*, en ce qui touche le *commercium*, et des *peregrini* qui avaient obtenu le *jus commercii* et le *jus connubii*. — Les rapports entre les citoyens romains et les étrangers étaient régis, en principe, par le *jus gentium*. Enfin, les étrangers qui ne jouissaient pas du droit de cité étaient régis, quant à leur personne et à leurs biens, par le *jus gentium;* en matière de questions d'état et de successions, par leurs lois nationales (1).

Les Romains n'avaient guère songé à régler d'une façon uniforme la collision des lois contradictoires de peuples différents, et une foule de textes du droit romain, que l'on pourrait être tenté d'invoquer en pareille matière, ne font que régler des conflits entre les usages des diverses villes ou provinces de l'empire (2), de même qu'on vit plus tard nos anciens jurisconsultes s'attacher à régler les conflits entre les coutumes diverses de la France. En principe, pour savoir si le droit particulier à une ville était applicable à telle personne, il fallait rechercher si cette personne y jouissait du droit de cité. Toutefois, les parties étaient libres de convenir, pour beaucoup de points, de l'application de telle ou telle loi.

4. Après l'invasion des barbares, qui laissèrent aux Gallo-Romains leur ancienne législation sans l'adopter

---

(1) *Leges civitatis suæ* (Gaius, I, 92; III, 120; Ulpien, xx, 14; Aulu-Gelle, *Nuits attiques*, L. IV, ch. 4. — V. Fœlix, *Traité du droit international privé*, n° 3. — Cf. d·Savigny, *Traité de droit romain*, t. VIII, p. 20, p. 80 et suiv. (traduct.).

(2) De Savigny, *Traité de droit romain*, t. VIII, p. 24, p. 78 et suiv.

eux-mêmes, le principe de la personnalité des lois s'établit d'une manière générale. Il n'y avait pas de règles spéciales pour le règlement des conflits; mais ils devenaient fort rares, dès que l'on admettait que la loi de chaque peuple suivait partout les individus qui en faisaient partie. En effet, sauf certaines dispositions de la loi des Bourguignons et de l'édit de Théodoric, qui étaient d'une application générale, toutes les lois des barbares étaient personnelles, c'est-à-dire qu'elles s'étendaient à tous les rapports juridiques, non-seulement à la capacité des personnes, mais encore aux actes qu'elles passaient et aux biens qu'elles possédaient, à l'exception toutefois des alleux, qui ne pouvaient être possédés que par des Francs, de telle sorte qu'à ce point de vue la loi des Francs était sans doute territoriale (1). Enfin, chaque individu était puni d'après sa propre loi, quel que fût le territoire sur lequel il avait commis le fait punissable (2); cependant, la loi salique renfermait, en matière criminelle, des dispositions applicables à tous ceux qui se trouvaient sur le territoire des Francs (3). — Quant aux procès entre deux individus de nationalités différentes, ils devaient être jugés, en principe, d'après la loi du défendeur (4).

---

(1) Demangeat, *Histoire de la condition civile des étrangers en France*, nº 20.

(2) De Savigny, *Histoire du droit romain au moyen âge*, t. ii, chap. 3. — Chacun devait *profiteri legem* (cf. Muratori), c'est-à-dire déclarer sa loi nationale : ce n'est pas à dire qu'il eût, ainsi qu'on l'a prétendu, le droit de choisir la loi d'après laquelle il voulait être jugé.

(3) *Lex salica emendata*, tit. 15, §§ 1 et 2.

(4) *Lex Ripuar.*, tit. 31, § 3.

5. Plus tard, ce ne fut plus la naissance, mais le territoire qui détermina l'application de tel ou tel droit. Vers le Xᵉ siècle, les lois devinrent territoriales; mais cette territorialité n'était pas absolue : aussi s'éleva-t-il des questions de conflit. La règle suivie en France fut que la loi française devait seule être appliquée, lorsqu'un Français était intéressé dans la contestation. — Le principe de la territorialité des statuts se trouva fortifié par le développement du système féodal, qui tendait à substituer aux relations de personne à personne les relations de terre à terre, et à rattacher à la propriété immobilière toutes les prérogatives politiques (1). Quiconque n'était pas possesseur était serf. Il se forma des communautés de serfs, et ces communautés se créèrent pour elles-mêmes un droit particulier : telle fut l'origine des coutumes qui, exclusivement territoriales d'abord, reconnurent, vers le XIIIᵉ siècle, à l'époque de l'émancipation des communes, des statuts personnels, susceptibles de suivre la personne pour régler sa capacité (2). Les territoires se démembraient, et bientôt chaque province, ou même chaque ville, fut régie par une coutume particulière, *statutum*, mot créé d'abord pour les républiques italiennes. Entre ces coutumes et usages locaux s'élevèrent des questions de conflit que nos plus grands jurisconsultes s'occupèrent de trancher, notamment Dumoulin (3), Boullenois (4), Bouhier (5), Prévôt de la Jan-

---

(1) De Savigny, ibid., nᵒˢ 48 et suiv.

(2) Demangeat, loc. cit., nᵒ 21.

(3) *Commentarius in codicem*, lib. I, tit. I, l. 1 (*Conclusiones de statutis et consuetudinibus localibus*).

(4) *Traité de la personnalité et de la réalité des lois, coutumes ou statuts.*

(5) *Observations sur les coutumes du duché de Bourgogne.*

nès (1), d'Aguesseau (2), et principalement d'Argentré (3). La plupart des principes qu'ils ont discutés et adoptés peuvent servir de précédents, aujourd'hui encore, pour la solution des points controversés dans le conflit des lois françaises et étrangères ; car, s'il est vrai que ce conflit s'exerce sur une plus vaste échelle de nation à nation, au lieu de s'exercer de province à province, et que le principe de la souveraineté et de l'indépendance des gouvernements y joue un plus grand rôle, les motifs de décider restent à peu près les mêmes ; et ce que nos anciens auteurs disaient du domicile, il faut le dire aujourd'hui de la nationalité. Examinons donc quelles étaient les doctrines qui avaient été généralement acceptées.

6. On avait admis de bonne heure la distinction fondamentale du *statut personnel* et du *statut réel*. Le premier, qui comprenait les lois relatives à l'état et à la capacité des personnes, suivait les individus domiciliés dans le ressort d'une coutume, alors même qu'ils se trouvaient sur le territoire d'une autre ; le second, dans lequel on faisait rentrer les lois qui disposent immédiatement des choses, s'appliquait à tous les immeubles situés sur le territoire d'une coutume, quel que fût d'ailleurs le domicile du propriétaire ou du possesseur. Par application de ces principes, on reconnaissait que c'était le statut du domicile de la personne qui devait décider les

---

(1) Troisième dissertation, en tête des *Principes de la jurisprudence française*.

(2) 54e plaidoyer (éd. Pardessus, t. v).

(3) Sur l'art. 218 de la coutume de Bretagne, glo. e 6.

questions de majorité, de minorité, de tutelle, d'interdiction, de légitimité, de puissance paternelle ou maritale, de mort civile, de prohibitions de mariage, d'incapacité générale de tester ou de donner entre-vifs, etc.; le statut de la situation des biens, qui devait réglementer la distinction des choses, les questions de servitudes, de droit de garde, d'hypothèque, de douaire coutumier, les modes d'acquisition des immeubles et les règles relatives à la dévolution des successions, par exemple la règle *paterna paternis, materna maternis,* les dispositions relatives à la saisine, à la légitime, à la nécessité ou à la prohibition de l'institution d'héritier, etc. On s'accordait généralement aussi à reconnaître que les droits d'aînesse et de masculinité se rattachaient au statut réel, parce qu'ils faisaient partie de la loi relative à la dévolution des biens (1). Enfin, il était encore universellement admis que les meubles, n'ayant aucun caractère territorial ou foncier, devaient être régis par la loi du domicile de leur propriétaire; et Dumoulin lui-même, celui-là peut-être de tous nos jurisconsultes qui était le plus porté à considérer les coutumes comme éminemment territoriales et réelles, et à ne permettre d'invoquer, la plupart du temps, que la coutume locale, n'avait pas hésité à faire fléchir, pour la disposition du patrimoine mobilier comme

------

(1) Bartole, sur la loi 1 au Code, *De summa trinitate,* voulait que l'on distinguât suivant la formule employée par la loi, et prétendait que ces droits devaient se rattacher au statut réel quand la coutume avait dit : «Les biens appartiennent à l'aîné, » ou : « Les biens ne seront pas déférés aux femmes; » au statut personnel, quand elle disait : « L'aîné succède aux biens, » ou : « Les femmes sont exclues des biens. » — Est-il besoin de rappeler, en présence d'un pareil formalisme, qu'il faut s'attacher aux idées et non aux mots ?

pour la réglementation de l'état et de la capacité des personnes, le principe de la souveraineté de chaque coutume dans son territoire.

7. Toutefois, cette distinction large et générale du statut personnel et du statut réel ne suffisait pas à trancher toutes les questions de détail, et ne put prévenir les nombreuses controverses qui s'élevèrent bientôt lorsque l'on voulut déterminer, dans la pratique, le caractère réel ou personnel de telle disposition de la coutume. Ce fut surtout lorsque l'on prétendit ranger dans l'une ou l'autre de ces classes les règles relatives à la faculté ou à la prohibition de disposer de tels ou tels biens, que les difficultés d'interprétation surgirent de toutes parts. On reconnaissait volontiers que la disposition des biens devait être réglementée par le statut réel, lorsque c'était par des motifs spéciaux à ces biens que la loi l'avait interdite ; par le statut personnel, lorsque c'était à la capacité que cette prohibition se rattachait ; mais ce n'était pas chose facile que de découvrir laquelle de ces deux considérations devait prévaloir, lorsqu'une disposition de la coutume paraissait réunir ce double caractère. En présence de ces problèmes presque insolubles, plusieurs jurisconsultes se crurent autorisés à ajouter à l'ancienne distinction des statuts réel et personnel une troisième branche, à laquelle ils donnèrent le nom de *statut mixte*, et dans laquelle ils firent entrer toutes les questions qui touchaient, d'un côté, au statut réel, et de l'autre, au statut personnel. D'Argentré voulait qu'on leur appliquât les règles du statut réel, car elles se rattachaient principalement, disait-il, à la nature des biens, puisque le motif qui avait entraîné la décision du législateur avait

été le désir de conserver dans les familles des biens de telle ou telle espèce; mais, en absorbant ainsi, dans la pratique, le statut mixte dans le statut réel, il paraissait se mettre en contradiction avec lui-même, car il y avait bien certainement des cas dans lesquels on devait appliquer à des dispositions rangées dans le statut mixte les règles du statut personnel. Boullenois, qui se livra à des études approfondies sur cette matière, ne fit guère que l'embarrasser par des divisions et des subdivisions fort compliquées. Bouhier, qui réussit à proposer plusieurs solutions pratiques, se borna néanmoins le plus souvent à poser les questions plutôt qu'à les résoudre. C'était au chancelier d'Aguesseau qu'était réservé l'honneur de formuler, d'une manière aussi claire et aussi précise que possible, le criterium d'après lequel il était raisonnable de se laisser guider dans les recherches de cette nature; il fit observer qu'il fallait examiner avant toute chose quel avait été le *motif principal et prédominant* de la coutume, lorsqu'elle avait interdit la disposition de tels ou tels biens: a-t-elle eu surtout en vue de conserver dans les familles des biens d'une certaine nature? il faut appliquer les règles du statut réel; a-t-elle été, au contraire, déterminée principalement par la considération de la personne, s'est-elle préoccupée presque exclusivement de l'insuffisance de sa capacité? c'est aux principes du statut personnel qu'il faut se référer. — Sans aucun doute, les questions d'interprétation restaient entières, et certains points de détail pouvaient demeurer sujets à controverse; mais il y avait désormais, au fond de ces discussions, une base certaine et acceptée par tous: il devenait plus facile de s'entendre et plus difficile de s'égarer.

Prévôt de la Jannès (1) avait déjà distingué, dans les prohibitions établies par la loi, d'une part celles qui frappaient directement la chose et n'atteignaient la personne qu'autant qu'elle possédait cette chose et aurait voulu en disposer, comme la défense faite par la Coutume de Paris de disposer des propres par testament, défense qui avait pour but de rendre inviolable l'ordre de transmission des biens qu'elle établissait; et, d'autre part, celles qui frappaient certaines personnes en particulier et suivant certaines modifications, par des raisons toutes personnelles, comme les incapacités spéciales de disposer dont la Coutume de Paris frappait les femmes et les mineurs d'une manière toute relative, vis-à-vis de leurs maris ou tuteurs seulement, bien qu'elle permit en général de disposer des acquêts par testament. Dans le premier cas, disait cet auteur, le statut est réel; dans le second cas, il est personnel (2).

Ces questions délicates, que le statut mixte soulevait à chaque instant, avaient été appelées dans notre ancien droit *les grandes questions du Palais*. Elles se présentent fréquemment encore, de nos jours, dans le conflit des lois françaises avec les législations étrangères; et, pour observer dans leur examen les règles de la saine critique, c'est encore à la distinction si judicieusement formulée par d'Aguesseau qu'il faut se reporter.

8. A côté de cette distinction des statuts *réel, person-*

---

(1) 3ᵉ Discours en tête des *Principes de la jurisprudence française*, intitulé : *De la distinction des statuts réels et personnels*, règle 9.

(2) Demangeat, sur Fœlix, *Traité du droit international privé* (observations à la suite du chap. IV du titre préliminaire).

nel et *mixte*, qui ne s'appliquait qu'aux matières réglées par le seul pouvoir de la loi, s'élevaient aussi des questions d'interprétation sur des points qui dépendaient de la volonté des parties, par exemple les effets des conventions. Quelle était la coutume qui devait déterminer ces effets? Question de fait, disait Dumoulin (1), et qui devait être résolue différemment, suivant les circonstances. Tantôt, c'était la loi du lieu où le contrat avait été passé qu'il fallait consulter pour apprécier l'intention des parties; tantôt, la loi du domicile des contractants; tantôt, celle de la situation des biens; tantôt enfin, pour les choses mobilières, celle du lieu de la livraison. — Quant au contrat de mariage, il était de principe qu'il devait être réglé non point par le statut du lieu où il avait été rédigé, mais par celui du domicile qu'avait alors le mari. Cette convention, expresse ou tacite, s'appliquait même aux biens situés dans le ressort d'un statut différent, à moins, toutefois, que le statut du domicile du mari ne fût prohibitif de toute convention matrimoniale spéciale, car alors le règlement des intérêts pécuniaires des époux serait devenu un véritable statut réel. On avait généralement admis, par application de ces idées, que le contrat tacite de communauté frappait tous les biens des époux qui se mariaient sans stipulations expresses, lorsque telle était la disposition de la coutume dans le ressort de laquelle le mari avait son domicile (2).

---

(1) *Quæ quæstio magis est facti quam juris.*
(2) Pothier, *Communauté*, nº 21.

9. Rappelons enfin, pour clore cet aperçu succinct, que la forme et les solennités des actes étaient toujours régies par la coutume du lieu où ils étaient passés ; les formalités d'exécution, par la coutume sur le territoire de laquelle cette exécution avait lieu.

CHAPITRE PRÉLIMINAIRE.

PRINCIPES GÉNÉRAUX.

10. Nous avons vu qu'après l'invasion des barbares les lois avaient un caractère personnel, puis qu'à la faveur des idées féodales elles devinrent, pendant quelque temps, exclusivement territoriales. Il semble qu'il se soit opéré, depuis, une sorte de transaction entre ces deux principes, et qu'après avoir été successivement dominé par l'une et l'autre de ces deux idées extrêmes, le droit européen, et en particulier le droit français, soit arrivé dans les temps modernes à faire à chacune d'elles la part qui lui convient, et à présenter aujourd'hui une sage combinaison de l'élément personnel et de l'élément territorial, en laissant à l'un et à l'autre son empire dans la sphère d'action qui lui est propre. En effet, il est impossible de méconnaître ce double caractère, lorsque l'on se propose d'étudier dans quelles limites la législation française est applicable : on découvre tout d'abord qu'elle est à la fois éminemment *personnelle* et éminemment *territoriale*, et qu'elle exerce une autorité également constante et également absolue sur les personnes qui lui sont soumises par leur naissance, et sur les immeubles que leur situation place sous

son empire. C'est ainsi que les *personnes* assujetties à la loi française continuent de lui obéir pour tout ce qui est essentiellement *personnel*, c'est-à-dire leur état et leur capacité, alors même qu'elles se trouvent en pays étranger; et que les différentes parties du *territoire* français continuent aussi d'être régies par elle pour tout ce qui est essentiellement *territorial*, c'est-à-dire pour leur condition juridique, abstraction faite de toute question personnelle, alors même qu'elles appartiennent à des étrangers. On peut ajouter que c'est à cause de l'empire absolu que la loi exerce sur son territoire, que les lois de police et de sûreté obligent tous ceux qui s'y trouvent.

MM. Story (1) et Fœlix (2), qui ne reconnaissent à la souveraineté qu'un caractère purement territorial, et soutiennent qu'aucune nation ne peut affecter par ses lois les personnes ou les objets qui ne s'y trouvent pas actuellement, se placent sans doute à un point de vue différent; car, prise dans un sens absolu, leur proposition serait directement contraire aux termes de l'art. 3, troisième alinéa, du Code Napoléon : elle est exacte en ce qui touche la force coactive, l'indépendance de chaque État exigeant que les États voisins ne puissent exercer d'actes de souveraineté hors de leur territoire; mais il faut se garder de l'étendre à la force obligatoire. A ce dernier point de vue, on doit reconnaître que la législation d'un pays peut suivre ses nationaux à l'étranger dans une certaine mesure, et que, si la sanction de la loi se trouve renfermée dans des limites territoriales, son

---

(1) *Traité du conflit des lois*, §§ 18 et suiv.
(2) N⁰ˢ 9 et 10.

autorité morale n'est pas assujettie aux mêmes restrictions. Il faut donc se borner à dire qu'aucun État souverain ne saurait être contraint de faire appliquer par ses autorités d'autre loi que la loi nationale ; mais rien n'empêche que ces autorités n'appliquent la loi nationale même à certains actes passés en pays étrangers.

11. D'ailleurs, s'il est vrai que lorsqu'un État autorise l'application par ses tribunaux d'une législation étrangère, ce n'est que par l'effet de sa libre volonté, en vertu de son consentement exprès ou tacite, on doit reconnaître aujourd'hui qu'en fait tous les États civilisés l'admettent par des motifs de convenance et d'utilité réciproques, et afin que leurs nationaux obtiennent à leur tour, en pays étranger, l'application de leurs propres lois. Mais la difficulté naît de la combinaison des lois étrangères avec les lois nationales, qui demeurent les lois fondamentales. Il est de principe, par exemple, que l'application d'une loi étrangère est impossible dans un pays, lorsqu'elle porterait atteinte à sa souveraineté ou qu'elle blesserait l'ordre public en consacrant un état réprouvé par ses mœurs, tel que la polygamie, l'inceste, l'esclavage ou certaines mutilations corporelles.

12. Nous nous trouvons conduits à dire quelques mots d'une question qui est relative à l'application des lois étrangères et qui domine toute la matière. La violation d'une loi étrangère donne-t-elle ouverture à cassation, lorsque le législateur français en a autorisé l'application ? On l'a soutenu, en se fondant sur cette considération, qu'il ne doit pas être permis aux tribunaux de méconnaître la volonté de ce législateur : lors donc que la partie étrangère produit le texte de sa loi personnelle,

le jugement rendu contrairement à cette loi devrait être cassé comme violant l'art. 3 du Code Napoléon, éclairé par la discussion qui en a précédé la rédaction ; la loi française donne à la loi étrangère le caractère d'une convention des parties ; or, la Cour de cassation casse (1), dit-on, les arrêts qui n'interprètent pas convenablement les dispositions contenues dans les conventions que l'on a produites en justice (2).— Mais l'on fait remarquer, en faveur de l'opinion contraire, que la Cour de cassation, dont l'institution a pour base un intérêt public, n'a pas coutume de connaître de ce que l'on appelle la violation de la loi du contrat : elle ne doit donc point annuler un jugement qui aurait méconnu la loi étrangère, puisque cette loi n'est que le supplément de la volonté des parties. On ajoute que, les juges français ne pouvant être tenus de connaître les lois étrangères, leur ignorance ou leurs erreurs ne sauraient devenir la base d'un pourvoi en cassation (3). Il faut, toutefois, faire une réserve pour le cas où une loi étrangère aurait été rendue obligatoire en France par des conventions diplomatiques officiellement promulguées ou par des lois de l'État : en pareil cas, sa violation autoriserait le pourvoi, car il y aurait violation indirecte de la loi française (4).

13. Les principes généraux universellement adoptés par les diverses législations européennes, au point de

---

(1) Arrêt du 4 juin 1849.

(2) Demangeat, sur Fœlix, t. I, p. 201, note *a*.

(3) Rejet, 25 sept. 1829 ; 17 juillet 1833 ; 28 mars 1836.—Pardessus, *Cours de droit commercial*, n° 1494 ; Fœlix, n° 18.

(4) Cass., 7 fructidor an IV ; 18 février 1807 ; 15 juillet 1811. — Fœlix, n° 18, note 1.

vue de l'étendue que comporte leur application respective, ont été résumés en quelques lignes par M. Fœlix (1). Nous ne saurions mieux faire que de reproduire ici ce passage, qui est aussi complet que concis :

« L'usage et la convention tacite des nations ont établi « comme règle générale que les lois personnelles sui- « vent l'individu et lui sont applicables, même lorsqu'il « se trouve en pays étranger ; qu'au contraire les lois « réelles n'exercent leurs effets que dans le territoire ; « que les lois concernant les formes sont applicables à « toutes les personnes qui passent des actes dans le ter- « ritoire, ou qui y plaident, ou qui y font exécuter des « jugements ou actes ; que la substance des actes, le « *vinculum obligationis*, est régie tantôt par la loi per- « sonnelle, tantôt par la loi réelle, tantôt par la loi en « vigueur au lieu où le contrat ou la disposition a reçu « sa perfection, tantôt même par la loi du lieu de l'exé- « cution du contrat ou de la disposition ; enfin, qu'en ce « qui concerne les faits illicites, on applique les lois du « lieu où le fait a été commis, ou celles du domicile du « délinquant. »

14. Nous ne nous proposons d'envisager ces questions qu'au point de vue de la législation française ; elle s'est, d'ailleurs, approprié en principe la plupart de ces règles, devenues aujourd'hui les bases fondamentales du droit international privé. Empruntant à M. Fœlix la savante classification que nous venons de rappeler, sans parta- ger toujours dans les questions de détail sa manière de

---

(1) N° 22.

voir, nous diviserons en trois chapitres notre étude sur le conflit des lois françaises et étrangères.

Un premier chapitre sera consacré à l'étude du *statut personnel*, c'est-à-dire des lois qui affectent directement et principalement la personne, qui constituent son état et déterminent sa capacité soit générale, soit spéciale.

Dans le second chapitre, nous nous occuperons du *statut réel*, c'est-à-dire des lois qui affectent directement et principalement les choses, qui en réglementent, par exemple, la qualité, la nature et la disponibilité, et qui n'atteignent qu'indirectement et dans des cas particuliers la capacité de la personne, en restreignant, notamment, ses droits de libre disposition.

Enfin, le troisième chapitre, consacré d'une manière générale aux statuts qui règlent les actes de l'homme, se subdivisera en trois sections : la première comprendra les lois relatives à la forme des actes, procédures et jugements, c'est-à-dire aux solennités externes ou probantes, par exemple les formalités qui servent à constater le consentement ou l'accomplissement des conditions internes ou habilitantes; la seconde, les lois relatives à la substance (*materia*) des actes, c'est-à-dire aux solennités internes qui donnent l'être à ces actes et sans lesquelles ils ne peuvent exister, par exemple le consentement, la cause ou l'objet; la troisième enfin, les lois relatives aux actes dans lesquels l'ordre public est intéressé.

15. Dans un grand nombre de cas, il suffit de se référer à l'un seulement de ces différents statuts. Ainsi, le statut personnel est seul applicable lorsqu'il ne s'agit

que d'une qualité inhérente à la personne, telle que son état dans la nation ou dans la famille ; réciproquement, il n'y a lieu d'appliquer que le statut réel lorsqu'il s'agit uniquement d'une qualité inhérente à la chose, telle que la qualité de meuble ou d'immeuble et l'existence de l'accession ou d'une servitude établie par la loi. — Mais il y a souvent nécessité d'appliquer simultanément plusieurs statuts différents, chacun dans les limites de son action. S'agit-il, par exemple, d'actes de l'homme relatifs à des immeubles ? il faut considérer à la fois : 1° le statut personnel de chacune des parties, afin de déterminer leur capacité de contracter ; 2° le statut réel, c'est-à-dire la loi du lieu de la situation, pour connaître le caractère licite ou illicite de la disposition, et le mode de transmission des immeubles ou des droits réels immobiliers ; 3° la loi du lieu de la rédaction de l'acte, pour ses formes extérieures et, le plus souvent aussi, pour son interprétation.

CHAPITRE PREMIER.

DU STATUT PERSONNEL
OU DES LOIS QUI ONT POUR OBJET DIRECT ET PRINCIPAL L'ÉTAT ET LA CAPACITÉ DES PERSONNES.

16. L'article 3, 3ᵉ alinéa, du Code Napoléon est ainsi conçu : « Les lois concernant l'état et la capacité des personnes régissent les Français, même résidant en pays étranger. »

17. Les motifs de cette disposition sont faciles à sai-

sir. Les qualités civiles comprises dans cette formule générale, *l'état et la capacité*, dérivant essentiellement de l'organisation politique de chaque nation, deviennent inséparables de la personne elle-même et doivent être régies, pour chaque individu, par la loi de la nation à laquelle il appartient ; or, un Français ne cesse point d'être membre de la nation française par cela seul qu'il se trouve à l'étranger : ses qualités civiles doivent donc rester sous l'empire de la loi française. Cette règle sert, d'ailleurs, de sanction nécessaire à nos lois : elles deviendraient bientôt illusoires et inefficaces, si les citoyens avaient la faculté de s'y soustraire en passant la frontière, pour aller faire en pays étranger les actes que leur incapacité les empêche de faire en France (1). Leur propre intérêt exige qu'ils ne puissent rendre inutiles les mesures de protection établies en leur faveur.

18. Il importe aussi de remarquer que, si le Code Napoléon a pu prescrire aux tribunaux de l'Empire d'appliquer la loi française aux actes passés par des Français à l'étranger, pour tout ce qui touche à leur capacité, il n'a pu prétendre imposer la même règle aux tribunaux des autres États de l'Europe. Les juges étrangers ne relèvent que de l'autorité qui les a institués, et sont tenus de se conformer aux ordres émanés de cette autorité : ils peuvent donc, si telle est la volonté du législateur étranger, refuser d'appliquer la loi française, lorsqu'ils ont à apprécier la capacité d'un Français.

Toutefois, c'est un cas qui ne se présente que rarement dans la pratique. En effet, la plupart des législations

---

(1) Portalis, *Exposé des motifs du titre préliminaire.*

européennes, à l'exception seulement de celles des Pays-
Bas (1), des Deux-Siciles (2) et de la Russie (3), s'accordent
à appliquer, en principe, au statut personnel des étrangers la loi de leur pays. Il est, en effet, de l'intérêt commun des nations, qu'un même individu ne se trouve point
placé simultanément dans deux positions contradictoires,
capable en deçà des frontières, incapable au delà (4);
et ce motif d'utilité réciproque a fait adopter presque
universellement le principe que le statut personnel suit
partout la personne.

19. Nous sommes convaincu que le législateur français s'est inspiré des mêmes idées, et a entendu que les
étrangers résidant en France continueraient d'être régis
par leur loi nationale, quant à leur état et à leur capacité. La souveraineté de la nation française n'en souffrait
aucune atteinte, puisque c'était de cette souveraineté
même que les lois étrangères tiraient leur force obligatoire en France; d'un autre côté, ces avances faites aux
autres peuples de l'Europe étaient autant de titres qui
nous donnaient le droit d'attendre, de leur part, la réciprocité du même procédé. Les travaux préparatoires dé-
montrent de la manière la plus incontestable que la
règle établie par l'art. 3, 3e al., devait être réciproque

---

(1) Code civil, art. 9.
(2) Art. 5 du Code.
(3) Lois personnelles, ix, 902 ; lois fondamentales, 63.
(4) Rodenburg, *Tractatus de jure quod oritur ex statutorum vel consue-
tudinum discrepantium conflictu*, tit. i, ch. 3, n. 4; Boullenois, *Traité de
la personnalité et de la réalité des lois, coutumes ou statuts*. tit. i, ch. 3,
obs. 9, 10, 12.

dans l'esprit des rédacteurs du Code. L'art. 3 du premier projet du titre préliminaire était conçu en ces termes : « La loi oblige *indistinctement* ceux qui habitent le territoire. » M. Tronchet critiqua cette rédaction, dans la séance du Conseil d'État du 14 thermidor an IX, comme étant trop générale, attendu que « l'étranger n'est pas soumis aux lois civiles qui règlent l'état des personnes. » On communiqua au tribunat un second projet qui renfermait les articles suivants :

Art. 3 : « La loi oblige tous ceux qui habitent le ter-
« ritoire. La forme des actes est réglée par la loi du
« pays où ils sont faits ou passés; » art. 16 : « L'étran-
« ger, pendant sa résidence ou son séjour en France, y
« sera personnellement soumis aux lois de police et de
« sûreté; les immeubles qu'il y possédera seront régis
« par la loi française, lors même qu'il n'y résidera
« pas; » art. 18 : « Le Français résidant en pays étran-
« ger continuera d'être soumis aux lois françaises pour
« ses biens situés en France, et pour tout ce qui con-
« cerne son état et la capacité de sa personne. »

Le tribunat trouva que le nouvel art. 3 était encore trop vague, et pouvait faire croire que les étrangers seraient régis, pendant leur séjour en France, par les lois françaises quant à leur état, à leur capacité et à leur fortune mobilière, ce qui eût été contraire aux principes de l'ancien droit français et à la déclaration formelle faite par M. Tronchet au Conseil d'État. En conséquence, la section de législation restreignit aux lois de police et de sûreté la force obligatoire pour tous ceux qui habitent le territoire, et, condensant dans l'art. 3 d'un troisième projet les règles posées par les art. 3, 16 et 18 du second, donna à cet article la rédaction qui a été définitivement adoptée (1).

Les conclusions que nous devons déduire de l'historique de notre article se trouvent corroborées par la comparaison des trois alinéas qu'il renferme : les deux premiers s'occupent des étrangers, l'un implicitement, l'autre explicitement ; le troisième, au contraire, n'en fait aucune espèce de mention, et se borne à déclarer que les lois concernant l'état et la capacité régissent partout les Français : d'où il est permis de conclure, au moyen d'un argument *a contrario* qui a une très-grande force, puisque nous l'invoquons sans sortir du même ordre d'idées, que ces mêmes lois ne sont point applicables aux étrangers, et qu'aux yeux du législateur français, ils restent sous l'empire de leur loi nationale, pour tout ce qui touche à leur statut personnel.

20. Cette théorie est admise, en principe, par les auteurs et par la jurisprudence (2) ; mais de nombreux dissentiments s'élèvent lorsque l'on en vient aux restrictions que comporte cette idée générale : plusieurs jurisconsultes voudraient les multiplier au point d'absorber presque complétement la règle dans les exceptions.

21. Il est un premier point que tout le monde s'accorde à reconnaître : c'est que le statut personnel d'un étranger doit cesser de lui être applicable toutes les fois qu'il serait contraire à l'ordre public, ou se trouverait en opposition avec une loi française de police et de sûreté,

----

(1) Locré, *Législation civile*, t. I, p. 380 et suiv.

(2) Cass., 24 août 1808 ; 1er févr. 1813 ; 25 févr. 1818 ; Paris, 23 juin 1836 ; 25 nov. 1839 ; Bordeaux, 15 juill. 1841 ; Rennes, 16 mars 1842, etc.

par exemple qu'il consacrerait un état réprouvé par nos lois, tel que l'esclavage ou la polygamie (1). Ainsi, il est de principe que tout esclave qui touche le sol français devient libre ; ainsi, un musulman ne peut contracter en France un second mariage avant la dissolution du premier, bien que la polygamie soit autorisée par sa loi nationale. Il faut ranger dans la même catégorie et considérer comme contraires à l'ordre public, tel qu'il est consacré par notre législation, les lois étrangères qui défendent à certains membres d'une famille régnante ou, comme en Russie, à tous les nobles, de souscrire des lettres de change (2) : les tribunaux français devraient méconnaître cette incapacité, qui a sa base dans des priviléges de castes proscrits par nos lois. Réciproquement, lorsque la loi française frappe certaines personnes d'une défaveur toute spéciale *dans un intérêt d'ordre public*, cette défaveur doit les atteindre alors même qu'elles sont étrangères, et que leur loi nationale les traite à l'égal des autres citoyens : aussi est-ce avec raison que la Cour de cassation a appliqué aux créances des juifs étrangers le décret du 17 mars 1808, qui permettait d'opposer une défense aux réclamations des juifs, dans le but de garantir contre la fraude usuraire les parties qui contractaient avec eux (3). Remarquons,

____

(1) De Savigny, *Tr. de dr. rom.*, t. VIII, p. 39, ajoute le cas où il s'agirait d'une institution d'un pays étranger, dont l'existence n'est pas reconnue dans le nôtre.

(2) Paris, 26 nov. 1850. — Demangeat, sur Fœlix, t. I, p. 63, note *a* ; Pardessus, n° 1483.

(3) Cass., 10 août 1813. — De même, lorsque les lois d'un pays interdisent aux juifs l'acquisition de la propriété foncière, elles s'appliquent même aux juifs étrangers (de Savigny, *Tr. de dr. rom.*, t. VIII, p. 39).

enfin, que l'ordre public est également intéressé à ce que la capacité d'acquérir des établissements publics soit réglementée par la loi du lieu où s'effectuent leurs acquisitions (1) : dans ce cas encore, les juges français doivent faire abstraction du statut personnel.

C'est aussi par des considérations d'ordre public que peut se justifier une circulaire ministérielle du 10 mai 1824, citée par M. Fœlix et rapportée dans le recueil de Sirey (2), et qui contient le passage suivant : « Les étrangers qui se marient en France sont soumis, « comme les sujets du roi, à la nécessité d'obtenir des « dispenses dans les cas déterminés par la loi, quand « même celle de leur pays ne leur imposerait pas cette « obligation; par la raison que le mariage, étant un « contrat du droit des gens, est toujours, quant à la « forme, régi par la loi du pays où il se passe. Il n'y a « pas de distinction à faire entre le cas d'un mariage « contracté entre deux étrangers et celui d'un mariage « contracté entre un étranger et un Français. » Cette décision doit paraître conforme à l'esprit de la loi, si l'on considère qu'elle répute contraire à l'ordre public, tant que le gouvernement ne l'a pas autorisé par une dispense, le mariage entre personnes parentes ou alliées au degré prohibé; mais il faut avouer que le motif donné par la circulaire est complétement inexact; la nécessité d'une dispense, étant une formalité habilitante, rentre dans les questions de *capacité* plutôt que dans les questions de *formes* de la célébration : il eût donc fallu

---

(1) Cf. de Savigny, *Tr. de dr. rom.*, t. VIII, § 365.
(2) 1829. II, 285.

appliquer ici les règles du statut personnel, si l'ordre public n'avait pas rendu une dérogation nécessaire.

Des considérations du même ordre ont fait décider que le mariage d'un Anglais doit légitimer, par application de la loi française, ses enfants naturels reconnus, bien que la loi anglaise n'admette point la légitimation par mariage subséquent (1). Nous croyons, toutefois, qu'en pareille matière l'intérêt d'ordre public n'est pas assez puissant pour autoriser une dérogation aux principes qui déterminent l'application du statut personnel, et nous nous rangeons à l'opinion des arrêts qui décident que la légitimation ne doit pas avoir lieu, puisque la loi nationale des parties ne l'admet pas (2).

Nous ne pensons point non plus que l'ordre public s'oppose à ce qu'un étranger qui a divorcé puisse se remarier en France du vivant de son premier conjoint, si sa loi personnelle reconnaît le divorce, et nous croyons que les règles du statut personnel doivent s'appliquer ici sans réserve. La jurisprudence, qui a longtemps annulé les mariages ainsi contractés en France par des étrangers légalement divorcés (3), a successivement invoqué plusieurs considérations à l'appui de cette opinion. On a dit, d'abord, qu'il ne suffit pas à un étranger, pour pouvoir contracter mariage en France, de justifier de sa capacité d'après son statut personnel, et qu'il faut encore

---

(1) Cass., 23 nov. 1857 ; Bourges, 26 mai 1858.

(2) Caen, 8 nov. 1852.

(3) Paris, 30 août 1824; 28 mars 1843 ; 4 juill. 1859. — *Contra* Cass., 28 févr. 1860 ; Orléans, 19 avr. 1860. — Un arrêt a même annulé un mariage contracté *en pays étranger* par une Française avec un étranger légalement divorcé (Affaire Maynard, Poitiers. 7 janv. 1845 : *contra* Nancy, 30 mai 1826).

qu'il ne se trouve dans aucun des cas de prohibition établis par la loi française ; mais cela reviendrait à nier absolument le principe qui veut que l'on applique aux étrangers les lois personnelles étrangères: nous avons déjà réfuté ce système. On a ajouté que la capacité personnelle de l'étranger ne saurait relever la Française qu'il épouse des empêchements dirimants édictés par le Code auquel elle obéit; mais c'est là confondre deux lois et deux capacités personnelles différentes: cette proposition ne serait vraie que si l'empêchement était fondé sur une cause commune aux deux futurs époux, comme la parenté ou l'alliance à un degré prohibé par la loi personnelle de l'un d'eux ; le divorce, au contraire, est un fait passé, tout à fait relatif, tout à fait personnel à l'époux divorcé. Un troisième argument, qui est plus sérieux, est puisé dans des considérations d'ordre public. Le divorce, nous dit-on, est considéré aujourd'hui comme contraire à la morale publique : dans la pensée des rédacteurs de la loi de 1816, il y a scandale à ce qu'une personne dont le conjoint est vivant contracte un nouveau mariage. — Nous ferons observer que le divorce n'est pas un attentat à la morale universelle, comme la polygamie, par exemple, qu'il est admis par une foule de nations civilisées, et qu'il a même été consacré pendant plusieurs années par notre Code. Il n'est donc qu'un mode spécial de dissolution du mariage, comme pourrait l'être, notamment, la dissolution pour cause d'impuissance. Aussi tout doit-il être réglé à cet égard par la loi personnelle de l'étranger ; nous devons accepter sa situation telle que sa propre loi la lui fait, sans en rechercher les causes; il nous suffit de savoir qu'il n'est plus marié ; peu importe le motif : le mariage est valablement dissout, lorsque cette dissolution a été prononcée en vertu de la loi par laquelle il était régi. Et ce qui prouve bien qu'au fond l'on ne considère point comme portant atteinte à l'ordre public le fait d'un époux divorcé qui se remarie du vivant de son premier conjoint, c'est que l'on a permis à des Français divorcés avant 1816, d'user depuis de la faculté de se remarier ainsi; or, quelle raison y a-t-il de distinguer entre eux et les étrangers divorcés? Qu'on ne vienne point nous dire, d'une part, que le second mariage d'un époux divorcé, et non encore veuf, blesse l'ordre public, et, d'autre part, que les Français divorcés avant 1816 avaient un droit acquis à pouvoir se remarier: on ne saurait avoir de droit acquis contre l'ordre public. Le véritable motif, c'est que la loi de 1816 ne modifie en aucune façon la capacité des personnes *légalement divorcées*: françaises ou étrangères, elles peuvent se remarier avant la mort de leur premier conjoint.

22. A la première exception, fondée sur l'intérêt général de la nation française et sur la nécessité d'assurer en France le maintien de l'ordre et le respect des bonnes mœurs, des auteurs très-recommandables en ajoutent une seconde, qui aurait sa base dans l'intérêt particulier des Français qui ont contracté avec des étrangers : ils refusent d'appliquer la loi étrangère à la détermination de la capacité de ces étrangers, toutes les fois qu'il en résulterait quelque préjudice pour un Français (1), sauf à l'appliquer dans toute sa rigueur lorsque

____

(1) Paris, 15 mars 1831 ; 17 juin 1834 ; 15 oct. 1834; Cass., 17 juill. 1833. —Valette, sur Proudhon, I, p 86; Demangeat, *Hist. de la cond. civ. des étr.*, n° 82.—*Contra* Paris, 6 germ. an XIII, et en dernier lieu, 20 févr. 1858.

ces étrangers seraient les seuls à en souffrir. Ainsi, un étranger, mineur selon sa loi nationale, mais majeur selon la loi française, a-t-il contracté avec un Français? On lui applique la loi française et on le traite comme un majeur, parce que l'application de la loi étrangère préjudicierait au Français, en faisant annuler la convention pour cause d'incapacité de l'autre partie. Pour justifier en droit cette décision, qui n'a, au fond, d'autre base que l'égoïsme national, et qui, faisant abstraction des principes que le droit consacre pour l'utilité réciproque des peuples, ne tient compte que de l'intérêt particulier des nationaux, on insiste sur cette considération que les Français ne sont point tenus de connaître les législations étrangères, et qu'il serait injuste de les faire souffrir de l'application d'une loi qui n'est point obligatoire pour eux. Mais ce raisonnement est-il bien concluant? N'est-il pas vrai, d'une part, que tout Français qui contracte avec un autre Français est tenu de s'enquérir de sa capacité, conformément à la maxime *qui cum alio contrahit, vel est, vel debet esse non ignarus conditionis ejus* (1), c'est-à-dire est astreint à la constatation d'un fait? N'est-il pas vrai, d'autre part, que la question de savoir quelles sont, relativement à la capacité, les dispositions d'une loi étrangère, n'est à son égard qu'un point de fait qu'il lui sera facile de vérifier? En quoi donc sa position se trouve-t-elle aggravée, lorsqu'au lieu d'être un Français, *Primus*, avec lequel il a contracté, est un étranger? En ce qu'au lieu d'avoir à s'informer simplement d'un seul fait (*Primus* est-il dans les conditions

---

(1) L. 19 pr., ff., De regulis juris.

nécessaires pour être capable?) il doit s'enquérir d'un fait préalable (quelles sont les conditions exigées par la loi personnelle de *Primus* pour qu'il soit capable?) Or, cette nécessité d'une première investigation, aussi facile à faire et aussi naturelle, ne saurait nous paraître suffisante pour motiver une exception vraiment exorbitante. Que décider, d'ailleurs, si. le Français connaissait réellement les dispositions du statut personnel de l'étranger? Les tribunaux français ne pourraient point, en pareil cas, se dispenser d'appliquer la loi étrangère. Il faudrait donc rechercher en fait, dans chaque espèce, jusqu'à quel point l'ignorance alléguée par la partie française est plausible : recherche aussi incertaine que délicate, dont le législateur français prévoyait bien tous les inconvénients lorsqu'il posait, pour les prévenir, la présomption qui sert de base à l'art. 1125. Nous sommes convaincu que cette présomption légale de connaissance, de la part de la personne capable qui contracte avec un incapable, doit être transportée dans le droit international privé, car les raisons de décider sont les mêmes.

Aussi admettons-nous volontiers une exception empruntée aux principes généraux en matière de rescision pour incapacité : lorsque l'étranger se sera rendu coupable de manœuvres frauduleuses, les juges français devront faire abstraction de sa loi personnelle (1). En effet, il y aura lieu d'appliquer les art. 1307 et 1310, car peu importe que ce soit sur les faits ou sur les dispositions législatives qui font de lui un incapable, qu'ait

---

(1) Nouguier, *De la lettre de change*, 1, p. 173.

porté le délit ou le quasi-délit. Nous déciderons donc, par application des mêmes principes, qu'il ne suffit point, pour faire obstacle à la restitution, que l'étranger incapable ait déclaré être capable aux termes de sa loi nationale ; mais que, d'autre part, il n'est point nécessaire que les manœuvres qu'il a employées tombent sous le coup de la loi pénale et présentent, par exemple, ainsi que paraît l'exiger M. Fœlix (1), les caractères de l'escroquerie ou de l'abus de confiance. Il faut, suivant nous, étendre purement et simplement aux contrats passés entre Français et étrangers, les distinctions créées par le Code Napoléon pour la rescision des contrats passés entre Français.

Nous ne pensons même point que les tribunaux français soient autorisés à refuser d'appliquer le statut personnel de l'étranger, lorsqu'à raison de circonstances particulières le Français qui a contracté avec lui pouvait le considérer comme un Français, et devenait par conséquent excusable de ne point s'enquérir des dispositions de la loi étrangère. Tel est, notamment, le cas qui se présente lorsque l'étranger résidait en France depuis de longues années, ou lorsqu'il y avait formé un établissement de commerce ; ou, enfin, lorsque le Français se trouvait tiers porteur de bonne foi d'un effet négociable par voie d'endossement souscrit par un étranger, surtout si ce souscripteur s'était attribué, sur l'effet même, un domicile en France (2). Quelque favorable que soit, dans ces différentes hypothèses, la position du Français, il

______

(1) N° 64.
(2) Zachariæ, § 31.

nous paraît difficile de justifier en droit pur les décisions judiciaires qui ont cru y voir un motif légitime d'écarter l'application du statut personnel étranger (1) : si rigoureuse qu'elle puisse devenir dans des circonstances données, la loi n'en reste pas moins la loi, et l'arbitraire est également coupable et dangereux, qu'il veuille aggraver cette loi ou qu'il prétende l'adoucir.

Toutefois, il est un cas dans lequel nous n'hésitons pas à faire abstraction de la loi étrangère, parce que nous ne saurions voir dans cette décision qu'un avantage pour l'une et l'autre des parties : c'est le cas où l'étranger aurait contracté en France des obligations pour son entretien personnel, par exemple pour des fournitures d'aliments ou de marchandises à l'usage de sa personne. Les tribunaux doivent valider ces engagements, quelles que soient, d'ailleurs, les dispositions du statut personnel de l'obligé (2). La considération qui nous détermine à accepter cette solution, c'est que, loin de porter préjudice à l'étranger, elle lui est favorable en principe, puisqu'elle lui assure seule le crédit dont il a besoin pour se procurer les choses nécessaires à la vie.

23. Nous venons de voir dans quelles limites il faut renfermer le principe suivant lequel les juges français doivent appliquer aux étrangers les lois étrangères relatives à l'état et à la capacité des personnes ; nous devons examiner maintenant si les jugements des tribunaux civils étrangers, lorsqu'ils sont constitutifs ou modificatifs de l'état de la personne, par exemple lorsqu'ils pro-

---

(1) Cf. les arrêts cités plus haut.
(2) Paris, 19 mai 1830 ; 19 oct. 1854.
7730.

noncent une interdiction ou nomment un conseil judiciaire, ou qu'ils déclarent une faillite ou une absence, doivent avoir en France le même effet que la loi personnelle en vertu de laquelle ils ont été rendus, sans que l'on puisse opposer les art. 2123 du Code Napoléon et 546 du Code de procédure civile. Nous n'hésitons pas à adopter l'affirmative. En effet, les tribunaux étrangers ne sont ici que les organes et les instruments de la loi personnelle étrangère, et les jugements qu'ils rendent en pareille matière se confondent, pour ainsi dire, avec cette loi elle-même ; à la différence des décisions judiciaires ordinaires, qui sont rendues dans un intérêt particulier et constituent un titre au profit de la partie qui les obtient, ils ne font que mettre en œuvre les vues d'intérêt général du législateur et ne confèrent aucun droit individuel à celui qui les a provoqués (1). Le droit de souveraineté de la France, qui s'oppose seul à l'exécution forcée sur notre territoire des jugements rendus par des tribunaux étrangers, ne souffre ici aucune atteinte, car il ne s'agit point de procéder à des actes d'exécution, tels que la saisie des biens ou de la personne, qui ne pourraient assurément être faits en France qu'au nom du pouvoir exécutif français (2), mais seulement d'appliquer à un étranger telle ou telle incapacité civile, et il importe peu que ce soit d'une manière

______

(1) Aubry et Rau, sur Zachariæ, § 31, note 33.

(2) Il est évident, par ex., que, si le tuteur d'un étranger interdit voulait se prévaloir du jugement d'interdiction rendu par un juge étranger pour exercer quelque contrainte sur la personne de cet interdit, il devrait préalablement faire déclarer ce jugement exécutoire par un tribunal français.

directe ou médiate que l'état de l'étranger dérive de sa loi nationale. On doit donc reconnaître que l'étranger frappé d'interdiction, pourvu d'un conseil judiciaire ou déclaré en état de faillite par les juges de son pays, reste soumis en France à toutes les incapacités attachées par son statut personnel à son nouvel état; et que son tuteur, son conseil ou le syndic de sa faillite ont qualité pour procéder en France à tous les actes qui concernent l'administration de ses biens ou la garde de sa personne (1). Il faut en dire autant des envoyés en possession des biens d'un étranger qui a été déclaré absent par les tribunaux de son pays (2).

Un grand nombre d'auteurs admettent, en adoptant ce principe, deux exceptions qui en paralyseraient singulièrement la portée. Ainsi, ils permettent à nos tribunaux de faire abstraction des jugements étrangers qui constituent ou modifient l'état ou la capacité d'une personne étrangère, toutes les fois que ces jugements auront été ignorés des Français qui ont contracté avec cet étranger. Mais nous ne pensons pas que la bonne foi de ces Français suffise pour justifier une dérogation en leur faveur aux règles générales : on peut leur reprocher, sinon une faute, du moins une certaine négligence, car la qualité d'étranger, chez la personne avec laquelle ils ont traité, était par elle-même un avertissement, et ils ne pourraient guère se plaindre d'avoir été surpris; d'ailleurs, il est de principe, dans l'esprit de notre législation, que la partie capable qui contracte avec un incapable est présu-

______

(1) Bordeaux, 10 févr. 1824 ; 22 déc. 1847 ; Aix, 8 juill. 1840.
(2) Douai, 5 mai 1836.

mée connaître son incapacité : l'admettre à prouver son ignorance, c'est ouvrir la carrière à des questions de fait d'une nature trop délicate. Les mêmes auteurs se fondent aussi sur ce principe, qu'aucun jugement émané d'un tribunal étranger n'a, en France, l'autorité de la chose jugée à l'égard de la partie française à laquelle on l'oppose, pour admettre les Français qui ont contracté avec un étranger déclaré incapable par les juges de son pays, à méconnaître cette décision (1). Sans examiner ici la valeur du principe lui-même, qui est vivement contestée, nous pensons que l'on ne saurait, en aucun cas, l'étendre aux décisions judiciaires qui modifient la capacité des personnes, par la raison qu'elles ne constituent point des jugements proprement dits, et que le législateur français, en autorisant l'application, sur notre territoire, des lois personnelles étrangères, a étendu implicitement la même régle aux décisions qui ne sont autre chose que le corollaire de ces lois. Le système que nous combattons a le tort de se trouver en opposition formelle avec les idées qui ont fait admettre, par la plupart des peuples policés, que le statut personnel suit partout la personne : il aboutit à ce résultat, aussi dangereux que bizarre, que le même homme pourra se trouver considéré simultanément comme interdit ou comme failli, c'est-à-dire comme incapable, en Angleterre, et comme parfaitement capable en France. En vain nous répondra-t-on qu'il se passe quelque chose d'analogue, lorsque les divers immeubles d'une succession, situés

---

(1) Cass., 29 août 1826. — Merlin, Répertoire, v° *Faillite*, sect. II, § 2, art. 10, n° 2 ; Pardessus, n° 1488.

dans des pays différents, se trouvent dévolus suivant des lois différentes;— une succession n'est pas quelque chose d'unique et d'indivisible, comme l'état des personnes : c'est un ensemble dont les diverses parties peuvent être régies différemment, tandis que la capacité est une et forme un tout inséparable, qui doit être régi d'une manière uniforme (1).

24. Le principe que nous venons d'étudier, et suivant lequel les jugements étrangers qui déclarent ou qui modifient l'état ou la capacité des personnes étrangères doivent avoir, en France, le même effet que dans le pays où ils ont été rendus, doit-il être restreint aux décisions des tribunaux civils? Nous estimons qu'il n'y a pas lieu de distinguer, à ce point de vue, entre les arrêts des tribunaux civils et ceux des tribunaux criminels, et que les juges français doivent tenir compte des modifications apportées à la capacité d'un étranger, alors même que ces modifications émanent d'une juridiction répressive et présentent, comme la mort civile, par exemple, tous

---

(1) C'est un point controversé que celui de savoir si les tribunaux français sont compétents pour statuer sur les contestations relatives à l'état des personnes qui s'élèvent entre étrangers. La jurisprudence s'est rangée presque constamment à la doctrine de l'incompétence (Cass., 27 nov. 1822; 30 juin 1823; Paris, 30 juill. 1831; 23 juin 1836; 25 nov. 1839; Rennes, 16 mars 1842. — Contra Douai, 17 juin 1853; Cass., 23 juill. 1855). notamment lorsqu'il s'agissait de prononcer une séparation de corps entre deux étrangers. Ce n'est pas ici le lieu d'examiner cette question, qui se rattache aux règles de la compétence plutôt qu'à celles du conflit des lois. Toutefois il est bien évident, — et c'est là le seul point qui rentre dans le sujet que nous traitons, — il est bien évident que, si les tribunaux français se déclaraient compétents, ils devraient statuer conformément à la loi étrangère, car il s'agit d'un statut personnel.

les caractères d'une condamnation pénale (1). On objecte
que les jugements qui appliquent les lois criminelles
n'ont, comme ces lois elles-mêmes, qu'un effet territorial,
et doivent être considérés comme non avenus en pays
étranger. Ce principe est parfaitement exact au point
de vue de l'exécution des arrêts prononcés en matière
pénale, exécution qui ne peut avoir lieu que sur le territoire du pays dans lequel ils ont été rendus ; mais il
ne s'ensuit en aucune façon que les incapacités qui en
résultent ne puissent suivre à l'étranger les individus
qui en ont été frappés, car la reconnaissance de tel ou
tel état ne saurait jamais constituer une mesure d'exécution. L'étranger qui vient en France y entre affecté de
toutes les incapacités dont il était frappé dans son pays,
sans que le juge français ait à rechercher la source de
chacune d'elles, et sa personne civile est la même des
deux côtés de la frontière. — C'est surtout lorsque les jugements civils ou criminels qui modifient la capacité juridique prennent le caractère de mesures politiques ou
de lois de proscription, que la jurisprudence française
leur conteste tout effet hors du pays dans lequel ils ont
été rendus : c'est ainsi qu'elle a refusé de reconnaitre,
en France, l'interdiction du duc Charles de Brunswick (2),
et qu'elle a décidé que la mort civile dont les émigrés
avaient été frappés pendant la période républicaine, ne
les avait pas suivis en pays étrangers (3). Quelque favo-

---

(1) Colmar, 6 août 1814. — Demangeat, n° 82.
(2) Paris, 16 janv. 1836.
(3) Cass., 7 janv. 1806 ; 26 janv. 1807.

rable que fût, dans ces différentes hypothèses, la position des incapables dont elle a méconnu l'incapacité, les règles du statut personnel n'en devaient pas moins, suivant nous, recevoir leur application (1). Peut importait le caractère politique des actes qui avaient établi ces incapacités : par cela seul qu'ils émanaient d'une autorité compétente, ils revêtaient un caractère légal; et il est conforme aux principes du droit qu'alors même qu'une loi est mauvaise et odieuse, on rende à son *caractère légal* l'hommage que l'on refuse à l'esprit qui l'a dictée.

25. Nous avons supposé jusqu'à présent, avec la majorité des auteurs, que c'était la nationalité seule qui devait déterminer l'application de telle ou telle loi personnelle, sans que l'on eût à tenir aucun compte du domicile (2). Des jurisconsultes fort graves enseignent le contraire. Dans un premier système, on prétend que l'autorisation accordée à un étranger d'établir son domicile en France suffit pour lui rendre applicable le statut personnel français, et l'on invoque deux motifs à l'appui de cette opinion (3). On dit, d'abord, que le seul obstacle qui empêche d'appliquer à l'étranger les lois françaises, pour tout ce qui est relatif à l'état et à la capacité, consiste dans l'impossibilité où il se trouve d'acquérir un véritable domicile en France sans l'autorisation du gouvernement (4); — mais ce raisonnement nous paraît

---

(1) Demangeat, *Hist. de la cond. civ. des étr. en Fr.*, n° 82.

(2) Paris, 13 juin 1814. — Duranton, I, 141 ; Demolombe, I, 265.

(3) Demangeat, *Hist. de la cond. civ. des étr. en Fr.*, n°s 81 et 82 ; sur Fœlix, t. I, p. 57, note *a*.

(4) Avis du Conseil d'État du 18 prairial an XI.

inexact : si nous laissons les étrangers sous l'empire de leur statut personnel, ce n'est point parce qu'ils sont domiciliés hors de notre territoire, c'est parce que nous reconnaissons que la loi nationale d'un individu est celle qui peut le mieux apprécier, d'après le caractère et le génie de ses sujets, dans quels cas et dans quelles limites ils doivent être considérés comme capables, et que rien ne nous paraît plus propre à obtenir des autorités étrangères le respect du statut personnel des Français, que de respecter nous-mêmes celui des étrangers. On ajoute encore, dans le premier système, que refuser à l'étranger autorisé à fixer son domicile en France l'application de la loi française, quant à son état et à sa capacité, c'est le priver de certaines prérogatives consacrées par cette loi, c'est-à-dire contrarier la pensée des rédacteurs de l'art. 13, qui ont entendu ne laisser subsister, au point de vue du droit privé, aucune différence entre le Français et l'étranger autorisé ; — mais cette argumentation repose, à notre sens, sur une confusion entre deux ordres d'idées tout à fait distincts, la jouissance des droits et le conflit des lois. A cette première question : *Quels sont les droits civils dont jouit l'étranger admis par le gouvernement à établir son domicile en France ?* nous répondons : il jouit absolument des mêmes droits que le Français ; mais une seconde question s'élève, complétement indépendante de la première : *Quelle est la loi qui doit déterminer sa capacité dans l'exercice de ces droits ?* et rien ne démontre qu'à ce nouveau point de vue il doive être assimilé au Français ; car, malgré l'autorisation qu'il a obtenue, il reste toujours étranger. — Une seconde opinion, que l'on a qualifiée de *théorie de l'incolat*, distingue entre le cas où l'étranger qui est venu s'établir en France a conservé l'esprit de retour et celui où il l'a perdu : dans le premier cas, on le laisse sous l'empire de sa loi nationale, pour tout ce qui concerne son état et sa capacité ; dans le second, on lui applique la loi française (1). Mais la perte de l'esprit de retour ne suffit point pour lui faire perdre en même temps sa nationalité : il ne peut devenir Français que par la naturalisation, quelle que soit d'ailleurs la durée de son séjour en France, quelque inébranlable que soit la détermination par laquelle il a abdiqué son pays. Aux yeux de la loi française, tant qu'il n'est point devenu Français, il doit continuer d'être traité comme un étranger, et régi par sa loi nationale pour tout ce qui touche à son statut personnel. Nous n'hésitons donc pas à adopter d'une manière absolue le système suivant lequel c'est toujours la nationalité, et jamais le domicile, qui doit déterminer la loi personnelle (2).

26. Il y aura souvent lieu, par suite de l'application des règles que nous avons posées précédemment, de se reporter à plusieurs statuts personnels différents, pour la solution d'une seule et même question. C'est le cas qui se présentera, par exemple, pour tous les contrats synallagmatiques formés entre personnes appartenant à deux nationalités différentes. Pour connaître la capacité de s'obliger de chacune d'elles, on consultera sa loi nationale, la loi française pour la capacité du Français, la loi étrangère pour celle de l'étranger. Faut-il en dire autant au point de vue de la puissance paternelle et de la puissance

---

(1) Valette, sur Proudhon, I, p. 194, note *a*.
(2) Cf. de Savigny, *Tr. de dr. rom.*, t. VIII. p. 100 (traduct.)

maritale, qui appartiennent, ainsi que nous allons le voir, au statut personnel ? Si l'on suppose que le mari ou le père n'appartient pas à la même nation que sa femme ou ses enfants, ce qui arrive lorsqu'il s'est fait naturaliser en pays étranger depuis son mariage ou la naissance de ses enfants, faut-il consulter à la fois les lois des deux nations, avant de lui permettre l'exercice de son autorité domestique ? Nous pensons qu'il suffit d'appliquer la loi nationale de la femme ou des enfants, car c'est surtout au point de vue passif, et comme constituant ces personnes dans un état d'incapacité ou de subordination, que la loi qui réglemente les puissances maritale et paternelle fait partie du statut personnel : considérée au point de vue actif, et comme établissant au profit du mari ou du père des droits sur la personne de ceux qu'elle soumet à son autorité, cette loi nous paraîtrait rentrer plutôt dans la classe de celles qui intéressent l'ordre public.

27. La première partie de ce chapitre a été consacrée à la question de savoir quelles sont les personnes à l'égard desquelles la législation française applique le principe que les lois concernant l'état et la capacité suivent partout leurs nationaux. Nous allons maintenant examiner quelles sont les lois qui présentent ce caractère, ou, en d'autres termes, quelles sont les matières qui appartiennent au statut personnel.

On entend par *état* d'une personne la condition civile que la loi lui attribue et qui lui fait jouer dans la société un rôle déterminé ; par *capacité*, son aptitude à devenir le sujet de certains droits.

28. Les lois relatives à l'*état* des personnes peuvent

s'occuper de fixer cet état soit au point de vue de la nationalité, soit au point de vue de la parenté. La loi qui détermine la nationalité forme donc, aussi bien que la loi qui constitue l'état de famille, un statut personnel; ce qui revient à dire que, lorsque l'on veut savoir si un individu appartient à telle nation, c'est la loi de cette nation qu'il faut considérer, et que c'est, par exemple, la législation française qui établit quelles sont les personnes qui doivent être considérées comme des Français. — Les qualités de mari ou de femme mariée, de père, de mère ou d'enfant légitime, naturel ou adoptif, qui constituent ce que l'on appelle dans la doctrine le *status familiœ*, dérivant directement du mariage, d'un commerce illicite ou de l'adoption, et dont la contestation soulève ce que l'on appelle les *questions d'état* proprement dites, font éminemment partie du statut personnel. Par conséquent, les lois qui réglementent les effets du mariage, par exemple les droits et les devoirs respectifs des époux, la puissance maritale et la puissance paternelle, les causes et les effets de la dissolution du mariage ou de la séparation de corps, les modes de constater l'état civil, la légitimité ou la légitimation des enfants, ainsi que l'admissibilité des preuves à cet effet et la reconnaissance des enfants naturels, ou, pour parler plus brièvement, les lois concernant le mariage et la filiation suivent la personne, en quelque lieu qu'elle se trouve. On décide, par application de cette règle, que la faculté de divorcer et le droit de rechercher la paternité ne peuvent être invoqués que si le statut personnel de la personne qui prétend exercer ces droits en autorise l'exercice. C'est ainsi que la loi du 20 septembre 1792, qui avait établi le divorce en France, ne pouvait être invoquée, même devant les tribunaux français, par des étrangers que leur loi nationale plaçait sous l'empire du droit canonique, qui prohibe le divorce (1). C'est encore par suite du même principe qu'un Français, enfant naturel, sera légitimé par le mariage subséquent de ses père et mère, même en Angleterre, où la légitimation par mariage subséquent n'est pas admise (2) ; et qu'à l'inverse un étranger peut être légitimé, même en France, par rescrit du prince, si la loi de la nation à laquelle il appartient reconnaît ce mode de légitimation (3).

29. Les lois relatives à la *capacité* des personnes s'occupent de cette capacité soit au point de vue politique, soit au point de vue civil ; mais l'examen auquel nous nous livrons étant circonscrit dans les limites du droit privé, nous ne devons considérer ici que la capacité civile. Elle est susceptible de diverses restrictions, que l'on peut ranger sous plusieurs chefs différents : certaines incapacités, comme l'ancienne mort civile et les incapacités par lesquelles la loi du 31 mai 1854 l'a remplacée, résultent de condamnations pénales ; d'autres, qui se rattachent aux différences physiques ou morales que l'on rencontre entre les individus, ont été établies principalement dans un intérêt de protection ; d'autres encore, qui découlent directement de l'état de famille, proviennent de certains rapports d'autorité domestique ; il en est, enfin, qui sont spéciales et relatives et qui,

---

(1) Paris, 11 août 1817.
(2) Blackstone, *Traité des lois anglaises*, L. I, ch. 16.
(3) Paris, 11 févr. 1808 ; 25 mai 1813.

fondées elles-mêmes sur des considérations particulières à la position respective de certaines personnes, n'existent que dans les rapports de ces personnes entre elles. Toutes ces incapacités, quelles qu'en soient la nature et la source, dépendent du statut personnel.

30. Lorsque nous avons examiné la question de savoir si les tribunaux français qui ont à apprécier la capacité d'un étranger doivent tenir compte des jugements rendus par les tribunaux criminels étrangers qui modifient cette capacité, nous avons émis l'opinion que les incapacités empreintes d'un caractère de pénalité doivent suivre la personne en quelque pays qu'elle réside (1). Nous devons cependant reconnaître que la majorité des auteurs enseigne le système contraire.

31. Les mêmes dissidences ne se produisent pas en ce qui touche les incapacités édictées comme mesures de protection, ou établies comme conséquence des pouvoirs du mari ou du père. A la première de ces deux classes d'incapacités appartiennent toutes les restrictions apportées, soit à raison de l'âge, soit à raison d'infirmités intellectuelles, soit à raison de prodigalités excessives, à l'exercice de certains droits ou à la faculté de s'obliger; à la seconde classe, l'incapacité de contracter ou d'ester en justice sans autorisation, dont la femme mariée est

---

(1) Nous pensons que cette proposition doit s'étendre à toutes les peines civiles qui diminuent la capacité, par exemple à l'indignité et à la déchéance prononcée par les art. 792 et 801 du Code Nap. contre l'héritier, renonçant ou bénéficiaire, coupable de divertissement ou de recel. En effet, si la dévolution des successions immobilières dépend du statut réel, toutes les questions relatives à la *capacité* de succéder n'en doivent pas moins être réglées par le statut personnel.

frappée, et la nécessité du consentement de certains ascendants au mariage ou à l'adoption de leurs descendants.

C'est donc au statut personnel qu'appartiennent toutes les règles relatives à la minorité et à la majorité, ainsi qu'à l'émancipation, qui sert pour ainsi dire de transition entre ces deux états ; à l'interdiction, à la nomination d'un conseil judiciaire. Nous n'entendons point parler seulement des incapacités dont sont frappés le mineur, émancipé ou non, l'interdit ou la personne pourvue d'un conseil ; de l'âge auquel la minorité cesse, et de celui auquel l'émancipation est possible ; des causes qui peuvent motiver l'interdiction ou l'adjonction du conseil, etc. Le mode de nomination du tuteur, du curateur ou du conseil judiciaire, la capacité nécessaire pour remplir ces fonctions, les pouvoirs qu'elles confèrent relativement au gouvernement de la personne ou à la gestion des biens de l'incapable, les obligations qu'elles imposent, l'étendue de la responsabilité qui en découle : voilà des questions dont la solution dépend également du statut personnel (1). Il en est de même de certaines formalités habilitantes, qui peuvent être exigées comme complément des pouvoirs du tuteur ou du curateur : telles sont, par exemple, l'autorisation du conseil de famille, l'homologation du tribunal, l'obligation de prendre l'avis de trois jurisconsultes avant de transiger au nom d'un mineur.

En effet, les formalités habilitantes, c'est-à-dire, dit

---

(1) Il faut en dire autant des droits et des devoirs du père administrateur légal.

Merlin, « celles qui rendent capables de faire certains « actes les personnes incapables par état, » sont, en quelque sorte, des conditions de capacité et dépendent, par conséquent, du statut personnel. Quelquefois, ces formalités, comme l'autorisation du mari, ou le consentement des ascendants dans les cas où il est requis, sont exigées pour sauvegarder la puissance maritale ou la puissance paternelle, car les incapacités dont elles relèvent la femme mariée ou le descendant ont été établies surtout comme conséquence des pouvoirs domestiques. La nécessité ou la dispense de l'autorisation maritale, et la détermination des actes pour lesquels cette autorisation peut être exigée, dépendent donc, comme l'incapacité même de la femme mariée, de sa loi nationale (1).

32. Les restrictions apportées à la capacité de contracter mariage, capacité qui fait évidemment partie du statut personnel (2), se rattachent à l'une et à l'autre des idées auxquelles nous avons fait allusion : les unes tiennent à une idée de protection, comme la prohibition de contracter mariage avant un certain âge; d'autres ont pour base principale le respect dû aux ascendants, comme la nécessité d'obtenir leur consentement ou de leur faire des actes respectueux. C'est aussi au statut personnel qu'il faut se reporter, pour connaître dans quels cas le défaut de capacité entraîne nullité du mariage.

(1) Bastia, 16 fév. 1844.
(2) Nous n'entendons pas parler ici des empêchements tels que la bigamie ou l'inceste, qui intéressent l'ordre public en même temps qu'ils modifient la capacité. — V. supra n° 21.

Nous allons examiner successivement quelques questions auxquelles l'application de cette règle a donné naissance, tant au point de vue des mariages contractés en France par des étrangers qu'au point de vue des mariages contractés par des Français en pays étranger.

Non-seulement la jurisprudence a consacré d'une manière constante le principe, que la capacité d'un étranger pour le mariage doit être appréciée d'après sa loi personnelle (1); mais l'administration elle-même a cru devoir veiller à l'observation de cette règle. Une circulaire du ministre de la justice aux procureurs généraux, en date du 4 mars 1831, porte que les officiers de l'état civil ne doivent procéder en France à la célébration du mariage d'un étranger, qu'autant qu'il justifie, par un certificat des autorités de son pays, qu'il a la capacité requise pour se marier : on jugeait utile d'adopter cette mesure, parce que, dans certains États de l'Europe, tels que Bade, la Bavière, le Wurtemberg et le canton des Grisons, il est interdit aux nationaux de se marier en pays étranger sans avoir obtenu l'autorisation de leur gouvernement, et qu'il était arrivé plusieurs fois que les tribunaux de ces États avaient annulé, pour défaut de cette autorisation, des mariages contractés par leurs justiciables avec des Françaises; on voulait prévenir, pour les cas de mariages mixtes, la possibilité d'une pareille surprise dans l'avenir (2).

---

(1) Paris, 13 juin 1814; Pondichéry, 29 août 1843.

(2) Dans la pratique, on a remplacé le certificat par un simple acte de notoriété (lettre du procureur du roi près le tribunal de la Seine à un maire du département, en date du 7 juillet 1835); mais cette manière de procéder ne présente pas les mêmes garanties.

Quant aux mariages contractés par des Français en pays étranger, toutes les conditions de capacité exigées par la législation française doivent se trouver réunies en leur personne, même celles qui n'ont trait qu'à une capacité purement relative et qui sont fondées principalement sur une idée de morale publique : ainsi, serait nul et sans effet un mariage contracté en pays étranger, entre un beau-frère et une belle-sœur Français, avant la loi de 1832 ou sans les dispenses prescrites par cette loi (1). Par voie de conséquence, les causes de nullité des mariages contractés à l'étranger par des Français sont réglementées également par la loi française. Il en est de même des fins de non-recevoir admises contre les actions en nullité de mariage par les art. 183, 185, etc., du Code Napoléon (2).

D'un autre côté, nous sommes convaincu que les mariages contractés en pays étranger par des sujets de l'Empire, ne doivent jamais être annulés hors des cas dans lesquels on pourrait en prononcer la nullité en les supposant célébrés en France ; que, par exemple, le défaut d'actes respectueux ne doit pas entraîner la nullité d'un mariage contracté à l'étranger, pas plus qu'il ne pourrait le faire s'il avait été célébré en France (3). C'est un point que

---

(1) Cass., 8 nov. 1824. — Nous pensons, avec MM. Fœlix et Demangeat, que c'est par l'Empereur des Français que ces dispenses doivent être accordées, car c'est le statut personnel des futurs époux qu'il faut prendre en considération ici, puisqu'elles sont des formalités habilitantes : c'est une question de capacité et non de forme.

(2) Cass., 12 févr. 1833 ; 25 févr. et 5 nov. 1839 ; 17 et 20 août 1841 ; Paris, 13 juin 1836 ; 16 juill. 1839 ; Rennes, 6 juill. 1840.

(3) Cass., 12 févr. 1833.

7730.

nous examinerons plus en détail, lorsque nous viendrons
à rechercher si le défaut de publications en France suffit
à lui seul pour faire annuler le mariage qui a eu lieu
dans un autre pays (1).

33. Les seules incapacités qu'il nous reste encore à
étudier sont celles que nous avons rangées dans une
dernière classe : les incapacités spéciales et purement
relatives. — Plusieurs auteurs enseignent que les incapacités générales, qui affectent la personne d'une manière complète et absolue et lui imposent, pour ainsi dire,
un état nouveau, en modifiant d'une manière permanente sa condition juridique, font seules partie du statut
personnel ; ils rangent dans le statut réel celles qui ont
un caractère plus spécial. Nous pensons avec M. Demangeat (2), qui a fait revivre presque complétement le système soutenu dans l'ancien droit par Prévôt de la Jannès,
alors qu'il s'occupait du conflit des diverses coutumes (3),
que cette distinction n'est point fondée en droit, et que les
dispositions législatives qui créent des incapacités spéciales appartiennent au statut personnel, comme celles
qui établissent des incapacités générales. Toutefois,
nous n'irons pas aussi loin que cet auteur, et lorsque
nous croirons apercevoir que le motif qui a dû dicter
telle on telle disposition restrictive, est moins de diminuer la capacité pour des raisons de protection, de subordination ou de pénalité, que d'assurer la conservation
des biens dans les familles, nous n'hésiterons pas à pro-

---

(1) V. *infra* n° 52.
(2) Sur Fœlix (observations à la suite du chap. IV du titre préliminaire).
(3) 3e discours, en tête des *Principes de la jurisprudence française.*

clamer que cette restriction fait partie du statut réel, non point, sans doute, parce qu'elle est une incapacité spéciale ou relative au lieu d'être une incapacité générale ou absolue, mais parce que son objet se rattache à la condition juridique des biens plutôt qu'à celle des personnes. En tout cas, nous déclarons rejeter absolument la théorie du prétendu *statut mixte*, que nos anciens jurisconsultes avaient imaginée pour la solution des questions les plus ardues que soulevait la distinction des statuts réel et personnel (1). Plutôt que de chercher ainsi, dans une matière aussi délicate, une combinaison chimérique de deux statuts dont les effets sont différents et presque contraires, nous préférons accepter le criterium rationnel proposé par d'Aguesseau (2) et reproduit par Merlin (3) : pour reconnaître la nature propre d'une loi, il faut rechercher quel en a été l'objet direct et principal, le but essentiel et final, et faire abstraction des effets qui peuvent n'en être que des conséquences éloignées. Appliquant cette méthode dans l'examen des incapacités particulières d'acquérir ou d'aliéner les biens, nous dirons qu'il faut simplement se demander si la restriction imposée par la loi tend à assurer l'ordre légal de transmission, ou bien à protéger ou punir la personne déclarée incapable.

On doit reconnaître tout d'abord que les incapacités spéciales qui ont un caractère absolu, comme les incapa-

----

(1) V. *supra* nº 7.
(2) 54ᵉ plaidoyer, t. V. p. 281, édit. Pardessus.
(3) Répertoire de jurisprudence, vº *Autorisation maritale*, sect. x, nº 2 ; vº *Puissance paternelle*, sect. vii.

cités de donner ou de recevoir que réglementent les articles 901 à 906 du Code Napoléon, appartiennent au statut personnel. Quelques auteurs contestent l'exactitude de cette proposition quant à l'incapacité de disposer totale ou partielle dont les art. 903 et 904 frappent le mineur ; mais il nous paraît certain que la détermination de l'âge auquel on devient capable de disposer, est une question sur la solution de laquelle la considération de la personne a une influence prédominante, et que, si le législateur, lorsqu'il a voulu renfermer cette capacité dans certaines limites, a cru devoir restreindre la disponibilité à une quotité déterminée, son intention n'a pas été de créer une réserve au profit de certaines personnes : la conservation des biens dans la famille était pour lui un moyen plutôt qu'un but, une conséquence plutôt qu'un objet direct et principal; l'idée dominante était la protection due à la faiblesse et à l'inexpérience du mineur : c'est donc une règle de statut personnel, et, dans les limites de sa capacité ainsi fixée par sa loi nationale, le mineur peut disposer de ses immeubles, en quelque pays qu'ils soient situés. — Nous devons en dire autant des art. 1095 et 1398, qui règlent la capacité du mineur relativement au contrat de mariage et déterminent les formalités habilitantes qui complètent cette capacité; ainsi que des dispositions spéciales concernant l'incapacité de la femme mariée et la nécessité de l'autorisation maritale, par exemple celles des art. 905, 934, 1426, 1427, 1449, 1538, 1576 du Code Napoléon (1).

---

(1) Limoges, 22 juin 1828.

Nous n'avons parlé que de la capacité de disposer ou de recevoir par donation entre-vifs ou par testament : on doit étendre le même raisonnement à la capacité de transmettre ou de recueillir ab intestat, de disposer des meubles seulement (1), de s'obliger par tel ou tel contrat (2), etc.

S'agit-il, au contraire, d'incapacités purement relatives, il ne sera pas toujours exact de dire, comme pour les incapacités absolues, qu'elles ont pour base une idée de protection ou de défaveur, et font par conséquent toujours partie du statut personnel; car il pourra se faire qu'elles soient seulement destinées à assurer l'ordre légal de transmission des biens. Comparons, par exemple, les dispositions des art. 907, 908 et 909 : les prohibitions portées par le premier et le dernier de ces articles nous paraissent appartenir incontestablement au statut personnel, car elles ne sauraient s'expliquer que par la pensée de protéger le disposant contre les abus d'autorité ou d'influence que pourraient commettre à son égard les personnes au profit desquelles la loi lui interdit certaines dispositions à titre gratuit; le législateur ne s'est préoccupé en aucune façon de l'idée de maintenir les biens dans telles ou telles conditions. Au contraire, l'article 908, qui se trouve intercalé entre ces deux disposi-

---

(1) Douai, 24 janvier 1840.

(2) Nous faisons allusion, notamment, aux incapacités consacrées par les sénatusconsultes Vélléien et Macédonien, dont les dispositions sont encore observées dans plusieurs pays de l'Europe. — On peut citer, dans la loi française, la prohibition de stipuler la contrainte par corps hors des cas déterminés (art. 2063).

tions, doit en être isolé avec soin, car nous le croyons inspiré par des considérations d'un ordre tout différent; en vain objecterait-on, afin de le soumettre aux mêmes règles, qu'il est placé de même dans le chapitre qui traite de la capacité de disposer ou de recevoir, et que l'incapacité dont il frappe l'enfant naturel est fondée sur la défaveur qui s'attache à son origine (1); — c'est une question de disponibilité, et non de capacité, que réglemente cet article; son objet direct et immédiat est la conservation des biens dans la famille légitime, et lorsqu'il dit que les enfants naturels ne pourront *rien recevoir au delà de ce qui leur est accordé au titre des successions*, il constitue évidemment la sanction de la loi des successions, laquelle rentre, ainsi que nous le verrons bientôt, dans le statut réel (2). Nous appliquerons le même mode de raisonnement aux règles posées par les art. 1094 et 1098, relativement aux dispositions qui peuvent être faites au profit de l'époux survivant, ou au profit du nouvel époux en cas de second mariage : ces règles ne sont point seulement, ainsi qu'on l'a soutenu (3), des corollaires de l'organisation générale de la famille et du mariage ; elles se rattachent à la théorie de la quotité disponible, et leur but principal est d'empêcher les biens d'un époux de passer dans la famille de son conjoint au préjudice de sa propre famille : tous les caractères du statut réel ne se trouvent-ils pas réunis ici? — Mais, à côté de ces dispositions, nous en rencontrons d'autres

---

(1) Demangeat, sur Fœlix, t. i, p. 108, note *a*.
(2) V. *infra* n° 43.
(3) Demangeat, sur Fœlix, t. i, p. 199, note *a*.

qui semblent présenter la même apparence et dériver de la même source, mais qui doivent être rangées, à notre avis, dans le statut personnel : nous voulons parler des art. 1096 et 1097, qui traitent de la révocabilité des donations entre époux et de la prohibition des donations mutuelles et réciproques par un seul et même acte (1). L'idée qui domine dans la rédaction de ces deux textes, c'est la volonté de protéger chacun des époux contre les entraînements irréfléchis, les suggestions, les captations, les abus d'autorité peut-être de son conjoint, et de suppléer, par la faculté d'une rétractation, à l'insuffisance possible de la capacité et aux vices du consentement : ils nous paraissent motivés par des considérations exclusivement personnelles (2).

Mentionnons, en terminant, certaines incapacités spéciales et relatives, que l'on s'accorde généralement à faire rentrer dans le statut personnel, telles que les prohibitions portées par les art. 450 et 472 dans un intérêt de protection pour le mineur, et celles que les art. 1596 et 1597 édictent à raison de la défaveur ou des soupçons que certaines personnes leur inspirent ; et faisons observer aussi que les présomptions d'interposition de personnes (3) constituant, en quelque sorte, la sanction du statut qui détermine les incapacités de recevoir, forment elles-mêmes une dépendance de ce statut.

---

(1) Il faut en dire autant des dispositions des art. 1394, 1395 et 1595, qui ne font guère que sanctionner la révocabilité des donations entre époux (Cass., 19 avr. 1852; Demangeat, sur Fœlix, t. I, p. 80, note *d*. — *Contra* Montpellier, 25 août 1844).

(2) Cass., 2 juin 1806. — *Contra* Pau. 13 déc. 1836.

(3) Cf. art. 911 et 1100.

34. Il est certaines obligations qui résultent de l'autorité seule de la loi. Telle est l'obligation de se fournir réciproquement des aliments, que les art. 205 et suivants imposent à certaines personnes. Ces obligations ayant pour cause certains rapports qui existent entre des personnes déterminées, se rattachent au statut personnel, à moins toutefois qu'elles n'intéressent l'ordre public (1), comme le devoir pour les enfants de rendre à tout âge honneur et respect à leurs parents (art. 371), ou qu'elles ne se rattachent à la condition des biens, comme les obligations entre propriétaires voisins (art. 640 à 685).

35. Avant de clore le chapitre que nous avons consacré à l'étude du statut personnel, nous allons examiner une question vivement controversée, dont la solution résulte, suivant nous, des principes que nous avons exposés ci-dessus. Dans quel statut doit-on classer les dispositions relatives à l'hypothèque légale et à l'usufruit légal ? Les opinions les plus diverses ont été émises sur ce point. Nous allons les passer en revue rapidement, en prenant à titre d'exemple la loi concernant l'hypothèque légale comme base de la discussion : ce que nous en dirons sera vrai également de la loi concernant l'usufruit légal, car dans l'un et l'autre cas les raisons de décider sont les mêmes, et aucun auteur n'a imaginé de distinguer entre eux. Il est bien évident, d'ailleurs, que la solution devra être la même, qu'il s'agisse de l'hypothèque légale établie au profit du mineur sur les biens de son

---

(1) Demangeat, *Hist. de la cond. civ. des étr.*, nº 79.

tuteur, ou de celle qui grève, au profit de la femme mariée, les immeubles de son mari. Pour construire un
système d'ensemble sur cette base, il suffira de généraliser la réponse que nous allons faire à la question que
nous formulons ainsi : la femme mariée étrangère a-t-
elle hypothèque sur les immeubles de son mari situés
en France?—On peut ramener à trois systèmes principaux
les différentes opinions auxquelles cette controverse a
donné naissance: l'un accorde toujours à la femme étrangère le bénéfice de l'hypothèque légale; un autre ne le
lui accorde jamais; un troisième, enfin, le lui accorde
ou le lui refuse, suivant que la loi étrangère lui confère
ou non ce droit.

Dans le premier système, qui est enseigné par Merlin (1) et par M. Troplong (2), on dit que les dispositions
qui créent l'hypothèque légale font partie du statut réel,
car l'hypothèque est un droit qui modifie la condition
juridique des biens : cette hypothèque étant admise par
la loi française, tous les immeubles français s'y trouvent
soumis dans les cas prévus par cette loi, sans que l'on
ait, d'ailleurs, à distinguer s'ils appartiennent à des Français ou à des étrangers, car les art. 2121 et 2135 ne font
aucune distinction à cet égard; en acceptant comme valable le fait du mariage d'un étranger, en reconnaissant
comme légitime sa qualité civile de mari, la loi française
sanctionne tous les effets civils qu'elle produit, notamment la naissance d'une hypothèque existant au profit

---

(1) Répert., vo *Remploi*, § 2, no 9.
(2) *Des priviléges et des hypothèques*, II, 429 et 513 *ter*.

de la femme indépendamment de toute inscription (1).

Le second des systèmes extrêmes, pour lequel se prononcent MM. Fœlix (2), Duranton (3), Demolombe (4) et Zachariæ (5), refuse à la femme étrangère toute hypothèque légale sur les immeubles situés en France, par la raison que l'exercice de cette hypothèque serait subordonné à la réunion des trois conditions suivantes : 1° il faut que la loi de la situation des immeubles admette cette hypothèque, car aucune loi n'a le pouvoir d'affecter des immeubles sis en pays étranger (6) ; 2° il faut aussi que la loi nationale de l'ayant droit l'admette, car la loi qui constitue le titre de l'hypothèque légale établit ce droit comme conséquence d'un certain état : d'où la conclusion qu'il faut consulter la loi qui régit l'état de l'individu, pour savoir si elle lui accorde ce droit; 3° il faut, enfin, qu'il existe entre les deux États (celui sur le territoire duquel l'immeuble est situé, et celui dont est sujet le prétendu titulaire de l'hypothèque), un traité qui permette l'exercice de cette hypothèque, parce que la loi du statut personnel est sans effet dans le pays de la situation. Or, ajoute-t-on dans ce système, il n'existe aucun traité de ce genre entre la France et les autres puissances de l'Europe : par conséquent, ce serait en vain que le

---

(1) Grenoble, 19 juillet 1849.

(2) *Traité du droit international privé*, n°s 36 et 43; *Revue étrangère et française*, t. IX, p. 25 à 35.

(3) XIX, 307.

(4) I, 88.

(5) § 34 ; cf. Aubry et Rau, sur Zachariæ, § 34, note 19.

(6) Pothier, Introduction au Titre XX de la coutume d'Orléans, ch. I, n° 9.

statut personnel de la femme étrangère viendrait concourir avec le statut réel français pour lui accorder le bénéfice de l'hypothèque légale. On voit que les partisans de cette opinion considèrent, d'une part, la loi qui établit ce droit réel comme participant à la fois des caractères du statut réel et du statut personnel, et que, d'autre part, ils voient dans l'hypothèque légale un de ces droits civils dont l'art. 11 refuse la jouissance aux étrangers, à moins de réciprocité diplomatique (1). Nous aurons à apprécier la valeur de cette double assertion.

Le troisième système, qui nous semble préférable, se place sous le patronage de MM. Valette (2), Duverger (3), Demangeat (4) et Cubain (5). Il fait rentrer dans le statut personnel la loi qui établit l'hypothèque légale, et en déduit comme conséquence pratique le droit, pour la femme étrangère, d'exercer cette hypothèque sur les immeubles de son mari situés en France, toutes les fois que la législation de son pays lui reconnaît ce droit.

Il importe, en effet, de ne point confondre, dans le cours de la discussion, deux questions qui doivent demeurer complétement distinctes : 1° la loi française accorde-t-elle à la femme étrangère la jouissance de l'hypothèque légale? — 2° Si l'on admet l'affirmative, quel est le statut qui doit être appliqué? — Examinons rapidement ces deux points.

Sur la première question, que l'on peut appeler une

---

(1) Amiens, 18 août 1834; Cass., 23 nov. 1840.
(2) *Des priviléges et des hypothèques*, I, 139.
(3) A son cours de Code Napoléon.
(4) Sur Fœlix, t. I, p. 136, note *a*; *Hist. de la cond. civ des étr*, n° 82.
(5) *Traité des droits des femmes*, n° 679.

question préjudicielle, puisque la seconde ne peut naitre qu'autant que celle-là a été résolue affirmativement, nous nous séparons complétement de la jurisprudence. De nombreux arrêts (1) sont venus proclamer que l'hypothèque légale est un de ces droits civils dont la jouissance est réservée en principe aux Français, et que, d'ailleurs, elle ne saurait résulter d'une convention tacite accompagnant le mariage ou la tutelle, puisqu'elle ne peut, aux termes de l'art. 2128, résulter d'une convention expresse. Pour réfuter ce système, nous ne dirons point avec M. Tessier (2) que, s'il est vrai que les étrangers ne sont pas admis à jouir de tous les droits civils en France, on doit néanmoins leur reconnaître la jouissance de ceux de ces droits qui se rattachent, comme accessoires légaux, aux contrats de droit des gens, et que, le mariage étant un de ces contrats, la femme étrangère doit pouvoir réclamer, même en France, les sûretés qui en sont la conséquence ; nous ne dirons pas non plus, avec M. Troplong (3), que le contrat d'hypothèque lui-même est du droit des gens, puisqu'il est en usage chez toutes les nations civilisées : nous prétendons rejeter d'une façon plus péremptoire encore le système de la jurisprudence. Nous pensons, en effet, que l'étranger jouit en France, quant aux droits privés, des mêmes avantages que le Français, sauf les exclusions prononcées par un texte de loi formel, et nous proscrivons complétement

---

(1) Douai, 24 juin 1844 ; Bordeaux, 14 juillet 1845 ; Paris, 19 août 1851 ; Metz, 6 juillet 1853 ; Grenoble, 29 mars et 27 août 1855.

(2) *De la dot*, II, note 1092, p. 288 et suiv.

(3) *Des priviléges et hypothèques*, t. II, n° 392 *bis*.

la distinction romaine entre les contrats de droit civil et les contrats de droit des gens, que l'on a essayé de faire revivre de nos jours. Pour la démonstration de cette théorie, qui sort des limites du sujet que nous traitons, et se rattache à l'interprétation de l'art. 11 du Code Napoléon, nous nous contentons de renvoyer à une étude attentive des travaux préparatoires. Nous nous bornerons à faire observer que personne ne conteste à l'étranger le droit d'exercer les hypothèques conventionnelles et judiciaires : il doit donc avoir également celui d'exercer les hypothèques légales; la femme étrangère doit acquérir l'hypothèque par le mariage, comme elle l'acquerrait par une convention passée en France. Peu importe, d'ailleurs, que le mariage ait été célébré en pays étranger, car il est évident que, même en pareil cas, la femme française aurait l'hypothèque; or, la femme étrangère est mise sur la même ligne qu'elle. L'art. 2128 est sans application, car il ne s'agit point, à proprement parler, d'un acte émané d'une autorité étrangère auquel on prétendrait donner force exécutoire en France, comme un contrat reçu par un officier public étranger ou un jugement rendu par un tribunal étranger : dans notre hypothèse, ce n'est point d'une convention que résulte l'hypothèque, mais bien d'une qualité reconnue par la loi française, la qualité de conjoint. Et que l'on ne vienne pas objecter que l'hypothèque légale, accordée à la femme étrangère, serait d'autant plus dangereuse que rien ne vient révéler aux tiers l'existence du mariage. Cette considération de fait ne saurait prévaloir contre les principes du droit. D'ailleurs, le même danger se présente souvent pour les mariages contractés en pays étranger par des Français, et, cependant, on n'en reconnaît pas moins, dans l'opinion commune, que le bénéfice de l'hypothèque légale existe en pareil cas : la publicité du mariage, qui peut remédier aux inconvénients de la naissance occulte de l'hypothèque légale, n'est pas indispensable à l'existence même de cette hypothèque.

Nous arrivons à la seconde question : étant reconnu que la loi française ne refuse pas à la femme étrangère la jouissance de l'hypothèque légale, quel est le statut qui doit être appliqué? — Nous pensons que c'est le statut personnel. L'hypothèque légale ne constitue, en effet, qu'une disposition accessoire de la loi qui réglemente le mariage et la puissance maritale, loi éminemment personnelle ; or, l'accessoire doit avoir le même caractère que le principal. C'est la loi qui détermine les pouvoirs du mari et l'état de la femme mariée, qui peut seule sanctionner convenablement les obligations qu'elle établit, et décider quelles sont les garanties nécessaires pour sauvegarder les droits de cette femme; en un mot, c'est la loi qui crée les incapacités, qui doit en même temps établir les sûretés destinées à protéger l'incapable. Les garanties que cette loi consacre au profit de la femme étrangère peuvent suffire, en l'absence même de toute hypothèque légale, pour assurer l'intégrité de ses droits : pourquoi donc ajouter d'office cette garantie nouvelle, qu'un législateur plus compétent pour les questions d'état et de capacité avait jugée inutile, et qui se trouve déjà remplacée par des équivalents? — L'existence de l'hypothèque légale étant ainsi le corollaire d'une question de capacité, est subordonnée au statut personnel ; mais il faut observer les règles du statut réel pour le rang de cette hypothèque, ainsi que pour les modes de conservation et de purge, car ce sont autant de questions qui touchent directement et principalement à la condition des immeubles.

Le même raisonnement s'applique à l'hypothèque légale du mineur, car elle est aussi une garantie imaginée pour le protéger, et ne forme, par conséquent, qu'un accessoire de la loi personnelle qui établit la tutelle.

36. Enfin, il nous paraît facile de démontrer que l'usufruit légal, accordé aux père et mère sur les biens de leur enfant mineur de dix-huit ans, présente un caractère analogue à celui de l'hypothèque légale, et doit, par conséquent, être subordonné également au statut personnel. En effet, d'une part, nous ne le considérons pas non plus comme l'un de ces droits civils dont l'art. 11 refuse la jouissance aux étrangers ; et, d'autre part, il n'est guère possible d'y voir autre chose qu'un droit attaché accessoirement à l'exercice de la puissance paternelle. L'usufruit légal constitue, pour ainsi dire, une compensation des devoirs que cette autorité impose : la loi qui crée ces obligations est aussi celle qui doit apprécier le caractère de l'indemnité à laquelle leur accomplissement doit donner droit. Si, par exemple, une loi étrangère refuse à la mère l'exercice de la puissance paternelle, on devra, comme le remarque M. Demangeat (1), lui refuser également en France l'exercice d'un droit de jouissance légale qui n'existe qu'à titre de dé-

____

(1) *Hist. de la cond. civ. des étr.*, n° 82.

dommagement des charges attachées à cette puissance. Dans ce cas particulier, la solution contraire paraît inadmissible, et, cependant, il faudrait nécessairement l'adopter, si l'on voulait ranger dans le statut réel les dispositions qui établissent au profit des père et mère un usufruit légal (1).

CHAPITRE DEUXIEME.

DU STATUT RÉEL
OU DES LOIS QUI ONT POUR OBJET DIRECT ET PRINCIPAL LA CONDITION JURIDIQUE DES BIENS.

37. L'art. 3, deuxième alinéa, du Code Napoléon est conçu dans ces termes : « Les immeubles, même ceux possédés par des étrangers, sont régis par la loi française. »

38. C'est dans le but d'assurer l'indépendance de chaque État et l'indivisibilité de sa souveraineté, qu'a été édictée la disposition qui précède. En effet, si la dignité de la loi française exige que les personnes qui y sont soumises ne puissent éluder ses prohibitions, en allant passer à l'étranger les actes qui leur sont interdits en France, l'autonomie de la nation française elle-même est intéressée à ce qu'aucune portion du territoire national

---

(1) Tout en reconnaissant que la loi qui établit l'usufruit légal fait partie du statut personnel, la jurisprudence refuse au père étranger le droit de l'exercer en France, parce qu'elle le considère aussi comme un de ces droits civils dont la jouissance est réservée aux Français (Cass., 13 mars 1816; 11 mai 1819)

ne puisse se trouver placée sous l'autorité d'un gouvernement étranger : or, tel serait le résultat auquel on se trouverait amené, si les immeubles sis en France et possédés par des étrangers pouvaient être soumis à des droits que notre législation ne reconnaîtrait point (1).

39. Voici comment M. Demangeat (2) résume les principes qui dominent la matière. On doit appliquer le statut réel, dit-il : 1° en tant qu'il classe les biens ; 2° en tant qu'il détermine les droits dont les différentes natures de biens peuvent être l'objet, et les personnes admises à la jouissance de ces droits ; 3° en tant qu'il règle, dans un intérêt public, les diverses manières dont ces droits s'acquièrent, se conservent et se transmettent (3).

40. Nous dirons donc, tout d'abord, que la distinction des biens est une question qui rentre dans le statut réel, c'est-à-dire que pour déterminer à quelle classe appartient tel bien que l'on considère, on doit consulter la loi de la nation sur le territoire de laquelle il est situé (4). Cette proposition est vraie, non-seulement quant à la division générale des biens en meubles et en immeubles,

---

(1 Portalis, *Exposé des motifs du Titre préliminaire*.

(2) Sur Fœlix, t. i, p. 111, note *a*.

(3) Cf. de Savigny, t. viii, §§ 366-368.

(4) Il faut, sans aucun doute, appliquer la loi de la situation de l'immeuble, toutes les fois que cette loi le considère comme étant grevé du droit dont on veut déterminer la nature, par exemple une rente foncière. Mais il n'en est pas de même lorsque le territoire ne se trouve plus en jeu, par exemple dans le cas où un Français acquiert, moyennant l'aliénation d'un capital mobilier, une rente perpétuelle contre un étranger dont la loi personnelle reconnaît à une pareille rente le caractère d'immeuble : il faut voir là une créance mobilière (Demangeat, sur Fœlix, t, i, p. 123, note *a*).

7730.

3

mais encore quant à la subdivision des immeubles en trois classes, distinction qui a son importance, notamment au point de vue de l'assiette des hypothèques. Il faut l'étendre également à la distinction des biens qui font partie du domaine public et de ceux qui sont susceptibles d'être acquis par des particuliers.

41. Font partie du statut réel les règles relatives aux droits dont les biens sont susceptibles, par exemple la propriété et ses démembrements, les droits de jouissance, la possession. Ainsi, l'étranger peut être exproprié, pour cause d'utilité publique, des immeubles qu'il possède en France, moyennant une juste et préalable indemnité. Il est assujetti, pour ces immeubles, aux servitudes qui dérivent de la situation des lieux et à celles qui sont établies par la loi. Lorsqu'il constitue sur ces biens une servitude réelle, ou un usufruit, ou enfin un droit d'usage ou d'habitation, comme lorsqu'il en devient le titulaire, il est soumis à toutes les charges et obligations qui en découlent, de même qu'il peut prétendre à tous les droits et avantages qu'ils procurent. Enfin, ces immeubles sont grevés des mêmes droits de suite accessoires aux créances, c'est-à-dire des mêmes priviléges et hypothèques, que s'ils appartenaient à des Français ; le mode d'établissement et de conservation de ces droits, leur rang, les formalités de la purge, etc., voilà autant de questions qui dépendent du statut réel. Il faut y classer également l'expropriation forcée et l'ordre, car la distribution, entre les divers créanciers du débiteur, du prix de vente des immeubles grevés, n'est autre chose que l'exercice sur ce prix de ses droits d'hypothèque ou de privilége (1). Il n'y

____

(1) Alors même que c'est à la suite d'une faillite qu'a lieu la procédure

a point lieu de distinguer entre les hypothèques conventionnelles et judiciaires (1) ; celles-ci sont soumises, comme les autres, à la loi du lieu de la situation : ainsi, les jugements ou sentences arbitrales rendus en pays étranger ne peuvent emporter hypothèque sur les immeubles de la partie condamnée qui sont situés en France, que par la réunion des conditions sous lesquelles la loi française le permet (2).

Lorsque la législation française interdit d'établir certains droits sur les immeubles, par exemple de constituer sur eux des services fonciers ayant un caractère personnel, ou de les grever par convention d'une hypothèque générale, cette prohibition a tous les caractères d'un statut réel, car la violation qu'en ferait un étranger serait une atteinte portée à la souveraineté française, en même temps qu'un trouble pour l'ordre public.

Remarquons enfin, en passant, bien que ce soit une question de droit public plutôt que de droit privé, que tous les immeubles situés en France sont soumis à l'impôt foncier, quel qu'en soit le propriétaire, et qu'à l'inverse les impôts français ne frappent, en règle générale, que les biens situés en France.

42. Les dispositions relatives aux modes d'acquisition

---

d'ordre, c'est suivant la loi du lieu de la situation de chacun des biens du débiteur que doit se faire la distribution du prix. Néanmoins, les États sur le territoire desquels ces biens sont situés peuvent reconnaître, s'il leur convient, la compétence du tribunal du lieu de l'ouverture de la faillite.

(1) Pour les hypothèques légales, v. *supra* n° 35.

(2) On sait qu'une déclaration d'exécution émanée d'un tribunal français suffit pour attribuer à un jugement étranger le pouvoir d'emporter hypothèque en France (art. 2123), et pour autoriser l'inscription hypothécaire.

ou de transmission, à titre onéreux ou gratuit, des droits réels sur les immeubles, appartiennent au statut réel. Ainsi, un étranger ne saurait transmettre, soit à un Français, soit à un autre étranger, des immeubles situés en France, que par les modes de transmission qu'autorise la loi française : il ne peut faire valablement, quant à ces biens, d'institution contractuelle (1) ou de substitution (2), que dans les cas exceptionnels dans lesquels le Code Napoléon permet ces sortes de dispositions. A l'inverse, on ne tient aucun compte, relativement aux biens sis en France, des dispositions des lois étrangères qui ne permettent de disposer des immeubles que d'une certaine manière, ou qui défendent de disposer par testament de certains biens : on a jugé, notamment, qu'un testament fait par un étranger en pays étranger, et dont les dispositions ne pourraient être exécutées aux termes des lois de son pays, peut néanmoins avoir effet en France, d'après les lois françaises, relativement aux immeubles qui y sont situés ou même aux hypothèques dont ils se trouvent grevés au profit d'étrangers (3).

La vente, l'échange, le louage, le nantissement et, en général, tous les contrats relatifs aux immeubles, font

---

(1) Cass., 3 mai 1815.

(2) La Cour des Rôles de Londres a appliqué dans une affaire remarquable (aff[re] *Nelson*) le principe que les lois relatives aux substitutions font partie du statut réel. — V. la *Gazette des tribunaux* du 19 nov. 1846.

(3) Mais toutes les questions relatives à la capacité restent sous l'empire de la loi nationale des contractants : ainsi, un legs fait entre des époux auxquels les lois de leur pays défendent de s'avantager. ne peut être exigé même sur les immeubles que le testateur a laissés dans un pays où les époux peuvent se faire telles donations qu'il leur plaît (Cass., 2 juin 1806).

partie du statut réel pour toutes celles de leurs dispositions qui sont conçues dans un esprit d'intérêt général,
et destinées à assurer ce que l'on pourrait appeler *l'ordre public en matière de propriété.* Telle est la prohibition des monopoles ; telles sont les règles concernant la
faculté de rachat, car l'exercice du droit de réméré
touche à la question de la fixité de la propriété. Nous
pensons qu'il faut en dire autant des règles relatives à
la rescision pour lésion, et nous ne partageons point
l'opinion des auteurs qui veulent, comme M. Demangeat,
trancher cette question par la loi personnelle du vendeur,
parce que, disent-ils, elle touche à sa capacité (1),
attendu que son objet direct et principal est de le protéger : il nous paraît que c'est moins dans un sentiment
de compassion générale pour les vendeurs que dans la
considération du tort que causerait à l'intérêt public, au
point de vue de l'économie sociale, la trop grande vilité
du prix des immeubles, qu'il faut chercher l'esprit qui a
dicté ces dispositions, et que cette question touche, d'ailleurs, de trop près à la stabilité des transmissions de
propriété, c'est-à-dire au régime même des biens, pour
qu'on puisse se refuser à ranger la loi qui s'en occupe
parmi celles qui affectent directement et principalement
les choses.

Parmi les modes d'acquérir la propriété, la donation,
et particulièrement la donation entre-vifs, est celui qui

---

(1) En effet, il est bien entendu qu'il faut toujours se reporter au statut
personnel pour tout ce qui tient à la capacité des parties ; et, pour tout ce
qui dépend de leur intention, au statut qui règle l'interprétation des conventions.

rentre dans le statut réel de la manière la plus intime. En effet, en pareille matière, où tout est de droit strict, où la plupart des dispositions de la loi ne sont plus simplement permissives ou interprétatives, mais sont conçues dans les termes impératifs ou prohibitifs les plus absolus, la libre volonté des parties se trouve refoulée dans des limites plus étroites, et le terrain qu'elle perd entre dans le domaine du statut réel. Ainsi, la nécessité de l'investiture, de l'acceptation expresse du donataire (1), de la transcription, les conditions qui peuvent être opposées à la donation et leurs effets, les cas dans lesquels la donation peut être révoquée et les effets de cette révocation, etc., voilà autant de questions qui se rattachent directement à la condition juridique des biens et dépendent, par conséquent, de la loi du lieu de la situation. Une donation d'immeubles sis en France, quoique faite en pays étranger, et par un étranger au profit d'un autre étranger, ne peut, par conséquent, avoir aucun effet en France, si elle n'est absolument conforme à toutes les prescriptions de la loi française.

Il est de principe, d'ailleurs, que toutes les conditions imposées par le statut réel doivent être observées pour la transmission, par quelque mode que ce soit, de la propriété des immeubles, et sans qu'il y ait à distinguer entre celles qui sont exigées pour la transmission *inter partes*, et celles dont l'accomplissement n'est nécessaire que pour rendre la transmission valable *erga omnes*. Ainsi, les étrangers sont soumis, comme les Français, à

---

(1) Paris, 20 déc. 1842.

la règle en vertu de laquelle aucun acte translatif de droits réels sur des immeubles sis en France ne peut être opposé aux tiers qu'à dater du jour de la transcription (L. du 23 mars 1855).

On n'a point prétendu qu'il y eût lieu de faire exception, à l'égard de la prescription acquisitive, au principe qui veut que le statut réel embrasse tous les modes d'acquisition de la propriété; mais l'on a soutenu quelquefois que c'était une institution du droit civil dont le bénéfice devait être refusé aux étrangers, doctrine qui aurait pour conséquence d'empêcher la prescription de s'accomplir conformément à la loi française sur les immeubles situés en France, toutes les fois que ce serait à un étranger qu'elle devrait profiter. D'une part, nous répudions formellement la doctrine qui distingue entre les modes d'acquérir du droit des gens et ceux du droit civil, pour réserver ceux-ci aux nationaux; d'autre part, nous ferons observer que la prescription ne saurait être rangée parmi les modes du droit civil, car elle n'est point un mode spécial d'acquérir, mais seulement la présomption légale de l'existence d'un mode ordinaire. — Nous estimons que la loi qui règle la prescription acquisitive est réelle dans toutes ces parties, même celles qui déterminent les causes de suspension toutes personnelles ; car, dans la combinaison des deux éléments qui se trouvent conciliés dans ces dispositions, savoir la faveur due à la personne d'une part, et, d'autre part, la nécessité de ne point laisser trop longtemps la propriété incertaine, il nous paraît que c'est cette dernière considération qui a dû prédominer : c'est au législateur du lieu de la situation des biens qu'il appartient d'apprécier s'il n'y a point d'inconvénient à retarder de telle ou telle manière, dans telle ou telle circonstance donnée, la stabilité de la propriété.

L'accession et l'occupation font bien certainement partie du statut réel, de même que les autres modes d'acquérir.

43. Nous avons rejeté à la fin de cette énumération un mode de transmission relativement auquel il s'est élevé quelques controverses, que nous nous proposons d'examiner maintenant : nous voulons parler de la succession. — Une succession immobilière est la transmission à titre universel d'une universalité d'immeubles : elle doit donc dépendre du statut réel, comme les transmissions à titre particulier d'un ou plusieurs immeubles déterminés. Cependant, plusieurs auteurs, tels que MM. Fœlix et Zachariæ, prétendent que la succession d'un étranger doit être régie par la loi étrangère, même quant aux immeubles qu'il a laissés en France ; en d'autres termes, ils font rentrer dans le statut personnel les lois relatives à la succession même immobilière. La base principale de leur argumentation consiste dans cette idée que l'universalité du patrimoine du défunt forme un être de raison purement idéal, qui n'a point de situation et devient, pour ainsi dire, la continuation de sa personne (1), et qui doit par conséquent être régi, comme sa personne elle-même, par la loi de la nation à laquelle il appartient. Ils ajoutent que la succession ab intestat, reposant sur la volonté présumée du *de cujus*, doit être dévolue suivant la loi à laquelle il a entendu, par son silence,

---

(1) *Nondum adita hereditas personæ vicem sustinet, non heredis futuri, sed defuncti* (Inst., *De hered. instit.*, § 2).

s'en remettre de ce soin ; ils signalent aussi les inconvénients qui résulteraient, pour les tiers, de la division
d'un patrimoine unique en autant de successions particulières qu'il y a de territoires différents sur lesquels
sont situés les immeubles du défunt, et prétendent, enfin,
que l'État est complétement désintéressé dans la question, car peu lui importe que les biens soient dévolus à
telle ou telle personne. — Nous pensons, toutefois, que
c'est la loi du lieu de la situation qui doit régir la succession immobilière, car la loi sur les successions est
une loi éminemment politique, s'inspirant toujours des
idées sociales qui prédominent à l'époque de sa confection, et consacrant en conséquence l'égalité ou le privilége, favorisant le morcellement ou la concentration des
fortunes. C'est ainsi que la loi française tend à fractionner la propriété foncière dans l'intérêt de l'agriculture :
il est donc d'intérêt public que cette loi saisisse toutes
les successions immobilières qui s'ouvrent en France,
que le défunt soit Français ou qu'il soit étranger (1).
D'ailleurs, il n'est point vrai de dire que le législateur
ne tient compte, en matière de succession ab intestat,
que de la volonté du défunt : il n'hésite point à sacrifier
cette considération aux raisons d'intérêt public, et, certes, lorsque le Code Napoléon appelle un collatéral au
douzième degré à concourir avec le père ou la mère ; lorsqu'il préfère ce même collatéral au conjoint ; lorsqu'il

____

(1) Cass., 29 avr. 1850.—Valette, sur Proudhon, I, p. 97 et suiv.; Demangeat, *Hist. de la cond. civ.*, n° 74 ; sur Fœlix, n° 66, *Observ.*; Demolombe,
I, 91.—Ce principe a été reconnu par le traité du 11 janv. 1787 entre la
France et la Russie (art. 16).

établit une réserve, dévolution légale d'une partie des biens, que ne peut modifier la volonté même expresse du *de cujus ;* lorsqu'il annule en principe les substitutions,— on ne saurait prétendre qu'il se règle uniquement d'après les affections présumées du défunt. Enfin, il est inexact de dire que, lorsque l'on s'occupe de l'universalité du patrimoine d'une personne, il faut faire abstraction des objets qui le composent : ce n'est point de cette universalité, être idéal, que l'on s'occupe, mais de la transmission des immeubles qui la constituent, et plus cette transmission devient étendue, plus il importe, pour sauvegarder la souveraineté territoriale, d'écarter rigoureusement l'application des lois étrangères. Il paraît bien difficile, du reste, de soutenir une doctrine contraire en présence des termes généraux de l'art. 3, 2ᵉ al., qui soumet à la loi française tous les immeubles situés sur notre territoire, sans établir la moindre exception, ni faire la moindre distinction (1).

Par application du principe que les lois relatives aux successions font partie du statut réel, il faut décider qu'on doit appliquer la loi du lieu de la situation, non-seulement pour connaître quels sont les héritiers appelés et quel est l'ordre de leur vocation, mais encore pour savoir quelles sont les règles relatives à la saisine, à la représentation, à l'acceptation et à la renonciation, aux conditions et aux effets du bénéfice d'inventaire (2), au

---

(1) On trouve exprimé dans un vieux monument du droit germanique, le Miroir de Saxe, ce principe, que la loi de succession appartient au statut réel : *Erbe nimmt man nach des Landes Recht, und nicht nach des Mannes Recht* (passage cité par M. Demangeat, nᵒ 74).

(2) Ainsi, la question de savoir si l'héritier bénéficiaire est déchu de son

partage et à sa rescision, ainsi qu'à la garantie des lots, au rapport, à la réduction, au payement des dettes, etc. Pour la solution de toutes ces questions, on appliquera la loi française aux immeubles sis en France, alors même que le *de cujus* sera un étranger et quelle que soit, d'ailleurs, la nationalité des héritiers ; réciproquement, si un étranger ou un Français laisse des immeubles situés en pays étranger, c'est par la loi de ce pays que l'on doit régler la dévolution par succession et le partage de ces biens (1). Que si la même personne laisse des immeubles en France et à l'étranger, on procède comme s'il y avait deux successions différentes, et, pour régler la dévolution de chacune d'elles, on applique exclusivement la loi du lieu de sa situation, abstraction faite de l'autre (2). Néanmoins, aux termes de la loi du 14 juillet 1819 (art. 2), les héritiers français sont admis, dans le cas où une succession comprend des biens situés en pays étranger et en France, à prélever sur ceux-ci une part égale à celle dont ils seraient exclus sur les biens étrangers, en vertu des lois ou coutumes locales.

Les dispositions de la loi qui réduisent les droits de l'enfant naturel reconnu à une portion déterminée, font

---

bénéfice par l'aliénation d'immeubles de la succession sans formalités de justice, doit se décider uniquement par la loi de la situation des biens vendus, sans avoir égard à la loi du lieu de l'ouverture de la succession (Cass., 26 janv. 1818).

(1) Paris, 1er février 1836 ; Cass., 28 avr. 1836 ; 16 févr. 1842.

(2) Colmar, 12 août 1817, Cass., 8 déc. 1840. — Les tribunaux français n'ordonnent le rapport que relativ.ment à la masse ou valeur des biens situés en France, sans se préoccuper de la consistance générale de la succession (Cass., 14 mars 1837).

également partie du statut réel, car elles constituent l'une des branches de la loi des successions. Il faut en dire autant de l'incapacité, pour cet enfant, de rien recevoir au delà de ce qui lui est attribué par ces dispositions. Pour soutenir que cette incapacité est plutôt une question de statut personnel, on prétend qu'elle a pour base unique la défaveur attachée à la naissance de cet enfant, et l'on fait remarquer qu'il est permis au *de cujus* de donner à un étranger ce qu'il lui est interdit de donner à son enfant naturel : cette prohibition n'a donc point pour but, dit-on, d'assurer la conservation des biens dans la famille légitime ! Nous répondrons que l'incapacité prononcée contre l'enfant naturel a pour but de maintenir à son égard, et malgré la volonté contraire du défunt, l'ordre légal des successions : ce qui prouve que cette incapacité est établie dans l'intérêt des successeurs réguliers, c'est qu'elle cesse lorsqu'il n'existe pas de parents au degré successible ; et si la loi défend vis-à-vis de l'enfant naturel seulement ce qu'elle laisse facultatif vis-à-vis d'un étranger, c'est qu'il faut édicter la prohibition là où est le danger : *lex arctius prohibet quod facilius fieri potest*. D'ailleurs, l'incapacité de l'enfant naturel varie suivant le nombre et la qualité des héritiers qui existeront à l'ouverture de la succession, et s'estime non pas au moment où la disposition est faite, mais au moment de la mort ; or, une incapacité qui n'est que momentanée et relative ne saurait être qu'un moyen et non un but : celle que prononce l'art. 908 est un moyen d'assurer l'observation de l'art. 757.

Une autre conséquence du principe que la loi des successions est une dépendance du statut réel, c'est que les dispositions qui fixent la quotité disponible et prohibent toute donation entre-vifs ou testamentaire au préjudice de la réserve, font également partie de ce statut. En effet, la réserve est une sorte de succession ab intestat forcée, et les dispositions qui sont destinées à l'assurer, telles que les règles concernant la réduction, ont pour but unique la conservation des biens dans les familles; elles n'ont en vue que les biens eux-mêmes et leur transmission aux réservataires; elles n'ont en aucune façon pour objet de déclarer le disposant incapable, car, si les réservataires viennent à prédécéder, les libéralités excessives qu'il a pu faire restent parfaitement valables, ce qui démontre qu'elles n'excédaient pas les limites de sa capacité. D'ailleurs, la quotité disponible varie suivant le nombre et la qualité des héritiers à réserve : qu'est-ce à dire, sinon que l'on tient compte exclusivement de l'intérêt de ces derniers, et que l'on ne se préoccupe aucunement de la capacité du disposant?

Il est incontestable que c'est encore dans le statut réel qu'il faut ranger les dispositions des art. 791, 1130 et 1600, c'est-à-dire la prohibition de renoncer à la succession d'un homme vivant, ou de faire aucune stipulation relativement à une pareille succession.

Enfin, nous n'hésitons pas à étendre aux successions anomales ce que nous venons de dire des successions ordinaires: lorsqu'une loi appelle l'ascendant donateur, l'adoptant ou les frères et sœurs légitimes d'un enfant naturel, à recueillir dans la succession qui vient de s'ouvrir certains biens qui se retrouvent en nature (art. 351, 747 et 766), il s'agit encore d'une question de règlement et de distribution de biens. Le statut qui pose le principe qu'on ne doit point rechercher l'origine ni la nature des biens pour en régler la dévolution (art. 732), est celui que l'on doit consulter pour connaître les exceptions dont ce principe est susceptible.

Rappelons aussi que, si les dispositions concernant le régime des biens appartiennent au statut réel, celles qui sont relatives à la capacité des personnes rentrent, même en matière de succession, dans le statut personnel : ainsi, le religieux prussien, incapable de succéder dans son pays, demeurera frappé de la même incapacité relativement aux immeubles situés en France. En effet, si l'intérêt politique de chaque nation exige que sa loi appelle les successibles dans l'ordre qui lui convient, pour la transmission des biens situés sur son territoire, les convenances internationales veulent que cette loi les prenne tels qu'ils sont habilités par leur loi personnelle. Cette combinaison des deux statuts est conforme aux principes.

44. Nous ne nous sommes occupé jusqu'à présent que des immeubles, et nous avons employé les mots *statut réel* à peu près comme synonymes de ceux-ci : *statut relatif aux immeubles*. Dans ce langage, les immeubles sont les choses (*res*) par excellence, les biens de l'ordre le plus éminent (1). Nous allons examiner la question de savoir dans quel cas la condition juridique des meubles doit être réglée, comme celle des immeubles, par la loi du lieu de la situation.

Il faut distinguer, tout d'abord, entre le cas où les meubles qui se trouvent en France sont considérés iso-

---

(1) Cf. l'art. 59 du Code de Proc. civ., où *réelle* signifie *immobilière*.

lément, et le cas où on les envisage comme universalité.
On s'accorde généralement à reconnaître que, pris individuellement, les meubles corporels ou incorporels doivent être régis par la loi française, alors même qu'ils
appartiennent à des étrangers : ainsi, on appliquera les
dispositions du Code Napoléon et de notre Code de procédure civile pour tout ce qui est relatif aux priviléges
sur les meubles, notamment à l'établissement du droit
de gage ; à la revendication et à la prescription des meubles ; à leur saisie et à leur vente ; au transport des
créances ; à la prohibition d'exporter les meubles, etc. (1).
En effet, les mêmes motifs d'indépendance et de souveraineté territoriale, qui ont fait poser en principe que
la condition juridique des immeubles doit se régler par
la loi du pays où ils sont situés, s'appliquent également
à la condition des meubles toutes les fois que l'on peut
en constater la situation, c'est-à-dire toutes les fois qu'on
les considère individuellement et comme autant de
biens particuliers : il est d'un intérêt public français
que ceux qui se trouvent en France ne puissent faire
l'objet de droits, ou être soumis à des voies d'exécution,
que réprouverait notre législation. Et qu'on ne vienne
point objecter que l'art. 3, deuxième alinéa, en ne sou-

---

(1) Il faut même appliquer aux meubles envisagés comme universalité les
dispositions de la loi française relatives à la déshérence : ainsi, il a été jugé
que les meubles laissés en France par un étranger qui n'a pas d'héritiers
appartiennent à l'État, comme choses sans maître (Paris. 15 nov. 1833 ;
Cass., 28 juin 1832 ; Trib. de Bordeaux, 12 févr. 1852). — Au contraire, on
admet généralement que les objets mobiliers qu'un étranger apporte avec lui
en France, ou qu'il n'y envoie que pour lui être réexpédiés, ne tombent point
sous l'application de la loi française (Fœlix, n° 61).

mettant à la loi française que les *immeubles* situés en France, exclut par là même l'application de cette loi aux *meubles* qui peuvent s'y trouver : — s'il n'a parlé que des immeubles, c'est que, d'une part, dominé encore par cette idée qui avait prévalu dans l'ancien droit, que les meubles étaient des biens d'une valeur insignifiante (*mobilium vilis possessio*), il considérait les immeubles comme l'élément principal des fortunes; et que, d'autre part, il songeait combien était précaire l'action de la loi sur les meubles, puisque leur propriétaire peut si facilement les y soustraire en les déplaçant; l'argument *a contrario* que l'on prétend déduire du texte de l'art. 3 ne saurait, par conséquent, avoir aucune force.

45. Mais la question de savoir quel statut il faut appliquer aux meubles envisagés comme universalité, au point de vue de leur transmission par succession, a donné lieu aux plus vives controverses. Trois systèmes se trouvent en présence : l'un applique toujours la loi française aux successions mobilières que des étrangers laissent en France; un autre leur applique toujours la loi étrangère; un troisième, enfin, ne leur applique la loi étrangère qu'autant qu'il n'en résulte pas d'inconvénients pour la France.

Nous croyons qu'il faut écarter tout d'abord ce système mixte. En vain voudrait-on l'appuyer sur l'idée d'une juste réciprocité d'égards entre les nations européennes, et soutenir que l'article 3 semble le supposer par son silence (1) : cette interprétation nous semble contraire à l'esprit de la loi française, qui ne paraît point avoir été

---

(1) Valette, sur Proudhon, 1, 99 ; Demolombe, 1, 94.

guidée, dans la solution des conflits entre plusieurs législations, par des considérations aussi égoïstes, ni avoir sacrifié injustement les principes du droit aux intérêts de ses nationaux (1) ; d'ailleurs, on ne voit nulle part qu'elle ait subordonné à une réciprocité diplomatique l'application des lois étrangères, dans les cas où elle a cru devoir l'autoriser.

Dans l'opinion qui applique toujours la loi française aux successions mobilières laissées par des étrangers, on prétend qu'il n'existe point de motif suffisant de distinguer entre la transmission des meubles à titre particulier et leur dévolution à titre universel. Tous les biens qui se trouvent sur notre territoire doivent être sous la garantie de nos lois : sans doute, il est facile d'éluder les dispositions de la loi concernant les meubles en changeant leur situation ; mais tant qu'ils n'ont point été déplacés, l'action de cette loi s'opère ; or, la loi qui peut avoir le plus d'action sur eux est celle du lieu dans lequel ils se trouvent en fait, car c'est la seule dont l'observation puisse être assurée. Pourquoi viendrait-on établir la fiction que les meubles n'ont point de situation, alors qu'ils en ont une réellement, situation instable sans doute, mais pas plus que ne l'est le domicile ? Et si cette fiction est exacte, pourquoi en restreindre l'application aux meubles considérés comme universalité ? (2) — On ajoute que l'administration des domaines paraît adopter ce système, puisqu'elle perçoit les droits de mutation sur toutes les suc-

---

(1) V. *supra* n° 22. — Cf. néanmoins la loi de 1819, art. 2.

(2) Rouen, 25 mai 1813 ; Cass., 29 août 1837. — Ducaurroy, Bonnier et Roustain, I, § 24 ; Marcadé, sur l'art. 3, n° 6.

cessions mobilières ouvertes en France, même entre étrangers (1) ; — mais il faut répondre que cette manière d'agir tient uniquement à ce que l'impôt est le prix de la garantie qui protège tous les biens situés en France, quel qu'en soit le propriétaire (2).

Nous estimons qu'il faut adopter, au contraire, le système qui applique toujours à la succession mobilière d'un étranger la loi du domicile de cet étranger. Cette décision, conforme aux traditions de l'ancien droit (3), repose sur la fiction que les meubles sont réputés ne point avoir d'autre situation que le lieu du domicile de leur propriétaire, fiction formulée en adage (*mobilia persosonam sequuntur; mobilia ossibus personæ cohærent*) et qui, adoptée d'abord au sein de chaque pays, a été étendue, pour la convenance mutuelle des États, au droit international. Mais le véritable motif qui fait proclamer ainsi que les meubles n'ont point d'assiette fixe et sont ambulatoires, comme la personne à laquelle ils appartiennent, c'est qu'il est de l'intérêt commun des nations que les droits des successibles ne dépendent point d'un pur effet du hasard : rien ne saurait contribuer davantage à favoriser les établissements et les voyages des étrangers en France, que la certitude de ne point exposer à l'application de là loi française les valeurs mobilières qu'ils pourront y laisser (4). — Nous pensons donc que le règlement des successions mobilières ne rentre point, comme

---

(1) Cass., 29 août 1837.

(2) Avis du Conseil d'État du 11 févr. 1829.

(3) Boullenois, i, p. 338 ; Dumoulin, sur Orléans, art. 24 ; d'Argentré, sur Bretagne, art. 218, glose 6 ; Bouhier, sur Bourgogne, ch. 25 ; Pothier, *Traité des choses*, § 3.

(4) Paris, 1er févr. 1836 ; 3 févr. 1838 ; 13 mars 1850 ; Grenoble, 25 août

celui des successions immobilières, dans le statut réel ; mais nous ne le rangeons dans le statut personnel qu'avec une restriction. Nous avons décidé, en effet (1), que, pour les dispositions concernant l'état et la capacité des personnes, ce n'est point à la loi du lieu de leur domicile qu'on doit se reporter, mais bien à la loi de la nation à laquelle elles appartiennent. Au contraire, dans la matière qui nous occupe en ce moment, il nous paraît raisonnable de se référer à la loi du domicile. Quelle est, en effet, l'idée qui nous fait écarter l'application du statut réel ? C'est que la dévolution d'une succession mobilière ne doit point dépendre de la circonstance fortuite que les biens qui la composent se trouvent actuellement dans tel ou tel pays. Or, c'est au lieu où le *de cujus* avait son principal établissement, c'est-à-dire au lieu de son domicile, que ses meubles étaient destinés à se retrouver en définitive ; c'est donc ce lieu qui doit déterminer la loi qui leur est applicable. D'ailleurs, c'est un principe universellement reconnu, que la succession d'une personne s'ouvre au lieu de son domicile, et il n'y a rien que de fort naturel à transporter dans le droit international ce principe proclamé par toutes les législations (2). Il faut donc décider que, lorsqu'un étranger a été autorisé à établir son domicile en France, sa succession même mobilière doit être régie par la loi française (3).

46. La règle suivant laquelle on doit appliquer à la

1848. — Merlin, Répert., v° *Loi*, § 6, n° 3 ; Durauton, I, 90 ; Fœlix, n° 61 ; Demangeat, n° 83 ; etc.

(1) V. *supra* n° 25.

(2) Cf. art. 110 du C. de Napoléon.

(3) Cass., 7 nov. 1826 ; Riom, 7 avr. 1835 ; Paris, 25 mai 1852.

succession mobilière qu'un étranger laisse en France la loi du lieu de son domicile, comporte une exception qui découle de l'article 2 de la loi du 14 juillet 1819 : les héritiers français peuvent exercer sur les meubles corporels ou incorporels qui se trouvent en France le prélèvement que cette disposition établit à leur profit. En effet, cette loi, qui abroge l'article 726 du Code Napoléon, lequel était général, est conçue également en termes généraux, et doit s'appliquer tant aux meubles qu'aux immeubles, car elle ne contient aucune distinction à cet égard. Il est vrai que l'art. 2 de cette loi porte que le prélèvement qu'il autorise s'exercera sur les biens *situés* en France, et que ce mot *situés* paraît se rapporter plus spécialement aux immeubles ; mais le but que se proposait le législateur était de rétablir l'égalité dans l'intérêt des héritiers français, autant qu'il pourrait dépendre de lui, et il n'est pas douteux qu'il n'ait voulu atteindre ce but par tous les moyens possibles (1).

CHAPITRE TROISIÈME.

DES STATUTS QUI RÈGLENT LES ACTES DE L'HOMME.

SECTION PREMIÈRE.

Des lois relatives à la forme des actes.

47. Il est de principe que la forme des actes est régie par la loi du lieu où ils sont passés, c'est-à-dire qu'il suffit,

---

(1) Cass., 27 août 1850 ; 21 mars 1855 ; Paris, 25 mai 1852 ; Tribunal de la Seine, 2 août 1861.

pour la validité extrinsèque tant des actes juridiques que des actes instrumentaires (1), d'observer les formalités extrinsèques prescrites par la loi du pays dans lequel ils sont conclus ou rédigés. C'est ce que l'on exprime par l'adage *locus regit actum*.

48. Ce principe est fondé sur deux motifs principaux: la nécessité d'épargner aux personnes qui possèdent des biens dans différents pays l'embarras et la difficulté de rédiger autant de testaments ou de contrats qu'elles ont d'immeubles situés sous l'empire de législations diverses, ou de remplir dans un même testament ou contrat toutes les solennités exigées par chacune d'elles; l'impossibilité pour une personne qui se trouve en pays étranger d'observer les formalités prescrites par la loi de la nation à laquelle elle appartient ou la loi de la situation de ses biens, les officiers publics étrangers ne pouvant instrumenter que dans les formes consacrées par la législation de leur pays (2).

49. La règle *locus regit actum* avait été consacrée par un article formel du projet du titre préliminaire (3), article qui fut retranché comme inutile, « tant est évident, » disait-on, « le principe qu'il consacre. » Cette suppression avait aussi d'autres motifs : on voulait laisser aux juges un pouvoir discrétionnaire dans certaines hypothèses, par exemple en cas de dol, notamment dans le

---

(1) On donne le nom d'*actes instrumentaires* aux écrits destinés à constater les actes juridiques.

(2) J. Voet, ad tit. *De statutis*, ff., nᵒˢ 12 et 13. — Cf. de Savigny, t. VIII, § 381.

(3) Art. 5 : « La forme des actes est réglée par la loi du pays dans lequel « ils sont faits ou passés. »

cas où un Français se rendrait en pays étranger dans le but unique d'y faire en la forme privée un acte qu'il ne pourrait faire en France qu'en la forme authentique. Enfin, l'on craignait que les termes généraux de l'article ne pussent induire en erreur et faire croire, par exemple, que toutes les formalités, même habilitantes, telles que le consentement des père et mère au mariage, seraient subordonnées à la loi du lieu de la célébration (1). Mais l'on reconnaissait unanimement l'exactitude du principe, restreint dans ses justes limites, et l'on en rencontre des applications dans les art. 47, 170 et 999.

50. L'art. 47 porte que tout acte de l'état civil des Français et des étrangers, fait en pays étranger, fera foi, s'il a été rédigé dans les formes usitées dans ledit pays. Ainsi, l'on peut toujours prouver par témoins, même sans commencement de preuve par écrit, les naissances, mariages et décès qui ont eu lieu dans un pays dont la législation ne prescrit pas la rédaction d'actes destinés à les constater (2).

51. L'art. 170 applique la même règle, d'une manière spéciale, aux mariages contractés en pays étranger : ils sont valables s'ils ont été célébrés dans les formes usitées dans le pays (3). Ainsi, un acte de mariage reçu dans un

___

(1) Locré, *Lég. civ.*, t. i, p. 380 et suiv.

(2) Paris, 9 août 1813. — Cf. Cass., 12 août 1828.

(3) Toutefois, les législations qui exigent le mariage religieux peuvent ne point se contenter d'un mariage civil célébré à l'étranger, et considérer la forme qu'elles prescrivent comme étant obligatoire partout (de Savigny, t. viii, p. 352) : c'est ce que décidait l'art. 64, 2e al. du Code sarde (Lettre du garde des sceaux au procureur du roi près le tribunal de la Seine, en date du 12

pays où les dispositions du concile de Trente sont encore en vigueur, doit faire foi en France, quoiqu'il ait été simplement inscrit sur un registre tenu par le curé et ne soit revêtu d'aucune signature (Concile de Trente, session 24, ch. 1) (1). Les tribunaux français doivent même reconnaître la validité d'un mariage contracté en pays étranger sans aucun acte écrit, s'il réunit les conditions de forme prescrites par la loi du lieu de sa célébration, et admettre la preuve d'un mariage par la possession d'état, lorsque ce genre de preuve est reconnu par la loi du pays où le mariage a eu lieu (2).

52. Indépendamment de l'observation des formes usitées dans le pays, l'art. 170 veut que le mariage contracté à l'étranger ait été précédé des publications prescrites par l'art. 63, et que les règles du statut personnel n'aient point été violées. Cet article ne prononce pas la nullité de tout mariage célébré contrairement à ses dispositions : cependant, l'on a soutenu que l'absence de l'une des conditions qu'il exige suffit pour entraîner cette nullité. Nous pensons, au contraire, que les mariages contractés par des Français en pays étranger ne peuvent être annulés que dans les cas où l'on pourrait en prononcer la nullité en les supposant contractés en France, et que, notamment, le défaut de publications en France ne suffit pas par lui-même pour produire ce résultat, si le ma-

---

déc. 1831), disposition aujourd'hui abrogée. — Il faut en dire autant d'une ordonnance du roi de Bavière, qui défend à ses sujets de contracter à l'étranger un mariage religieux sans que le mariage civil ait précédé, à peine de nullité (Gazette des tribunaux des 1er et 2 sept. 1856).

(1) Cass., 16 juin 1820 ; Bordeaux, 10 août 1831.

(2) Paris, 12 févr. 1856. — Demangeat, sur Fœlix, t. I, p. 412, note a.

riage n'est point d'ailleurs entaché de clandestinité, et si cette omission n'a pas eu lieu dans le but d'éluder les dispositions de la loi française et de faire impunément, en pays étranger, ce qu'il était impossible de faire en France (1). Dans le système contraire, qui considère l'absence de publications comme suffisante pour entraîner la nullité d'un mariage célébré à l'étranger (2), on se fonde sur ce que les mots *pourvu que,* dont se sert l'art. 170, indiquent que les conditions qu'il exige sont imposées à peine de nullité ; on ajoute que les dispositions pénales qui frappent les officiers publics français, lorsqu'ils procèdent indûment à la célébration d'un mariage, ne pouvant atteindre les officiers publics étrangers, les prescriptions de la loi resteraient sans sanction, si la nullité du mariage ne pouvait être prononcée. Nous répondrons que l'argument *a contrario* que l'on prétend tirer de l'art. 170 est sans force, car il est de principe, en matière de mariage, que la nullité n'est pas attachée à l'inobservation de toutes les dispositions impératives de la loi, et que certains empêchements sont purement prohibitifs. Nous ajouterons aussi que les nullités doivent être prononcées par un texte formel, et ne sauraient être créées par induction. En vain dirait-on qu'il y a incompétence de l'officier public étranger, lorsque les conditions de l'art. 170 n'ont pas été remplies, et que l'incompétence de l'officier de l'état civil est une cause de nullité du mariage : ce serait une pétition de

---

(1) Cass., 9 mars 1831; 10 mars 1841; 17 et 20 août 1841; 28 mars 1854; Paris, 28 juin 1844; Bordeaux, 14 mars 1850, etc.

(2) Cass., 6 mars 1837; Angers, 12 janv. 1838; Paris, 10 déc. 1837; 30 mai et 4 juill. 1839.

principe, car la question est précisément de savoir s'il y a incompétence en pareil cas, si l'art. 170 subordonne à ces conditions la compétence de l'officier étranger; or, il paraît à peu près incontestable que ces conditions ne sont point des conditions de compétence : ce sont des actes que les parties doivent faire antérieurement. Le défaut de publications (1) peut compromettre pour un mariage contracté en France, comme pour un mariage célébré à l'étranger, le droit qu'ont les tiers de former opposition : cependant, le Code n'a pas cru devoir y attacher dans ce cas la peine de la nullité; et, s'il est vrai que, lorsque c'est en pays étranger que le mariage est contracté, cette omission peut permettre aux parties de s'affranchir des conditions imposées par la loi française, les tribunaux auront toujours le pouvoir, alors qu'ils reconnaîtront les traces de cette mauvaise foi, de prononcer la nullité du mariage, pour défaut non point seulement de *publications*, mais de *publicité*.

53. Nous devons rapprocher de l'art. 170, qui déclare suffisante, pour la validité d'un mariage célébré à l'étranger, l'observation des formes usitées dans le pays, les dispositions de l'art. 171, qui prescrit une formalité à opérer dans un lieu autre que celui de la célébration. Lorsqu'un mariage a été contracté en pays étranger entre Français, ou entre Français et étranger, l'acte doit en être transcrit sur le registre public des mariages du lieu du domicile de l'époux français, dans les trois mois après son retour en France; mais nous pensons que cette

---

(1) On doit étendre le même raisonnement au défaut d'actes respectueux. — V. *supra* n° 32.

disposition demeure sans sanction. En effet, il est bien certain, d'une part, que cette formalité n'est point prescrite à peine de nullité du mariage (1); d'autre part, son omission ne saurait avoir non plus aucune influence sur le droit, pour les époux, d'opposer aux tiers l'hypothèque légale (2), car cette hypothèque est une conséquence nécessaire de la validité du mariage, et il n'est jamais entré dans la pensée du législateur français de subordonner les droits de la femme à l'accomplissement de formalités que son mari pourrait, à cause de l'opposition de leurs intérêts, négliger de remplir; d'ailleurs, il n'est point permis de suppléer au silence que garde à cet égard l'art. 171. Enfin, le Code, dans sa rédaction définitive, ne prononce aucune amende pour le cas d'inobservation de cette disposition (3). La sanction n'en consiste donc que dans les difficultés auxquelles sera soumise la preuve du mariage, lorsque l'acte n'en aura pas été transcrit (4).

54. Rappelons, enfin, que les étrangers majeurs qui n'ont pas acquis de domicile en France par une résidence de plus de six mois, sont tenus de faire faire au

---

(1) Rouen, 11 juill. 1827; Cass., 16 juin 1829; 2 févr. 1833.

(2) Bordeaux, 31 août 1837; Douai, 25 août 1851; Cass., 23 nov. 1840; 11 juill. 1855. — *Contra* Cass., 6 janv. 1824; Montpellier, 3 juin 1830.

(3) On ne peut pas dire que le retard dans la transcription de l'acte de célébration du mariage donnerait lieu à la perception d'un double droit, car il n'y a point d'enregistrement pour les actes de l'état civil.

(4) Le Code de Haïti, qui a reproduit dans son art. 156 l'art 171 du Code Nap., en assure l'observation par une amende, et par une disposition qui refuse à l'acte de célébration du mariage à l'étranger tout effet vis-à-vis des tiers, par exemple l'hypothèque légale ou la nécessité de l'autorisation maritale, tant qu'il n'a pas été enregistré au bureau civil (art. 157).

lieu de leur dernier domicile à l'étranger les publications préalables à la célébration de leur mariage, et que l'accomplissement doit en être constaté par un acte émanant des autorités locales (1).

55. L'art. 999 applique aussi la règle *locus regit actum*, en permettant aux Français qui se trouvent en pays étranger de faire leurs dispositions testamentaires par acte authentique, avec les formes usitées dans le lieu où cet acte sera passé. Dans notre ancien droit, déjà, Choppin (2) et Dumoulin (3) soutenaient que le testament fait en pays étranger dans les formes prescrites par le lieu de la confection était valable, contrairement à Cujas (4), qui voulait que l'on observât la loi du domicile du testateur. Aujourd'hui, il est de règle que la forme des testaments est régie par la loi du lieu où ils sont faits (5) : on décide même qu'un testament fait à l'étranger par un Français est considéré comme fait par acte authentique, bien que le ministère d'aucun officier public n'ait été employé, par cela seul que l'on a observé les formes usitées dans le pays pour tester solennellement (6).—Il peut s'élever des controverses sur le point de savoir si telle ou telle disposition de la loi est une pure règle de forme ; la question peut se présenter, notamment, pour la règle de

---

(1) Décision du comité de législation du Conseil d'État, en date du 20 déc. 1823, reproduite dans la circulaire ministérielle du 4 mars 1831.

(2) Sur la Coutume de Paris, l. ii, t. 4, n° 2.

(3) Consultation xliii.

(4) *Observationes*, lib. xiv, c. 12.

(5) Cass., 30 nov. 1831 ; Rouen, 21 juill. 1840.

(6) Cass., 6 févr. 1843; 28 févr. 1854; 3 juill. 1854. En effet, si l'on décidait le contraire, le Français qui ne sait pas écrire n'aurait aucun moyen de tester dans un pays où le testament authentique n'est point en usage.

l'art. 968, qui défend à deux ou plusieurs personnes de faire leurs testaments par un seul et même acte. Est-ce une pure règle de forme, qui peut impunément être violée à l'étranger, si la loi étrangère ne la consacre point? La jurisprudence paraît adopter l'affirmative (1); mais c'est bien à tort, croyons-nous, car il y a là, certainement, une question de capacité relative engagée.

56. L'étude de l'art. 999 nous amène à faire observer que le principe *locus regit actum* est simplement facultatif, et non pas impératif. Ainsi, un acte passé par un Français en pays étranger, suivant les formes prescrites par la loi française, est parfaitement valable, car l'emploi des formes établies à l'étranger est pour lui une faculté plutôt qu'une obligation, et il peut y renoncer, puisque cette faculté n'est établie que dans son propre intérêt (2). Autrefois, les auteurs et la jurisprudence étaient divisés sur cette question : les idées de la féodalité faisaient considérer comme sujet temporaire tout individu qui se trouvait dans un pays, même momentanément, et tendaient à imposer pour la forme des actes, par exemple des testaments, la loi du lieu de la rédaction, à l'exclusion de celle du domicile (3). Aujourd'hui, tous les jurisconsultes s'accordent à reconnaître que les tribunaux français doivent considérer comme valable tout acte fait par un Français, en pays étranger, dans les formes établies par la loi française, et l'art. 999, 1er alinéa, applique cette idée, en autorisant les Français qui

---

(1) Cass., 23 juin 1813; Toulouse, 11 mai 1850; Caen, 22 mai 1850.

(2) Fœlix, n° 83.

(3) Parlement de Paris, arrêt du 15 janv. 1721. — Paris, 7 therm. an IX; Cass., 20 août 1806.

se trouvent à l'étranger à tester dans la forme olographe, alors même que la loi du pays ne reconnaît pas comme valables les dispositions testamentaires faites par acte sous signature privée. Nous pensons qu'il est conforme aux règles d'une juste réciprocité que les tribunaux français reconnaissent comme valables, même quant aux biens situés en France, les testaments faits par des étrangers dans les formes consacrées par la loi de leur pays : il faut, en effet, admettre à leur égard, comme à l'égard des Français, que le principe *locus regit actum* n'est point impératif (1). Toutefois, il ne faut pas aller jusqu'à soutenir que le droit de faire son testament de telle ou telle manière fait partie du statut personnel, car c'est une question de forme et non de capacité ; aussi ne doit-on point hésiter à permettre à un étranger de tester en France dans la forme olographe, alors même que cette forme n'est point reconnue par sa loi nationale (2). — Enfin, si les lois qui règlent la forme des testaments ne nous paraissent point appartenir au statut personnel, il faut dire également qu'elles ne rentrent pas davantage dans le statut réel : nous ne saurions donc nous ranger à l'opinion de M. Duranton (3), qui pense qu'il est permis à l'étranger de tester dans la forme olographe relativement à des immeubles situés en France, alors même que cette forme n'est admise ni par la loi nationale de cet étranger, ni par la loi du lieu où il a testé ; la règle *locus...* ne comporte d'autre exception

---

(1) *Contra* Cass., 9 mars 1853.
(2) Cass., 25 août 1847; Grenoble, 25 août 1848.
(3) VIII, 218; IX, 15.

que celle qui résulte de la nationalité du testateur ; la situation des biens ne peut, par analogie, produire le même effet.

57. Les consuls et les agents diplomatiques français accrédités en pays étranger sont compétents pour recevoir, en se conformant aux lois françaises, certains actes intéressant les Français qui résident dans le lieu où ils exercent leurs fonctions. Le Code l'exprime formellement pour les actes de l'état civil (art. 48), et il faut en dire autant des conventions intervenues entre sujets français (1) ; mais il n'en est pas de même des actes intéressant à la fois un Français et un étranger, par exemple les mariages mixtes, car les agents diplomatiques français sont dépourvus de toute autorité vis-à-vis des étrangers (2) : il faut s'adresser aux officiers publics étrangers, lesquels sont compétents, même à l'égard de la partie française, en vertu du principe *locus...* (3) — Malgré le silence de l'art. 999, on doit décider que les agents diplomatiques français peuvent également recevoir les testaments de leurs nationaux, ainsi que le suppose l'art. 994, qui parle du cas où un bâtiment aborde une terre étrangère *où se trouve un officier public français* compétent pour recevoir les testaments. L'ordonnance de la marine de 1681, liv. I, tit. 9, art. 24, avait autorisé cette manière de tester en pays étranger ; le ministre des affaires étrangères décida, par une circulaire en date du 2 novembre 1815, que cette

---

(1) Rennes, 6 avr. 1835.—Cf., pour les consuls, l'ordonn. du 23 oct. 1833.

(2) Cass., 10 août 1819; Trib. de la Seine, 30 déc. 1837.

(3) Il faut aussi reconnaître que les officiers étrangers sont compétents pour recevoir même les actes de l'état civil qui concernent exclusivement des Français (Cass., 7 juill. 1835).

disposition avait cessé d'être en vigueur (1) ; mais sa décision ayant soulevé de nombreuses réclamations, une nouvelle circulaire, du 22 mars 1834, reconnut de nouveau aux agents diplomatiques de la France le droit de recevoir les testaments publics ou mystiques de leurs concitoyens.

58. Notons une disposition commune à tous les testaments faits par des Français en pays étranger, quelle qu'en soit la forme : c'est l'obligation de les enregistrer au bureau du dernier domicile connu en France du testateur, et en outre, s'ils renferment des dispositions d'immeubles situés en France, au bureau du lieu de leur situation (art. 1000).

59. Les rédacteurs du Code édictèrent, sur la proposition de Bonaparte, des règles spéciales pour les actes de l'état civil concernant les militaires ou autres personnes employées à la suite des armées, qui se trouvent sous les drapeaux, hors du territoire de la France : ils doivent être reçus par les autorités militaires désignées à cet effet (art. 88 et suiv.) — Cette compétence des autorités françaises est-elle exclusive de toute compétence des autorités locales étrangères ? La jurisprudence s'est prononcée négativement (2), surtout à raison des inconvénients que lui a paru présenter le système contraire ; mais l'affirmative, qu'adoptent la majorité des auteurs (3),

---

(1) Trib. de la Seine, 19 mars 1823.

(2) Paris, 8 juill. 1820; Colmar, 25 janvier 1823; Cass., 23 août 1826. — Il est vrai que ces arrêts ont statué dans le cas du mariage d'un militaire français *avec une étrangère;* l'officier public étranger était compétent à l'égard de la femme.

(3) Duranton, I. 232; Valette, sur Proudhon, I, p. 234. — Cf. Cass., 17 août 1815.

nous paraît devoir être préférée, malgré les difficultés pratiques qu'elle occasionne, comme plus conforme au texte et à l'esprit de la loi : à son texte, car l'art. 88 est conçu dans des termes impératifs ; à son esprit, car l'on voulait appliquer cette idée du Premier Consul : « Là où est le drapeau, là est la France. » — Les militaires qui meurent prisonniers de guerre se trouvant éloignés de leur drapeau, il est tout naturel que leurs actes de décès soient rédigés suivant les formes usitées dans le pays (art. 47) (1). — Les art. 981 et suiv. accordent des facilités aux militaires en campagne et aux personnes qui se trouvent sur mer, ou dans un lieu avec lequel toute espèce de communication est interceptée pour cause d'épidémie, en leur permettant de tester dans des formes spéciales ; mais ces testaments privilégiés doivent être refaits dans la forme ordinaire, après l'expiration d'un certain délai depuis le retour du testateur en France.

60. Nous venons de passer en revue les applications textuelles que le Code Napoléon a faites de ce principe, que la forme extrinsèque des actes est régie par la loi du lieu où ils sont passés. Les articles que nous avons cités ne doivent être considérés que comme des exemples : le principe s'applique à tous les actes licites, conventionnels ou non, authentiques ou sous seing privé, et l'acte ainsi fait est valable tant par rapport aux immeubles que par rapport aux meubles (2). On a soutenu qu'il de-

---

(1) Instruction du ministre de la guerre, du 24 brum. an XII.

(2) Toutefois, il faut observer dans le lieu de la situation des immeubles les formes particulières qui sont exigées par la loi de ce lieu et qui ne peuvent être remplies ailleurs, telles que l'inscription ou la transcription, sur les registres tenus dans un territoire, des actes constitutifs de droits réels ou trans-

vait rester sans application pour les actes que chacun fait soi-même , sans recourir au ministère d'un officier public, et que, par exemple, les Français qui passent des actes sous signature privée en pays étranger sont tenus d'observer les formes prescrites par les art. 1325 et 1326, alors même qu'elles ne sont point requises par la loi du lieu de la rédaction ; — mais, s'il est vrai que les motifs de la règle *locus...* sont moins puissants en pareil cas que lorsqu'il s'agit d'actes authentiques , il n'y a point de raison suffisante pour admettre que les lois concernant la forme des actes suivent jamais les Français en pays étranger, à l'égal de celles qui constituent le statut personnel (2). — Enfin, le principe dont nous étudions la portée s'étend même aux actes commerciaux : aussi doit-on admettre, non-seulement que la forme de la lettre de change est régie par la loi du lieu où elle est faite (3), mais encore que, pour la forme de chacun des contrats successifs dont elle se compose, tels que les endossements, l'acceptation, etc., on doit considérer la loi du lieu de sa rédaction , car ils sont tous indépendants de l'acte principal (4).

61. C'est une question vivement controversée dans la doctrine, que celle de savoir si les actes juridiques pour

---

latifs de propriété d'immeubles situés sur ce territoire : ce sont, en effet, des dispositions accessoires du statut réel (Demolombe, I, 107).

(1) Ducaurroy, Bonnier et Roustain, I, 26.

(2) On ne peut aller, dans le système que nous combattons, jusqu'à subordonner la validité d'un acte privé passé entre Français et étrangers à l'observation des art. 1325 et 1326 : or, l'on ne saurait trouver dans la loi aucun motif de distinguer entre ce cas et celui où toutes les parties sont françaises.

(3) Trèves, 28 avr. 1809; *contra* Trèves, 20 frim. an XIV.

(4) *Contra* Paris. 2 juill. 1842.

la validité desquels la législation française prescrit la rédaction d'un acte authentique, tels que les reconnaissances d'enfants naturels, les contrats de mariage et les donations, peuvent être faits en pays étranger dans la forme sous seing privé, quand la loi du lieu de la rédaction se contente de cette forme. A l'appui du système qui exige, même en pareil cas, la rédaction d'un acte solennel, on dit qu'il faut renfermer le principe *locus...* dans les limites de la nécessité ; qu'on doit l'appliquer en ce sens que peu importe, pour la solennité de l'acte public, que les formes usitées en pays étranger diffèrent de celles qui sont adoptées en France, mais qu'il ne saurait dispenser d'observer la condition même de l'authenticité toutes les fois qu'il est possible de la remplir. On ajoute qu'il y aurait de graves dangers à permettre à un Français de reconnaître un enfant naturel ou de faire une donation par acte sous seing privé, car la solennité de l'acte authentique est une garantie de la liberté de son aveu ou de sa disposition et constitue, en quelque sorte, une formalité habilitante qui se rattache au statut personnel. Quant aux conventions matrimoniales, cette condition d'authenticité assure la paix du ménage et garantit les intérêts des tiers, en empêchant toute modification secrète aux clauses du contrat(1).—Mais l'on répond, en faveur de l'opinion contraire, que la différence entre l'acte authentique et l'acte privé est uniquement une différence de forme et que, par conséquent, la forme sous seing privé, dans un pays qui admet cette forme pour tel ou tel acte, doit équivaloir à la forme authentique dans un autre pays qui exigerait l'au-

---

(1) Ducanton, I, p. 56; Delvincourt, I, p. 14, note 2

thenticité pour ce même acte (1) ; on ajoute qu'il est des pays où l'on ne trouve point d'officiers publics chargés de recevoir les actes et de leur conférer le caractère de l'authenticité, et que, même dans les pays où cette institution existe, les officiers publics pourraient refuser leur ministère au Français qui veut faire un contrat de mariage, ou une donation, ou une reconnaissance d'enfant naturel, en alléguant que ces actes, ne pouvant se faire, suivant la loi qui les a institués, que dans la forme sous seing privé, sont en dehors de leurs attributions et, par suite, de leur pouvoir (2).

62. Ce système, que nous adoptons, pourrait présenter de graves inconvénients s'il était admis d'une manière absolue et sans aucun tempérament, car il pourrait arriver que des Français se rendissent en pays étranger dans le but unique d'y passer, en la forme privée, des actes qu'ils ne pourraient faire en France que dans la forme authentique, et de se soustraire ainsi à la protection dont leur loi nationale les entoure. Ces dangers se

---

(1) Demolombe, I. 106; Aubry et Rau, sur Zachariæ, § 31, note 66. — La jurisprudence a consacré ce système pour le contrat de mariage (Paris, 11 mai 1816; 22 nov. 1828; Cass., 20 déc. 1841).

(2) Est-il nécessaire que les actes de donation passés à l'étranger portent une mention expsesse d'acceptation, alors même que cette formalité n'est pas exigée par la loi du lieu de la rédaction ? — On l'a soutenu (Ducaurroy, Bonnier et Roustain, I, 26), en disant que le principe *locus...* ne s'applique pas aux formes dont l'observation dépend des parties qui figurent dans l'acte plutôt que de l'officier public qui le reçoit; mais cette distinction nous paraît d'autant plus arbitraire que la constatation de l'acceptation des parties est évidemment l'œuvre de l'officier public qui reçoit l'acte : la déclaration d'acceptation est seule le fait des parties, la mention expresse est celui de l'officier (Aubry et Rau, sur Zachariæ, § 31, note 70).

trouvent écartés si l'on reconnaît, avec l'unanimité des auteurs, que le principe *locus*... ne protège que les actes faits de bonne foi, et qu'il souffre exception toutes les fois que les parties ne se sont rendues en pays étranger que dans l'intention d'éluder une prohibition portée par la loi française. En pareil cas, il y a fraude, et les juges ont un pouvoir discrétionnaire pour annuler l'acte ou le maintenir, suivant qu'ils estiment qu'il y a eu suggession, surprise ou erreur, par suite de l'inobservation des formalités exigées par notre Code, ou qu'ils reconnaissent que la liberté de la partie n'a souffert aucune atteinte. Cette dérogation à la règle suivant laquelle il suffit d'observer les formes du lieu de la rédaction de l'acte, est la seule exception que puissent admettre les tribunaux français (1).

63. Les questions de preuve se rattachent aussi, dans une certaine mesure, à la forme extérieure des actes. Il est de principe que l'on ne doit admettre d'autres preuves que celles autorisées par la loi du lieu où l'acte a été passé: ainsi, pour savoir quels sont les moyens de preuve par lesquels ils permettront d'établir l'existence

---

(1) Il est des législations étrangères qui admettent d'autres exceptions encore au principe *locus*..... C'est ce qui a lieu toutes les fois que la loi personnelle de l'étranger lui défend expressément de contracter ou de disposer hors du territoire, et dans des formes autres que celles qu'elle prescrit (cf., pour le Code Nap., *infra*, n° 65, sur l'art. 2128); ou que le statut réel exige certaines formes à peine de nullité; ou, enfin, que la loi du lieu de la rédaction attache à la forme qu'elle consacre un effet qui se trouve en opposition avec le droit public du pays où l'acte est destiné à recevoir son exécution: ainsi, des tribunaux étrangers peuvent refuser à un testament public reçu en France l'effet que le légataire universel, qui n'est pas en concours avec un réservataire, puisse se mettre en possession sans intervention de la justice (Fœlix, n° 82).

d'actes juridiques passés en pays étranger et les modifications que ces actes y auront subies, les juges français
devront se référer à la loi étrangère (1). Les lois relatives
à la force probante des actes sont fondées, comme le remarque Merlin (2), sur des raisons purement locales et
particulières à chaque territoire : il n'y a donc que la loi
du lieu où un acte a été passé qui puisse en attester la
vérité. Cette considération, que la force probante d'un
acte se détermine par la loi du lieu de sa rédaction, s'applique notamment à la preuve littérale (3) : aussi est-il admis par le droit des gens, qu'un acte considéré comme authentique par la législation du pays dans lequel il a été
dressé, doit être aussi regardé comme tel dans le pays
où il est invoqué, en France par exemple, c'est-à-dire
qu'il y fait également preuve complète des faits et des
conventions qu'il est destiné à constater (4); il faut en
conclure qu'il ne peut être attaqué que pour les
causes autorisées par la loi du lieu de sa rédaction (5).

---

(1) Cass., 18 nov. 1806.

(2) Répertoire, v° *Preuve*, sect. 2, § 3, a t. 1, n° 3.

(3) Pothier, *Introduction aux Coutumes d'Orléans*, tit. xx, ch. 1, n° 9.

(4) La preuve de ce fait qu'un acte authentique a été passé en réalité dans
le pays étranger aux lois duquel on le prétend conforme, se fait, ainsi que la
preuve de son authenticité, par la légalisation de la signature de l'officier public qui l'a reçu, et il n'est pas besoin de le déclarer exécutoire, à moins que
ce ne soit un jugement étranger ou un acte emportant obligation (Aix, 8 juill.
1840). — S'agit-il d'un acte privé ? S'il ne contient pas d'indication de lieu,
l'aveu des parties, les preuves extrinsèques, les circonstances de fait dissipe-
ront le doute et apprendront dans quel lieu il a été rédigé ; s'il existe une in-
certitude absolue, il sera présumé souscrit au domicile de l'obligé.

(5) Mais l'on ne saurait étendre à la force exécutoire ce qui est vrai de la
force probante ; les droits de la souveraineté et de l'indépendance de chaque
État s'opposent, en effet, à ce que la force exécutoire puisse résulter, sur son
territoire, d'actes passés à l'étranger (ordonn. de 1629, art. 121). Le tribunal

C'est aussi par la loi du lieu où un contrat a été passé, ou bien un engagement conclu, que se détermine l'admissibilité de la preuve testimoniale (1); en effet, on a fait observer avec raison que cette preuve, ayant pour objet de suppléer à la preuve littérale et de construire, pour ainsi dire, un acte identique à celui qui existerait par écrit si l'on avait songé à en rédiger un, constitue presque une forme extrinsèque de la convention.

La capacité pour un individu de porter témoignage en justice, et tout ce qui touche aux causes de reproche, doit également être apprécié d'après la législation du pays où s'est passé le fait à prouver (2). Cependant, il ne faut pas dire d'une manière absolue que la preuve testimoniale doit être reçue par les tribunaux français toutes les fois qu'elle le serait par les tribunaux du lieu où l'acte a eu lieu ; ainsi, des juges français ne sauraient admettre la recherche de la paternité par des moyens de preuve contraire à l'art. 340, alors même qu'on alléguerait que les faits de cohabitation ont eu lieu dans un pays où la paternité naturelle peut se prouver par té-

---

français auquel les parties s'adresseront prononcera une condamnation ; mais ce que l'on exécutera, ce sera le jugement français, et non la convention étrangère (Boitard, *Leçons de procédure civile*, sur l'art. 546 du Code de Proc. civ.). On peut toutefois convenir, par conventions diplomatiques entre deux puissances, que les actes exécutoires chez l'une seront exécutoires chez l'autre, mais ce n'en sera pas moins à leur souverain que les officiers publics de celle-ci obéiront, en procédant à l'exécution.

(1) Cass., 8 juin 1809 ; Paris, 9 août 1813 ; Cour d'appel de Cologne, 17 février 1824 (on sait que les provinces allemandes de la rive gauche du Rhin sont encore régies par le Code Napoléon).

(2) Mais il est bien entendu que les formes mêmes de l'enquête sont réglées par la loi du pays dans lequel on plaide.

moins, car les dispositions de cet article sont d'ordre public (1). — Enfin, nous pensons que c'est encore la loi du lieu où le fait s'est passé qui doit régler l'admissibilité de la preuve par l'aveu ou par le serment, ainsi que celle des présomptions : toutefois, il faut remarquer que certaines présomptions, telles que celles dont s'occupent les art. 720 à 722, 911 et 1100, rentrant dans le système général des successions ou des donations, ou tranchant des questions de capacité, appartiennent au statut réel ou au statut personnel et doivent être régies, par conséquent, par des principes différents (2).

64. Les lois qui régissent la forme des actes s'appliquent aux actes de juridiction volontaire comme aux simples conventions ou engagements, car ces actes ne font que constater publiquement l'existence de certains faits qui entraînent la capacité ou l'incapacité (3), ou bien l'existence de conventions, engagements ou dispositions de l'homme (4). La seule question à examiner est donc celle de savoir si la personne qui a fait l'acte, ou

---

(1) Cf. de Savigny, t. VIII, p. 275.

(2) V. *supra*, n° 33. — Cf. Demangeat, n° 75. — La prescription, qui fait évidemment partie du statut réel, n'est elle-même qu'une présomption d'acquisition.

(3) Par exemple la nomination d'un tuteur ou du curateur d'un mineur émancipé; l'émancipation; l'interdiction; l'adoption; la déclaration d'absence et tout ce qui s'y rattache; la déclaration de faillite, etc.; la nomination du curateur d'une succession vacante, d'un curateur au ventre, d'un curateur en cas de délaissement par hypothèque, du tuteur d'un interdit légalement, l'assistance du juge de paix à la rédaction de l'acte de notoriété, etc.

(4) Par exemple l'aliénation des immeubles d'un mineur; la permission de justice à l'effet d'aliéner ou d'échanger l'immeuble dotal; l'ouverture d'un testament olographe ou mystique; l'envoi en possession d'un légataire universel ou d'un successeur irrégulier.

l'officier public qui l'a reçu, avait obtenu de la loi du lieu de la rédaction le pouvoir d'y procéder, et si les formalités extrinsèques qu'elle prescrit ont été observées : ces conditions remplies, l'acte a la force probante (1) ; mais il est bien entendu que les questions de compétence restent entières, ainsi que toutes celles qui touchent soit au statut réel, soit au statut personnel.

65. L'art. 2128 consacre une exception aux règles que nous venons d'étudier : il décide que les contrats reçus par des officiers publics étrangers ne peuvent conférer d'hypothèque conventionnelle sur des immeubles situés en France, à moins qu'il n'y ait des dispositions contraires à ce principe dans les lois politiques ou dans les traités (2). Cette exception était déjà consacrée dans notre ancien droit par l'ordonnance de 1629, qui portait (article 121) : « Les jugements rendus, contrats ou obligations reçus ès royaumes et souverainetés étrangères, pour quelque cause que ce soit, n'auront aucune hypothèque ni exécution en notre royaume ; ains tiendront les contrats lieu de simples promesses. » Ce texte, dans lequel apparaît clairement l'intention de distinguer avec soin, dans les actes faits en pays étranger, ce qui appartient à la puissance publique de ce qui ne dépend que de la volonté des parties, explique l'idée qui a présidé à la rédaction de l'art. 2128. Il est le résultat d'une confusion que l'on a faite entre l'hypothèque et la force exécutoire des actes, et qui provient de ce qu'autrefois les actes

---

(1) Fœlix, nº 466.

(2) Les seuls traités qui dérogent à l'art. 2128 sont ceux conclus avec la Sardaigne (24 mars 1760) et avec la Suisse (27 sept. 1803).

exécutoires emportaient seuls et emportaient toujours hypothèque ; les officiers publics français pouvant seuls donner à un acte la force exécutoire en France, on en avait déduit cette conséquence, que les actes passés devant eux devaient seuls produire hypothèque sur les immeubles français; mais aujourd'hui, les actes exécutoires ne confèrent point hypothèque de plein droit, sans convention spéciale, et, d'autre part, certaines hypothèques, telles que les hypothèques légales, existent, de même que les priviléges, indépendamment de tout acte exécutoire (1). En vain a-t-on tenté de justifier la règle de l'article 2128, en faisant remarquer que l'hypothèque, conférant au créancier un droit de suite, lui donne véritablement le droit de saisir une partie du sol, et que le législateur français a dû, par conséquent, appliquer à l'hypothèque ce qu'il décide de la force exécutoire, et réserver ainsi à la puissance nationale le droit d'ordonner un moyen de contrainte aussi grave que l'expropriation (2); cette explication serait fort exacte, si l'article se bornait à refuser aux hypothèques concédées en pays étranger la force exécutoire en France; mais il va jusqu'à méconnaitre la stipulation d'hypothèque elle-même, et l'on ne conçoit guère pourquoi notre Code refuse aux propriétaires d'immeubles situés en France la faculté de les grever d'une simple charge hypothécaire devant un officier public étranger, tandis qu'il les autorise à passer devant lui des contrats qui en transfèrent la propriété pleine et entière. Cette prohibition regrettable enlève un élément

---

(1) Valette, sur Proudhon, p. 92, note *b*.
(2) Demangeat, n° 76.

de crédit considérable aux Français qui se trouvent à l'étranger, et ne laisse au créancier d'autre ressource que d'acquérir une hypothèque judiciaire, par le moyen de l'acte considéré comme simple promesse (1).

66. Il nous reste à dire quelques mots de la validité, quant à la forme, des actes de procédure judiciaire, soit en juridiction contentieuse, soit en juridiction volontaire : c'est d'après la loi du lieu où ces actes ont été faits qu'elle doit être appréciée. Cette même loi règle, dit M. Fœlix (2), les formalités de l'assignation, les délais de comparution, la nature et la forme de la procuration *ad litem*, les sommations de livrer ou de faire, les protêts faute d'acceptation ou de payement, le mode de recevoir les preuves, la forme de la rédaction et du prononcé des jugements, l'acquisition de la force de la chose jugée (3), la taxe des dépens, tout ce qui concerne les délais et les formalités de l'appel, etc. (4). Pour savoir si l'étranger est soumis, quant à la compétence des tribunaux et aux modes de procéder devant eux, à des règles différentes de celles qui s'appliquent aux nationaux, par exemple s'il est assujetti à l'obligation de

____

(1) Le projet de réforme hypothécaire portait (art. 2118) que l'hypothèque sur des immeubles français pouvait résulter de contrats passés à l'étranger.

(2) N° 126.

(3) Cass., 23 juill. 1832.

(4) Lorsqu'une commission rogatoire lui a été délivrée par des juges étrangers, le tribunal français doit se conformer, pour tout ce qui concerne le fond du droit (les dispositions *decisoriæ litis*), même les preuves, même la formule du serment, à la loi du lieu où la convention a été formée, ou bien où les faits se sont passés ; et, pour les formalités de procédure (les dispositions *ordinatoriæ litis*), à la loi française.

fournir la caution *judicatum solvi*, et quelle est l'étendue de cette obligation, il faut consulter la loi du pays dans lequel on plaide. Il n'y a pas ici de conflit de lois possible : il peut y avoir seulement un conflit de juridictions, et, pour trancher ce conflit, une seule loi est applicable, celle du pays dont les tribunaux sont saisis.

67. On doit en dire autant des mesures conservatoires ou provisoires qui peuvent être prises avant le jugement contre le débiteur étranger, par exemple l'arrestation provisoire ; ce sont des formes de procéder et des voies d'exécution : or, les unes et les autres sont soumises à la loi locale (1). Du principe que le mode d'exécution d'un acte est régi par la loi du lieu où cette exécution doit s'opérer, il s'ensuit encore que les tribunaux français ne peuvent se dispenser de prononcer la contrainte par corps dans les cas prévus par la loi française, alors même qu'il s'agit d'un procès entre étrangers dont la loi nationale n'admet point, en pareil cas, ce moyen d'exécution (2).

68. Cependant, les principes généraux de la législation d'une nation, à l'égard de la validité extrinsèque des actes de procédure et d'exécution, peuvent être modifiés par des traités avec les nations étrangères (3).

69. Il importe, enfin, de remarquer qu'il est certaines formalités qui se rattachent d'une matière étroite, soit au statut personnel, soit au statut réel. Ainsi, les formalités

---

(1) Cass., 1er avr. et 12 juin 1817.

(2) Paris, 2 déc. 1843.

(3) Traités du 24 mars 1760 entre la France et la Sardaigne ; du 11 janvier 1787 entre la France et la Russie ; du 18 juill. 1828 entre la France et la Suisse.

relatives à la publicité des interdictions, des nominations de conseil, des demandes en séparation de biens,
des jugements de séparation de corps ou de biens, sont
régies par la loi de la nation à laquelle appartient la
personne sur l'état et la capacité de laquelle doit in-
fluer l'accomplissement de ces formalités : il y a application du statut personnel. Il y a application du statut
réel, au contraire, pour les inscriptions des priviléges
et hypothèques, et pour les transcriptions des actes
translatifs de propriété immobilière ou constitutifs de
certains droits sur les immeubles : les formalités prescrites à cet égard sont régies par la loi du lieu de la
situation (1).

SECTION II.

Des lois relatives à la substance des actes.

70. En commençant l'examen des règles suivant lesquelles on doit trancher les questions de conflit qui
s'élèvent relativement à la validité intrinsèque des actes
juridiques, il importe de remarquer qu'il est des points
qui rentrent soit dans le statut réel, soit dans le statut
personnel, et qui doivent, par conséquent, être régis conformément aux principes que nous avons rappelés ci-
dessus. Nous n'avons donc à considérer ici que les points

---

(1) La publication des actes de société est régie par la loi du lieu où se
trouve le siége de la société, et la publication de la déclaration de faillite p r
la loi du lieu où la faillite s'est ouverte. En effet, la publicité doit être régie
par la même loi que les faits ou actes qui y sont assujettis.

qui sont abandonnés à la volonté des parties. Cette volonté est expresse, lorsqu'elle déclare se soumettre à telle ou telle loi (1) : alors, point de difficulté. Elle est tacite, lorsqu'elles ont gardé le silence sur ce point : c'est alors que s'élèvent les questions d'interprétation, et que le juge doit se guider d'après certaines présomptions, pour rechercher la commune intention des parties (2). — Lorsqu'on apprécie la valeur intrinsèque des engagements et qu'on les veut interpréter, il est de principe que les parties contractantes sont réputées avoir eu l'intention de se conformer à la loi du lieu où ces engagements ont été pris et où le contrat est devenu parfait, et s'être référées à cette loi pour ce qu'elles n'ont point exprimé (3) : en effet, il est présumable que c'est sur cette loi seule qu'il a pu y avoir consentement commun (4). Cette proposition est vraie, alors même que l'existence du contrat dépend de l'événement d'une condition qui doit s'accomplir dans un autre lieu, car la condition accomplie a un effet rétroactif (5). La loi du

---

(1) Les parties sont toujours libres d'adopter comme convention expresse la loi du pays où le contrat est formé : cette loi agit, alors, même sur les immeubles situés sous l'empire d'une autre loi, non plus comme loi, mais comme convention, *vi conventionis* (Merlin, Répert., v° *Loi*, § 8, n° 2.

(2) Loi 219, ff, De verb. signif.; Cf. art. 1156.

(3) Trib. de commerce du Hâvre, 15 mai 1843. — Merlin, Répert., v° *Étranger*, § 2.

(4) Cf., pour le droit romain, L. 34, ff, De reg. jur.; L. 20, ff, De judiciis; L. 31, § 20, ff, De æ Jil. edict.; L. 6, ff, De evict.; — pour l'ancien droit, Dumoulin, Boullenois, etc. : l'idée que l'étranger devenait, dans une certaine mesure, un *sujet temporaire* faisait admettre plus naturellement encore ce principe.

(5) Lorsque les parties se sont trouvées ensemble dans plusieurs lieux,

lieu où le contrat est formé règle aussi, en principe, l'immutabilité ou la mutabilité des conventions (1). Enfin, cette même loi doit s'appliquer encore aux défenses ou exceptions péremptoires, car ces exceptions déterminent à quel degré la validité de l'obligation est incomplète : tels sont, par exemple, les bénéfices de discussion et de compétence (2).

71. Cette règle d'interprétation doit être restreinte aux contrats synallagmatiques : pour les engagements unilatéraux, on doit suivre la loi nationale de l'obligé, car il est probable que c'est sur elle que les parties ont entendu mesurer l'étendue de son obligation (3). La substance des quasi-contrats est régie, comme celle des contrats exprès, par la loi du lieu où se passent les faits qui les forment, et c'est cette loi qui détermine les obligations auxquelles ils donnent naissance. Quant aux testaments, les anciens auteurs, tels que les deux Voet et Boullenois, et la jurisprudence moderne (4) s'accordent à reconnaître que, pour leur validité et leur inter-

---

on considère celui où le contrat est devenu parfait ; si l'une des parties a un mandataire, celui où il a traité avec l'autre partie ; lorsque le contrat a été fait par lettres, celui où la première lettre est reçue et d'où la réponse est expédiée.

(1) Il y a exception pour la révocabilité des donations entre époux, qui se rattache au statut personnel, ainsi que pour l'immutabilité des conventions matrimoniales (Demangeat, sur Fœlix, t. I, p. 228, note *a*). V. *supra*, n° 33, et *infra*, n° 79.

(2) Mais il est d'autres exceptions qui dépendent du statut personnel, comme celles des sénatusc. Velléien et Macédonien.— V. *supra* n° 33.

(3) Duverger, à son cours ; Fœlix, n° 96.—*Contra* Demangeat, sur Fœlix, loc cit.

(4) Paris, 1er fév. 1836.

prétation, il faut considérer la loi personnelle du testateur, car il est vraisemblable qu'il a entendu s'y référer : cette règle, qui a son origine dans le droit romain (1), est générale et s'applique même aux biens situés dans le lieu de la confection du testament. Il est bien évident, d'ailleurs, qu'elle reste étrangère à toutes les questions qui dépendent du statut réel ou du statut personnel, et ne s'applique qu'aux points qui rentrent dans l'autonomie du testateur.

72. Les sentences arbitrales, lorsqu'elles participent de la nature des contrats, peuvent être déclarées exécutoires par les tribunaux français sans examen du fond de la cause (2), leur validité étant régie, comme celle d'une convention ordinaire, par la loi du lieu dans lequel elles ont été rendues (3). En effet, la décision arbitrale se lie essentiellement au compromis par suite duquel elle a été rendue, et tire son être de ce compromis : elle a donc, comme lui, le caractère d'un contrat (4). A proprement parler, l'arbitre n'est pas un juge (5) : il est donc incontestable que les sentences arbitrales rendues en pays étranger doivent être déclarées exécutoires en

---

(1) L. 21, § 1, ff, Qui test. fac. poss. ; L. 50, § 3, ff, De legat., 1°; L. 75, ff, De legat., 3°.

(2) Aux termes de l'art. 2123, 3° al., les décisions arbitrales, françaises ou étrangères, n'emportent hypothèque qu'autant qu'elles sont revêtues de l'ordonnance judiciaire d'exécution.

(3) Paris, 16 déc. 1829 ; 7 janv. 1833; Trib. de la Seine, 6 juill. 1831.

(4) « Dans l'exacte vérité, elle n'est que l'exécution du mandat que les parties ont confié aux arbitres; elle n'est même, à proprement parler, qu'une convention que les parties ont souscrite par les mains de ceux-ci » (Merlin, Quest. de droit, v° *Jugement*, § 14.)

(5) *Horum proprie judicium non est* (Cujas, sur la loi 1, ff., De recept.).

France, sans révision préalable, toutes les fois qu'elles dépendent exclusivement de la volonté des parties, c'est-à-dire toutes les fois que l'arbitrage était volontaire et que les arbitres ont tous été choisis par les parties elles-mêmes, sauf l'obligation pour le juge français d'écarter les décisions arbitrales qui porteraient atteinte aux principes de notre droit public (1), ou statueraient à l'égard d'un Français sur une question relativement à laquelle son statut personnel lui défend de compromettre, par exemple une question d'état (2). Mais il en est autrement lorsque les sentences arbitrales étrangères prennent le caractère d'un véritable acte de juridiction contentieuse, par exemple lorsque c'est un tribunal étranger qui a procédé à la nomination des arbitres ou d'un départiteur, ou bien lorque l'arbitrage était forcé; alors, en effet, ces décisions ne participent point de la nature d'un contrat, puisque les parties n'ont pas donné aux arbitres une mission volontaire et directe, mais que ceux-ci procèdent comme délégués de la puissance publique : elles sont soumises, en ce qui touche l'autorité qu'elles peuvent avoir en France, aux lois et usages suivis relativement à l'autorité des jugements étrangers (3).

73. Examinons maintenant la question de savoir jusqu'à quel point les jugements rendus par des juges étrangers ont autorité en France, et quelle est la mission des tribunaux français auxquels on les présente : doivent-ils leur reconnaître force de chose jugée et, par

---

(1) Paris, 7 janv. 1833.
(2) Pardessus, t. VI, n° 1488, 3°.
(3) Cass., 31 juill. 1815; 16 juin 1840; Paris, 27 juill. 1807 ; 22 juin 1843.

conséquent, se borner à les déclarer exécutoires, en en réglant l'interprétation et les effets immédiats par la loi du pays dans lequel ils ont été rendus? L'ordonnance de 1629 disait (art. 121) : « Les jugements rendus.... ès royaumes et souverainetés étrangères, pour quelque cause que ce soit, n'auront aucune hypothèque ni exécution en notre dit royaume;.... et, nonobstant les jugements, nos sujets contre lesquels ils ont été rendus pourront de nouveau débattre leurs droits comme entiers par-devant nos officiers. » Ainsi, dans notre ancien droit, on avait distingué clairement les effets des jugements étrangers : on leur refusait d'une manière absolue le droit d'emporter hypothèque en France, ainsi que l'exécution parée ; quant à la force de chose jugée, on la leur reconnaissait toutes les fois que le perdant n'était point un Français. Les seuls textes modernes qui se rapportent à cette matière sont l'article **2123** *in fine* du Code Napoléon et l'article 546 du code de procédure civile. Le premier est ainsi conçu : « L'hypothèque ne peut [pareillement] résulter des jugements rendus en pays étranger, qu'autant qu'ils ont été déclarés exécutoires par un tribunal français; sans préjudice des dispositions contraires qui peuvent être dans les lois politiques ou dans les traités. » D'autre part, voici les termes du second : « Les jugements rendus par les tribunaux étrangers, et les actes reçus par les officiers étrangers, ne seront susceptibles d'exécution en France que de la manière et dans les cas prévus par les art. 2123 et 2128 du Code Napoléon. » L'interprétation et la conciliation de ces différents textes ont donné naissance à trois systèmes, que nous allons passer en revue rapidement. Il y a d'a-

8

bord deux systèmes extrêmes, diamétralement opposés l'un à l'autre : d'après l'un, le tribunal français auquel on soumet un jugement étranger doit se borner à délivrer un simple *pareatis*, sans examiner le bien ou le mal jugé; d'après l'autre, il doit le reviser au fond avant de le déclarer exécutoire. Enfin, un système intermédiaire, reproduisant la distinction formulée par l'ordonnance de 1629, n'oblige le juge français à procéder à la révision du fond qu'autant que c'est un Français qui a succombé.

Il est d'abord un point qui est universellement reconnu : c'est que nos tribunaux doivent refuser de déclarer exécutoires les jugements étrangers qui auraient violé les règles de la compétence des juges français et auraient distrait un de nos nationaux de la juridiction de son pays (1), ou qui ordonneraient des mesures contraires à l'ordre public, comme l'exercice de la contrainte par corps hors des cas prévus par la loi française, la translation dans une prison étrangère d'un débiteur incarcéré en France, la disposition qui grèverait d'une charge féodale ou fidéicommissaire un immeuble situé en France, etc. ; ou qui consacreraient un état de choses réprouvé par la morale, comme l'esclavage, la polygamie ou l'inceste (2), ou, enfin, qui reconnaîtraient des actes contraires au droit public ou aux intérêts de la France, par exemple des faits de contrebande commis à son préjudice ou des fournitures d'armements faites à ses ennemis.

---

(1) Grenoble, 3 janv. 1829.

(2) Par extension de cette idée, la Cour de Paris (20 nov. 1848) a refusé de déclarer exécutoire en France un jugement étranger qui prononçait un divorce.

Pour soutenir, ces questions d'ordre public écartées, que le tribunal français doit se borner à délivrer la formule exécutoire, on invoque les termes mêmes des art. 2123 (C. N.) et 546 (C. de proc. civ.), qui portent que ce tribunal doit déclarer exécutoire *le jugement étranger;* or, s'il examinait le mérite du fond et admettait les parties à plaider la cause de nouveau, à débattre tous leurs moyens de forme et de fond, il statuerait par un jugement nouveau : ce que l'on exécuterait, ce ne serait pas *le jugement étranger*, puisque l'on en considérerait l'existence comme non avenue, ce serait *le jugement français*. D'ailleurs, l'art. 2123 emploie les mêmes expressions pour les jugements que pour les actes; or, tout le monde reconnaît qu'il ne saurait y avoir de révision pour les actes passés par les parties : donc, on doit en dire autant des jugements, car, en réalité, ils doivent être considérés, au point de vue de l'autorité de la chose jugée, comme des faits, comme des conventions. Il résulte aussi des paroles prononcées par MM. Réal et Favard, lors de la discussion sur l'art. 546 (1), qu'il ne s'agit que d'un ordre d'exécution à donner par les juges français aux officiers ministériels, et qu'il n'est nullement question d'un nouvel examen des moyens de forme ou de fond. En effet, s'il est conforme au principe de l'indépendance de chaque État que les agents de la force publique française ne puissent recevoir d'autres ordres que ceux émanés d'une autorité française, et ne doivent tenir aucun compte de formules exécutoires étrangères, la mission du tribunal français doit être restreinte à cette

---

(1) Locré, *Législ. civ.*, t. XXII, p. 572 et 617.

sauvegarde de notre souveraineté territoriale, et ne point s'étendre aux intérêts individuels des parties qui figurent au jugement étranger. On ne peut pas admettre que le législateur ait voulu charger nos tribunaux d'un surcroît de travaux en faveur de quiconque aurait succombé dans un procès plaidé en pays étranger ; d'ailleurs, les jugements étrangers ne sont points revisés en France lorsqu'ils ont été rendus contre un Français en matière criminelle : si on les accepte sans examen lorsqu'ils disposent de la vie, de la liberté, de l'honneur d'un Français, comment pourrait-on les méconnaître alors qu'ils ne font que statuer sur ses intérêts pécuniaires ? Enfin, dans ce système, on répond à l'argument qui peut être tiré de l'ordonnance de 1629, en disant que cette ordonnance qui, n'ayant point été enregistrée ou ne l'ayant été que par la force, n'était point reconnue autrefois par tous les parlements, ne saurait plus avoir aucune autorité aujourd'hui, car les idées de libéralisme international ont reçu une grande extension, et, d'ailleurs, la loi du 30 vent. an XII (art. 7) a abrogé tous les textes législatifs de l'ancien droit (1).

Les auteurs qui soutiennent, au contraire, que le tribunal français doit toujours reviser au fond le jugement étranger, s'appuient précisément sur l'ordonnance de 1629, qu'ils considèrent comme l'interprétation naturelle des art. 2123 (Cod. Nap.) et 546 (Cod. de proc. civ.) ; mais ils l'étendent et lui donnent une portée générale, en repoussant comme contraire aux idées modernes la

---

(1) Fœlix, n°s 318 et suiv.; 347 et s.; Boitard, sur l'art. 546 du C. de pr. civ.; Duverger, à son cours.

distinction qu'elle avait établie entre le cas où c'était un Français et celui où c'était un étranger qui succombait. Le principe qui domine toute cette matière, dit-on, c'est celui de l'indépendance respective des États ; c'est l'idée que toute justice émane du souverain, et que l'autorité de la chose jugée doit être empruntée au pouvoir exécutif du pays dans laquelle on l'invoque : il en résulte qu'au point de vue de la souveraineté territoriale française, les juges étrangers n'ont point le caractère de *juges*, et que leurs décisions ne peuvent produire aucun des effets que la législation française attache aux *jugements*. Le droit qu'ont les tribunaux français d'ordonner l'exécution des jugements étrangers, est donc soumis à la condition qu'ils en vérifient préalablement le bien jugé, tant sous le rapport de l'appréciation des faits que sous celui de l'application des règles de droit. —On ajoute, dans ce système, qu'aux termes des art. 2123 (Cod. Nap.) et 546 (Cod. de proc. civ.) c'est au tribunal tout entier que doit s'adresser la partie qui veut faire déclarer exécutoire un jugement étranger : or, si le tribunal entier doit se rassembler, c'est assurément pour juger, car un tribunal ne peut prononcer qu'après délibération puisqu'il ne peut accorder, même par défaut, les demandes formées devant lui que si elles se trouvent justes et bien vérifiées (art. 116 et 150 du Cod. de proc. civ.) : s'il ne s'agissait que de délivrer une simple formule exécutoire, il suffirait de s'adresser au président du tribunal. (1) — Enfin, à l'argument que le premier système tire de l'au-

_____

(1) Les auteurs qui adoptent le système contraire renversent facilement cette objection en faisant remarquer que, si le tribunal tout entier est appelé, c'est parce qu'il y a toujours un examen à faire, qu'il faut constater l'authen-

torité que l'on reconnaît en France aux jugements rendus à l'étranger en matière criminelle, on répond que cette exception s'explique par une extension internationale du principe que formule l'art. 3, 1er al., c'est-à-dire par cette idée que c'est au pays dont la loi morale a été violée qu'il appartient de la venger (1). — Du reste, les partisans de ce système, qui est consacré par une jurisprudence presque constante (2), reconnaissent qu'en procédant à la révision du jugement étranger, le tribunal français peut avoir égard aux déclarations constatées par les pièces de la procédure, et que, notamment, les enquêtes faites devant le juge étranger font foi en France, car elles ne sont point son ouvrage, et il n'a fait que constater de simples faits (3).

Nous pensons que ces deux opinions doivent être rejetées, et qu'il convient d'adopter le système mixte, qui reproduit purement et simplement l'art. 121 de l'ordonnance de 1629. Voici le raisonnement qui sert de base à ce système : l'ordonnance tranchait séparément deux questions distinctes, l'hypothèque et l'exécution des jugements étrangers, d'une part, et, d'autre part, leur autorité de chose jugée ; les art. 2123 (Cod. Nap.) et 546

---

ticité du jugement étranger, s'assurer de la sincérité de la traduction, rechercher, enfin, s'il n'ordonne pas des voies d'exécution proscrites par la loi française, — examen pour lequel l'intervention du tribunal entier s'explique naturellement.

(1) Ernest Beaumont, *De la distinction des statuts réel et personnel.*

(2) Poitiers, 8 prair. an XIII ; Paris, 27 août 1816 ; 22 nov. 1851 ; Cass., 19 avr. 1819 ; 27 déc. 1852 ; Douai, 3 janv. 1845. — Troplong, *Des hypothèques*, II, 451 ; Toullier, x, 85 ; Demolombe, I, 262.

(3) Emérigon, *Traité des assurances*, ch. 4, sect. 8. — Bordeaux, 10 févr. 1824 ; Douai, 5 mai 1836 ; Aix, 8 juill. 1840 ; Cass., 21 févr. 1826. — *Contra* Cass., 29 août 1826.

(Cod. de proc. civ.) se sont occupés de la première question et l'ont résolue dans le même sens que l'ordonnance ; la seconde question n'est touchée par aucun texte moderne : donc, l'on reste à cet égard sous l'empire de l'ordonnance elle-même ; il serait inexact de prétendre qu'elle est abrogée, car la loi du 30 vent. an XII n'abolit les monuments de notre droit ancien que relativement aux matières dont traitent les textes du droit moderne ; or, ils sont muets absolument sur la question de l'autorité de chose jugée des jugements étrangers. Que l'on ne vienne point objecter que le législateur, en gardant le silence sur la seconde partie de l'art. 121 de l'ordonnance alors qu'il en reproduisait fidèlement la première, a entendu se départir, à cet égard, des anciennes traditions : *qui dicit de uno negat de altero*; — cet argument *a contrario* ne saurait prévaloir contre l'esprit qui a présidé à la confection de la loi et qui se manifeste dans toutes ses parties : les rédacteurs du Code étaient imbus, comme ceux de l'ordonnance, de l'idée qu'il fallait sauvegarder l'indépendance de la nation et sa souveraineté, et le malencontreux art. 2128 est là pour nous démontrer qu'ils poussaient cette idée jusqu'à l'exagération ; comment donc admettre qu'ils aient entendu rompre ici avec des principes qu'ils s'étaient pour ainsi dire appropriés, alors que rien ne vient signaler le revirement d'idées soudain qu'on leur prête ? D'ailleurs, s'ils avaient reconnu autorité de chose jugée aux jugements étrangers, indépendamment de toute réciprocité internationale, ils se seraient mis en opposition avec l'ensemble du système un peu égoïste de notre législation à l'égard des étrangers. — Nous repoussons la seconde opinion en même temps que la première; elle nous paraît manquer absolument de base juridique; car, au moment même où elle s'appuie sur l'ordonnance et la considère, par conséquent, comme étant encore en vigueur, elle supprime arbitrairement la distinction que ce texte consacrait. Nous croyons donc que le tribunal français n'est tenu de procéder à la révision du fond que lorsque c'est un Français qui a succombé dans le procès (1). — Plusieurs considérations fort graves nous déterminent à adopter ce système. Comment pourrait-on obliger un tribunal français à déclarer exécutoire, sans examen, un jugement manifestement inique, un jugement, par exemple, qui ne tiendrait point compte d'une quittance certaine ou de l'autorité de la chose jugée, rendu par hostilité pour la France, peut-être, et avec le parti pris de causer préjudice à un Français? D'ailleurs, on sait que la loi française porte l'empreinte de la défiance que lui inspire la justice des tribunaux étrangers (2). Enfin, l'on a fait remarquer avec raison que l'art. 3 du Code Napoléon se trouverait sans sanction, si les jugements étrangers qui peuvent le violer obtenaient nécessairement autorité en France; toutes les fois qu'il s'agit de statuer sur l'état et la capacité d'un Français (art. 3, troisième al.) ou sur des contestations relatives à la propriété, ou à des droits réels sur des immeubles situés en France (art. 3, deuxième al.), c'est la loi française qui doit être appliquée : le tribunal français doit donc, si l'on veut qu'il assure l'observation des lois, rechercher si le

______

(1) Toutefois, s'il revisait même un jugement rendu contre un étranger, sa décision ne serait point, pour ce motif, sujette à cassation.

(2) Cf. art. 14 du Cod. Nap., qui permet aux Français de citer les étrangers devant les tribunaux de France.

jugement étranger a appliqué la législation française, c'est-à-dire le reviser au fond. Ainsi, lorsqu'une personne ou une chose soumise à la loi française est engagée dans le procès, il y aura presque toujours nécessité de révision ; par conséquent, même en théorie et abstraction faite des textes, on doit reconnaître qu'il peut être indispensable, dans certains cas, d'examiner le bien jugé d'une sentence étrangère (1).

74. Remarquons, en terminant, que les jugements étrangers doivent être exécutés en France dès qu'ils ont été légalisés par les envoyés diplomatiques, lorsque l'exécution en est assurée par des traités (2) ou par des lois politiques (3). C'est ce que porte l'art. 2128, et la jurisprudence l'a plusieurs fois reconnu (4). Quelquefois, aux termes des traités, les magistrats français doivent délivrer la formule exécutoire ; mais, en pareil cas, ils doivent se borner à donner un simple *pareatis*, et ne pourraient le refuser que si l'arrêt étranger violait les principes de notre droit public, ou émanait de juges incompétents, ou devait porter atteinte à l'ordre public (5). — Le caractère exceptionnel de ces dispositions

---

(1) Cass., 7 janv. 1806 ; 27 août 1812 ; Toulouse, 27 déc. 1819 ; Grenoble, 3 janvier 1829, Paris, 7 janv. 1833 ; 20 nov. 1848 ; Bordeaux, 6 août 1847. — Duranton, XIX, 342 : Valette, *Revue de droit français et étranger*, 1849, t. VI, p 597 ; Demangeat, n° 88 ; Aubry et Rau, sur Zachariæ, § 32. Cf. Beaumont, loc. cit.

(2) Traités avec la Sardaigne (24 mars 1760 ; avec la Suisse (28 mai 1777 ; 27 sept. 1803 ; 18 juill. 1828) ; avec la Russie (14 janv. 1787) a ec le grand-duché de Bade (16 avr. 1846).

(3) Loi du 21 avril 1832 sur la navigation du Rhin, art. 5.

(4) Cass., 15 juill. 1811 ; 28 déc. 1831 ; 23 juill. 1832 ; Trib. de la Seine, 29 déc. 1844

(4) Rouen, 25 mai 1813 ; Grenoble, 9 janv. 1826 ; 3 janv. 1829 ; Cass., 14 juill. 1825 ; 17 mars 1830.

démontre bien qu'en règle générale il peut y avoir un examen plus approfondi à faire, c'est-à-dire la révision du fond : la dérogation sert à confirmer le principe.

75. Nous allons maintenant passer en revue les exceptions que comporte la règle suivant laquelle la validité intrinsèque et l'interprétation des conventions sont régies par la loi du lieu où elles ont été formées. On peut les rapporter à quatre chefs principaux :

1° Lorsque les parties contractantes appartiennent à la même nation, c'est par la loi de leur patrie commune que doit être régie cette appréciation, car il est vraisemblable qu'elles ont eu l'intention de s'y référer (1);

2° Lorsqu'une confirmation est nécessaire pour la validité d'une convention (2), c'est la loi du lieu où la confirmation se fait qui doit être appliquée (3);

3° Lorsque les contractants se sont rendus en pays étranger dans l'intention d'éluder une prohibition portée par la loi de leur patrie, les tribunaux de leur pays peuvent déclarer l'obligation nulle (4);

---

(1) J. Voet, ad tit. *De statutis*, ff., n° 15.

(2) Par exemple dans les cas prévus par les art. 467 du Code Nap. et 37 du Code de comm.

(3) La question de savoir quel est le pays dans lequel la confirmation doit avoir lieu, se rattachant presque toujours à une question d'habilitation, appartient la plupart du temps au statut personnel. Aussi est-ce avec raison qu'il a été jugé que le gouvernement français est seul compétent pour donner l'autorisation nécessaire à la validité d'une société anonyme formée entre Français, et dont l'objet était situé en pays étranger (Trib. de comm. de la Seine, 9 nov. 1846.)

(4) Toutefois, nous pensons que c'est exagérer cette idée, que d'annuler une convention formée entre Français pour l'exploitation d'une maison de jeu à l'étranger, comme l'a fait la Cour de Paris (31 mars 1849; *contra*, 22 févr. 1849) : il n'y a là qu'une question d'ordre public, intéressant le pays où l'exploitation doit avoir lieu.

4° Enfin, lorsque le contrat est contraire soit à l'ordre public et aux bonnes mœurs, soit aux institutions ou prohibitions existant dans le pays où il doit recevoir son exécution, ou qu'il est de nature à préjudicier soit aux intérêts de ce pays, soit aux droits acquis par ses citoyens, les tribunaux institués dans ce pays doivent refuser de le reconnaître. Ainsi, les juges français devraient annuler toute convention par laquelle on se serait engagé à introduire des objets en fraude sur le territoire français, à fournir des marchandises à l'ennemi en temps de guerre, à solder une certaine somme en payement de billets d'une loterie étrangère (1), etc., ou la convention par laquelle un homme aurait été vendu comme esclave, ou, enfin, la stipulation du pacte commissoire dans le contrat de nantissement, ainsi que tout pacte sur succession future (2) ; ils n'ont à tenir aucun compte de la nationalité des parties, ni du lieu où le contrat a été formé : il suffit qu'il soit contraire à la loi française, pour qu'ils se refusent à le laisser exécuter en France (3). Réciproquement, ils ne doivent point rechercher si la convention qui leur est déférée se trouve prohibée par les lois du

---

(1) Paris, 15 juin 1829.

(2) Nous ne pensons pas que les tribunaux français doivent annuler de même les stipulations d'intérêts conventionnels, faites à un taux que la loi française considère comme usuraire, si la loi du lieu où elles ont été faites les permettait (Bordeaux, 26 janv. 1831). En effet, en fixant un maximum, la loi a principalement en vue des considérations locales ; ce qui suffirait à le démontrer, c'est que le législateur français, qui maintenait la prohibition de stipuler en France des intérêts supérieurs à 5 et 6 %, permettait d'en stipuler dans une colonie française, l'Algérie, jusqu'au taux de 10 % (Ordonn. du 7 déc. 1835.)

(3) Fœlix, n°s 96 et suiv.; Zachariæ. § 31. IV.

pays dans lequel elle a été formée ou auquel l'une des parties appartient (1) : il suffit qu'elle soit autorisée par la législation française pour qu'ils soient tenus d'en reconnaître la validité.

76. On décide généralement que les effets immédiats ou médiats d'un contrat, c'est-à-dire les droits et les obligations qu'il renferme implicitement ou explicitement, et que les parties ont eu l'intention de faire naître, doivent être appréciés d'après la même loi que le contrat lui-même, c'est-à-dire le plus souvent par la loi du lieu où il s'est formé : en effet, c'est la manière la plus naturelle et la plus simple d'interpréter la volonté commune des contractants (2). C'est ainsi que l'on doit trancher, en matière de vente, les questions relatives au payement du prix, à la résolution, à la rescision (indépendamment de toute incapacité personnelle des parties), à la délivrance, à la demeure et aux risques, etc.; en matière de bail, celles qui touchent à la réduction du fermage, en

---

(1) Les tribunaux français doivent-ils maintenir des conventions ayant pour objet des opérations de contrebande, à faire au préjudice d'un État étranger ? — La question était déjà controversée dans l'ancien droit : Pothier soutenait la négative (*Des assurances*, n° 58; cf. Pfeiffer, *Expositions pratiques*, t. III, n° 4, p. 88 et suiv.); Emérigon (Ch. 8, sect. 5; t. I, p. 312) et Valin (sur l'ordonn. de la marine, art. 49), soutenaient l'affirmative. — Nous pensons aussi qu'ils doivent déclarer ces conventions valables ; car, dans le for extérieur, la contrebande n'est un délit qu'aux yeux de l'État même dont elle lèse les droits fiscaux (Cass., 25 mars et 25 août 1835 ; Pardessus, n° 1492). Toutefois, nous proposons de faire exception à ce principe, lorsqu'il existe entre la France et la puissance au préjudice de laquelle s'exécuteraient ces opérations, un traité stipulant l'extradition réciproque des prévenus de contrebande (Ex. : traité du 5 juillet 1783 en re la France, l'Espagne et le Portugal, art. 6 ; traité du 24 déc. 1786 entre la France et l'Espagne), car c'est là reconnaître à ces opérations un caractère délictueux.

(2) Cf. art. 1159.

cas de perte de la récolte ; en matière d'obligations ayant
pour objet une somme d'argent, tout ce qui concerne le
délai dans lequel l'engagement doit être rempli, le règlement des intérêts, le bénéfice de discussion, la solidarité, l'étendue de l'obligation des héritiers, la question
de savoir quelle est la partie qui doit payer les droits
fiscaux, etc. (1).

Toutefois, lorsqu'il résulte de la nature même de
l'acte, ou de la volonté des contractants, ou de la législ-
lation du pays dans lequel il a été passé (2), qu'il doit
être exécuté dans un lieu autre que celui où il a reçu sa
perfection (3), c'est par la loi du lieu de l'exécution qu'est
régi tout ce qui doit s'effectuer après la conclusion du
contrat, parce que les parties sont réputées avoir entendu
se conformer à cette loi (4). Cette règle doit recevoir son
application pour tout ce qui est relatif à l'accomplissement des obligations, la délivrance, le payement, les
offres de payement et consignations (5), la demeure, les
dommages-intérêts, les intérêts moratoires, l'obligation
de donner quittance, la monnaie dans laquelle le payement doit être fait (6), etc. La question de savoir dans

---

(1) Fœlix, n° 109.

(2) Par ex. art. 1247 et 1609.

(3) Dans le silence des parties, on suppose que le contrat doit recevoir son
exécution dans le lieu où il a été passé. Cf. art. 1903.

(4) L. 21, ff., De obligat. et action. — Cf. J. Voet et Boullenois.

(5) Cass., 5 oct. 1814.

(6) Lorsque les contractants se servent, pour fixer le prix d'un engagement,
du nom d'une monnaie qui a des valeurs différentes dans différents pays, nous
pensons qu'ils doivent être réputés avoir eu en vue sa valeur dans le pays où le
contrat doit être exécuté, et non sa valeur dans le pays où il a été formé. —
Contra Toullier, vi, 319.

quel délai l'acceptation d'une lettre de change doit être requise et, en général, tous les points qui touchent à l'exécution du contrat de change se règlent, de même, par la loi du lieu où elle est payable (1); mais il faut remarquer que, pour les lettres de change, il y a autant de contrats qu'il y a eu d'endossements (2).

On exprime quelquefois cette même idée sous une forme différente, en disant que les suites du contrat sont régies par la loi du lieu où se passent les faits qui y donnent occasion, c'est-à-dire, la plupart du temps, par la loi du lieu où il doit recevoir son exécution (3). On entend alors par les *suites* du contrat, que l'on oppose à ses *effets*, tout ce qui est relatif au mode d'accomplissement des obligations, ainsi que les conséquences accidentelles qui résultent de l'inexécution ou de l'exécution incomplète des conventions.

77. Il est une grave question sur laquelle les opinions sont fort divergentes : c'est la question de savoir par quelle loi doit être régie la prescription extinctive ou libératoire. Dans un premier système, on soutient qu'il

---

(1) Paris, 29 mars 1836; Alger, 18 août 1848. — Mais lorsqu'il est nécessaire de faire certains actes d'exécution, par ex. des protêts, pour conserver un recours, on doit suivre la loi du lieu où la convention a été faite ; car le garant a entendu qu'on ne le poursuivrait qu'après avoir constaté l'inexécution conformément à la loi qu'il avait lui-même en vue.

(2) En conséquence, les conditions de recours doivent se régler pour chacun d'eux par la loi du lieu dans lequel il a été fait, car ce sont autant de cessions diverses (Cass., 28 mars 1810; 25 sept. 1829 ; Aix, 29 avr. 1844.)

(3) Il est à remarquer que, lorsque l'objet de la convention est un immeuble, il y a un lieu d'exécution déterminé, celui de la situation de l'immeuble : c'est donc la loi de la situation qui doit être appliquée.

faut suivre la loi du lieu où l'obligation a pris naissance, car cette loi doit régler tout ce qui touche à l'existence même de cette obligation (1). D'après une autre opinion, il faudrait se reporter à la loi du pays dans lequel l'action est formée, car la prescription est une exception opposée à cette action (2). Un troisième système veut que la question soit résolue conformément à la loi nationale du débiteur (3) : la prescription extinctive, dit-on, est une protection accordée au débiteur ; c'est donc dans sa propre législation qu'il doit puiser ce secours, et il ne doit pas lui être permis d'y renoncer expressément ou tacitement, en consentant une obligation payable en pays étranger. — Ce dernier système nous paraît préférable aux précédents ; mais nous adoptons plus volontiers encore l'opinion qui était professée par de Savigny (4) : la prescription étant une exception péremptoire, disait-il, on doit lui appliquer la loi qui détermine la valeur intrinsèque de l'obligation, c'est-à-dire, suivant les distinctions que nous avons rappelées ci-dessus, la loi du lieu où la con-

---

(1) Jurisprudence française (Douai, 16 août 1834 ; Paris, 7 févr. 1839, 18 janv. 1840 : Alger, 18 août 1848). — Mansord, *Du droit d'aubaine et des étrangers en Savoie*, t. I, p. 102, n° 36 ; Demangeat, n° 79.

(2) Jurisprudence anglaise (arrêt de la chambre des lords, *Law Magazine*, vol. XXIV, p. 221). — Cf. P. Voet, *De stat.*, sect. 10, ch. 1, n°s 1 et 2.

(3) Jurisprudence prussienne (Cour d'app. de Cologne, 7 janv. 1836 ; 4 avr. 1839 ; 14 déc. 1840. Cour de cass. de Berlin, 8 oct. 1838) ; il n'est pas besoin de rappeler que la Prusse rhénane est régie, aujourd'hui encore, par le C. Nap). — J. Voet, ad tit. *De rer. div.*, n° 30 ; ad tit. *De in int. rest.*, n° 29 ; ad tit. *De div. temporal. action.*, n° 12. — Dunod, *De la prescription*, part. I, ch. 14 ; Merlin, Quest., v° *Prescription*, § 15 ; Fœlix, n° 100 ; Aubry et Rau, sur Zachariæ, § 31, note 64.

(4) T. VIII, p. 269. — Cf. Demangeat, sur Fœlix, t. I, p. 222, note *a*.

vention a été faite, celle du lieu où elle doit recevoir son exécution (1), ou enfin celle de la patrie du débiteur. Ainsi, un tribunal français, appelé à statuer sur une exception de prescription opposée par un Français à une demande ayant pour objet l'exécution d'une obligation, ne devra appliquer la loi française que si cette obligation est exécutoire en France ou si les deux parties sont françaises, à moins toutefois qu'il ne s'agisse d'un contrat unilatéral, auquel cas il suffira que le débiteur soit Français (2).

78. Il faut étendre aux actes de juridiction volontaire ce que nous avons dit des conventions privées. Leur validité intrinsèque et leurs effets sont régis en principe, et sauf les exceptions que nous avons signalées, par la loi du pays dans lequel on y a procédé.

79. Nous devons nous occuper, en terminant, d'une classe particulière de conventions dont l'interprétation est soumise, ainsi que le reconnaissent la majorité des auteurs, à des règles différentes de celles que l'on applique aux conventions ordinaires: nous voulons parler des *conventions matrimoniales*. Dans le droit romain déjà (3) et dans notre ancienne jurisprudence (4), on avait reconnu qu'elles devaient être régies par la loi du domicile du mari, et non par celle du lieu où elles avaient été formées. Ainsi, les biens appartenant aux époux étaient

---

(1) Cf. Pardessus, n° 1495, et Troplong, *De la prescription*, I, 38.

(2) V. *supra* n° 71.

(3) L. 65, ff., De judiciis.

(4) Boullenois, part. II, tit. 2, ch. 4, obs. 38; Pothier, *Commun.*, n°s 18 et 21.

soumis à la loi du domicile matrimonial, dans quelque
pays qu'ils fussent situés, pourvu qu'il n'y eût pas, dans
l'un de ces pays, de statut édictant une prohibition spéciale. C'était là une question d'interprétation de volonté,
et si, lorsque des époux appartenant à un pays de coutume se mariaient sans faire de contrat, on décidait que
leurs biens devaient être soumis au régime de communauté, cette communauté légale n'était point un effet immédiat et nécessaire de la loi elle-même, mais un effet de
la convention tacite et volontaire des parties (1). Il faut
donner encore la même décision aujourd'hui : les époux
ne doivent point être considérés comme mariés sous le
régime de communauté, bien qu'ils se soient mariés
dans un pays où il est le régime de droit commun, s'ils
ont entendu se référer à une loi qui ne le consacre pas
comme régime légal (2). Le principe, en matière de conventions matrimoniales, c'est la liberté (3) : la volonté
des futurs époux est une espèce de loi privée, qui
doit produire ses effets dans tous les temps et dans
tous les lieux. A défaut de stipulation expresse, l'association conjugale doit être régie, même quant aux immeubles, par la loi du domicile des futurs conjoints,
c'est-à-dire par la loi du domicile du mari, car il est raisonnable de supposer qu'il y a convention tacite, de leur
part, de se soumettre à cette loi (4) : en effet, leur inten-

____

(1) Pothier, n°s 10 et suiv.
(2) Cass., 29 déc. 1836.
(3) Cf. art. 1387.
(4) Cass., 25 juin 1816 ; 7 févr. 1843 ; 30 janv. 1854. — Cf. Cour suprême de justice du duché de Nassau, 20 janv. 1841.

tion est de constituer pour tous leurs biens un système unique, et, dans l'impossibilité où l'on est de rattacher ce système à la loi de la situation de tel immeuble plutôt que de tel autre, l'interprétation la plus naturelle consiste à le faire dépendre de la loi du lieu où les époux s'établissent, de la loi sous l'empire de laquelle ils comptent vivre. Tel est le motif pour lequel on s'attache à l'idée de *domicile* : aussi pensons-nous qu'il n'est point nécessaire, pour que l'on applique la loi du domicile du mari, que ce domicile ait été autorisé par le gouvernement, s'il résulte, d'ailleurs, des circonstances qui révèlent la volonté commune des parties, que cette volonté a dû porter sur l'application de ladite loi (1).

Ce que nous venons de dire du régime de communauté est vrai également du régime dotal. Si la loi à laquelle les futurs époux ont entendu se référer, en l'absence de conventions expresses, établit le régime dotal comme régime légal, c'est elle aussi qui doit déterminer quels sont les biens dotaux et quelle est leur condition. La loi de la situation des immeubles ne saurait avoir aucune influence sur la solution de cette question. En vain soutiendrait-on que les lois qui déclarent le fonds dotal inaliénable doivent appartenir au statut réel (2), conformément au principe formulé par d'Aguesseau (3) et adopté par

---

(1) C'est ainsi que l'on a décidé qu'un sujet sarde, marié sans contrat en France où il résidait depuis longtemps, devait être considéré comme marié sous le régime de la communauté légale, bien que le Code sarde n'admette la communauté qu'autant qu'elle a été stipulée (Paris, 16 févr. 1856; Cass., 4 mars 1857. — Cf. Paris, 15 déc. 1853.)

(2) Paris, 15 mars 1831; Cass., 27 août 1810; 27 févr. 1817; 2 mai 1825; 5 juill. 1842.

(3) V. *supra* n° 7.

les jurisconsultes modernes, puisqu'elles ont pour objet
la conservation des biens de la femme.—Cette proposition
ne serait vraie que dans le cas exceptionnel où la loi du
lieu dans lequel les immeubles sont situés imposerait
aux époux le régime dotal, à l'exclusion de tout autre,
comme régime unique et nécessaire, ainsi que le faisait
la coutume de Normandie ; alors, en effet, le législateur,
en disposant des biens directement et sans tenir aucun
compte de la volonté des époux, avait en vue d'assurer la
conservation des immeubles de la femme, dans l'intérêt
des enfants ou de la famille, et la disposition qu'il a édictée, établissant une indisponibilité plutôt qu'une incapacité (1), appartient au statut réel (2). Mais, dans tous
les autres cas, soit que le statut du lieu de la situation,
tout en consacrant le régime dotal comme régime de
droit commun, permette d'y déroger, soit qu'il ne reconnaisse l'existence de ce régime qu'autant que les époux
s'y sont soumis expressément ou tacitement, c'est l'intention probable des parties qu'il importe de rechercher;
il ne saurait être question ni de statut réel, ni de statut
personnel : le statut qui doit faire la loi, c'est celui que
les futurs conjoints ont eu en vue, et nous nous bornons
à poser comme règle d'interprétation que, jusqu'à preuve
contraire, il est à présumer qu'ils ont entendu se référer

---

(1) On a soutenu que le statut prohibitif de l'aliénation de la dot, ayant
pour effet de protéger la femme en frappant les époux d'une incapacité, fait
partie du statut personnel ; mais nous pensons que cette incapacité n'est pas
le *but*, mais un *moyen* d'assurer la conservation des immeubles. Cf. Marcadé, sur l'art. 3, n° 4.

(2) Cass., 27 févr. 1817: 11 avr. 1834: 3 mars 1840.

à la législation du domicile du mari (1). Le régime dotal ne peut donc dériver que de la volonté des époux, qui est souveraine en pareille matière, et, lorsqu'ils auront déclaré d'une manière expresse ou tacite qu'ils adoptent ce régime, on l'appliquera tel qu'il se comporte suivant la loi du domicile matrimonial, sans avoir aucun égard à la loi de la situation des biens (2).

SECTION TROISIÈME.

Des lois relatives aux actes dans lesquels l'ordre public est intéressé.

80. L'art. 3, premier alinéa, du Code Napoléon est conçu de la manière suivante : « Les lois de police et de « sûreté obligent tous ceux qui habitent le territoire. »

81. On comprend aisément les motifs qui ont dû déterminer le législateur à soumettre les étrangers aux mêmes lois criminelles et aux mêmes prescriptions d'ordre public que les nationaux. Chaque État a le droit de veiller à sa conservation et, ainsi que le remarque M. Ortolan (3), dès qu'il y a dans l'auteur de l'action mo-

---

(1) Il est bien entendu que le régime matrimonial, une fois établi, ne peut pas être modifié par un changement de nationalité, car l'on considère la volonté des époux au moment du mariage (Paris, 30 août 1849 ; Cass., 30 janvier 1854). Lorsqu'il s'agit d'interpréter un contrat, il n'y a aucun compte à tenir des faits postérieurs à sa formation.

(2) Néanmoins, si la loi du lieu de la situation considérait toute entrave à l'aliénation comme contraire à l'ordre public, les tribunaux qui siégent dans ce lieu pourraient, contrairement à l'intention des parties qui ont adopté le régime dotal, méconnaître l'inaliénabilité des immeubles.

(3) *Éléments de droit pénal,* n° 881.

ralement coupable un homme avec les conditions de
l'imputabilité et de la responsabilité pénales, le droit de
punir cet homme existe au profit de l'Etat lésé par cette
action ; l'impunité de l'étranger présenterait les mêmes
dangers que celle du Français, et compromettait grave-
ment la sécurité du territoire : on peut donc dire que la
puissance publique française exerce, en le punissant, un
droit de légitime défense sociale (1). Cette égalité dans la
répression est, d'ailleurs, conforme aux règles les plus
strictes de la justice : pendant son séjour en France,
l'étranger est protégé avec autant de sollicitude que le
Français ; les lois qui assurent le respect des personnes (2) et de la propriété le couvrent de leur sauvegarde ;
il peut invoquer aussi, de la manière la plus absolue, les
dispositions qui le garantissent dans la pratique de son
culte et l'exercice de son industrie (3) ; enfin, il peut réclamer la réparation de tout dommage qui lui serait injustement causé (4) ou de tout acte qui tendrait à déconsi-
dérer sa personne. En échange de cette hospitalité et de
cette protection, la nation française a le droit d'exiger
qu'il respecte, à son tour, les lois qu'il lui est permis

---

(1) Portalis, *Exposé des motifs du titre préliminaire.*

(2) « La maison de toute personne habitant le territoire français est un
« asile inviolable. » (Constitution de l'an VIII, art. 76.)

(3) Constitution de 1791, tit. 6.

(4) On applique ce principe d'une manière si absolue qu'il a été jugé qu'un
étranger pourrait invoquer la loi du 10 vendém. an IV, qui rend les communes responsables des délits commis sur leur territoire par des attroupe-
ments ou rassemblements (Cass., 17 nov. 1834). — Toutefois, il existe encore des restrictions, relativement aux lois sur les brevets d'invention et les
marques de fabrique : en pareille matière, la protection n'est pas égale pour
les nationaux et pour les étrangers.

d'invoquer, et s'abstienne de porter le désordre ou le scandale dans une société dont il est admis à partager les avantages et les bienfaits (1).

82. Nous allons examiner successivement ce que l'on entend par *lois de police et de sûreté*, et quelle est la portée de cette autre expression, *tous ceux qui habitent le territoire*.

Les mots *lois de police et de sûreté* ne doivent pas être entendus dans leur sens usuel, qui est beaucoup trop limitatif : le législateur a voulu comprendre sous cette dénomination unique toutes les dispositions qui sont d'ordre public, non-seulement celles qui ont pour objet d'assurer la tranquillité et la sécurité des habitants, en réprimant les crimes, les délits et les contraventions qui porteraient atteinte à leur propriété, à leur vie, à leur liberté ou à leur honneur (2), mais encore celles qui prescrivent certains actes ou imposent certaines charges dans un intérêt général (3), et même celles qui ordonnent l'adoption de certaines mesures conservatoires ou urgentes, soit par des considérations morales, soit pour sauvegarder des intérêts privés à la protection desquels l'ordre public est plus ou moins intéressé (4). Ainsi, il

---

(1) Cf. les art. 35 et 272 du Code pénal, qui infligent à l'étranger coupable des peines particulières, à raison de sa qualité d'étranger.

(2) Ainsi, les lois qui punissent le délit de diffamation sont des lois de police et de sûreté, sous le coup desquelles tombent les étrangers (Cass., 22 juin 1826).

(3) Ainsi, l'obligation de loger des militaires est une charge de police, à laquelle les étrangers eux-mêmes sont assujettis (Paris, 19 déc. 1815).

(4) Merlin, Répert., v° *Légitimité*, sect. iv, § 3, p. 291; Demolombe, i, 70.

est généralement admis que les tribunaux français peuvent, en cas de contestation entre époux étrangers, prendre des mesures provisoires pour assurer la sécurité ou les moyens d'existence de l'une des parties (1), et notamment pourvoir à la sûreté personnelle de la femme en l'autorisant à quitter le domicile conjugal (2), ou bien prendre des mesures analogues dans l'intérêt des enfants (3), ou enfin ordonner à un mari étranger de fournir des aliments à sa femme (4). On a même jugé qu'ils peuvent nommer un administrateur provisoire de la personne et des biens d'un étranger, qui se trouverait dans un état de faiblesse intellectuelle de nature à rendre cette nomination nécessaire (5) : nous pensons, toutefois, que si le caractère de son infirmité n'était point assez grave pour mettre en jeu des questions d'ordre public, et qu'il s'agit uniquement de protéger des intérêts pécuniaires, les juges français seraient incompétents en principe, et ne pourraient statuer qu'en vertu d'une commission rogatoire délivrée par le tribunal étranger compétent.

Il n'est point besoin de faire remarquer, d'ailleurs, que lorsque l'art. 3, 3ᵉ al., parle des *lois de police et de sûreté*, le mot *lois* est une expression générale, qui comprend tous les différents actes du pouvoir exécutif et des fonctionnaires publics agissant dans le cercle de leurs

---

(1) Paris, 29 août 1834 ; 23 juin 1836 ; 25 nov. 1839.
(2) Cass., 27 nov. 1822 ; Paris, 26 avr. 1823 ; 30 juillet 1834.
(3) Paris, 9 mai 1846.
(4) Paris, 19 déc. 1833.
(5) Trib. de la Seine, 11 mars 1840. — En Angleterre, on nomme un tuteur au mineur étranger, et on l'interdit (*Law Review*, I, p. 195 et 196).

attributions, tels que décrets, ordonnances, règlements, arrêtés, etc., rendus pour assurer la tranquillité, la sécurité ou la salubrité publiques (1).

83. Lorsque le Code déclare que les lois qui intéressent l'ordre public obligent *tous ceux qui habitent le territoire*, il n'entend point parler seulement des personnes qui se sont établies en France, ou qui y résident depuis un temps plus ou moins long, mais même des étrangers qui ne s'y trouvent qu'accidentellement, qui ne font, par exemple, qu'y passer dans le cours d'un voyage; dès qu'ils ont posé le pied sur le sol français, ils tombent sous l'empire de nos lois pénales et deviennent justiciables de nos tribunaux criminels. On pourrait même, empruntant à notre ancienne jurisprudence une expression dont elle avait singulièrement exagéré la portée, dire qu'à ce point de vue ils se trouvent *sujets temporaires* de la France.

84. Les juges français n'ont pas à distinguer si l'acte qu'un étranger a commis, et qui est réprimé par la loi française, est considéré comme licite ou comme illicite dans le pays de cet étranger, car il a dû, avant de passer la frontière, s'instruire des règles qu'il aurait à observer, et s'il a négligé de le faire, il ne doit s'en prendre qu'à lui-même des conséquences auxquelles il s'est volontairement exposé. C'est par suite de la même considération qu'on ne l'admet point, en principe, à se prévaloir de son ignorance, et à alléguer comme excuse le caractère passager de son séjour en France. Autrefois, tout en reconnaissant que l'ignorance ne peut excuser la

____

(1) Trib. de simple police de Calais, 19 nov. 1858.

violation des lois répressives de ces actions qui sont considérées dans tous les pays comme coupables, on accordait aux étrangers un certain délai pour connaître les règlements locaux et arbitraires (1). Ce tempérament ne saurait être admis aujourd'hui, en présence des termes absolus dans lesquels la loi est conçue ; d'ailleurs, il serait impossible, et même dangereux, de soulever en détail toutes ces questions d'ignorance et de bonne foi (2). Cependant, de nombreux auteurs admettent que l'on pourrait se départir de cette rigueur suivant les circonstances, et décider, dans certains cas exceptionnellement favorables, que les contraventions commises par des étrangers tout récemment arrivés en France peuvent être déclarées excusables, comme étant le résultat de la force majeure (3).

85. Nous avons vu que l'autorité des lois pénales françaises s'étend sur tout le territoire soumis à la souveraineté de la France. On entend, par ce mot de *territoire*, non-seulement le sol français proprement dit, mais encore les fleuves et les rivières qui le traversent, les baies que forment ses côtes, et la partie de la mer que l'on est convenu d'appeler la *mer territoriale*. Les navires de guerre sont considérés également comme une partie am-

---

(1) Merlin, Répert., v° *Ignorance*, § 1, n° 3

(2) Remarquons que, dans les matières de douanes (loi du 9 flor. an VII), le fait seul de la contravention est puni, sans que la question d'intention puisse même être soulevée (Cass., 22 juin 1812). — On a jugé aussi que les contraventions commises dans une commune n'en sont pas moins punissables, bien que les contrevenants soient étrangers à cette commune et aient pu, par conséquent, ignorer les arrêtés locaux (Cass., 3 févr. 1827 ; 15 févr. 1828 ; *contra* Cass., 23 avr. 1842).

(3) Demolombe, I, 73.

bulante du territoire, car ils relèvent directement de la puissance publique qui régit ce territoire : tout crime commis à bord, par quelque personne que ce soit, doit être puni conformément aux lois de l'État auquel le navire appartient. Mais cette proposition n'est vraie pour les navires de commerce qu'autant qu'ils se trouvent en pleine mer (1) ou, s'ils sont dans un port étranger, qu'autant que le coupable et la victime font tous deux partie de l'équipage, et que le crime n'est point de nature à troubler la tranquillité du port (2). Néanmoins, il est incontestable que, si le navire de commerce servait lui-même à la préparation ou à l'exécution de quelque délit contre l'État dans les eaux duquel il se trouve ou contre ses habitants (3), ce serait à cet État qu'appartiendrait le droit de répression (4). Ce que nous venons de dire des navires de commerce nous paraît devoir s'appliquer à la juridiction spéciale des corps d'armée en marche ou en stationnement sur le territoire d'une puissance amie ou neutre : elle doit se restreindre aux délits commis entre personnes de l'armée, dans le rayon immédiat de l'activité de cette armée, et alors seulement qu'ils ne sont pas de nature à compromettre la sécurité des lieux et de la population (5). Lorsqu'un territoire est occupé par des forces étrangères ennemies ou protectrices, il y a lieu d'appliquer les règlements exception-

---

(1) Bordeaux, 31 janv. 1838.

(2) Avis du Conseil d'État, du 20 nov. 1806.

(3) Affaire du *Carlo Alberto* (Cass., 7 sept. 1832; Lyon, 15 oct. 1832).

(4) Remarquons que le crime de piraterie, étant considéré comme une violation du droit des gens, est punissable partout.

(5) Décret du 21 févr. 1808.

nels de la juridiction militaire (1); mais, en aucun cas, la compétence des tribunaux de la puissance occupante ne saurait survivre à l'occupation (2). Enfin, il importe de remarquer qu'aux termes des traités les crimes commis contre des Français dans les Échelles du Levant, les ports chinois ouverts au commerce, les États de l'iman de Mascate et le royaume de Siam, tombent sous le coup de nos lois pénales, comme s'ils étaient commis sur notre territoire (3).

86. La sanction nécessaire de la règle qui veut que les lois de police et de sûreté obligent tous ceux qui habitent le territoire, c'est que les jugements rendus en matière criminelle par les tribunaux français contre les étrangers peuvent être mis à exécution sur leurs propriétés situées en France, et même sur leurs personnes, si l'on peut s'en saisir (4).

87. Nous devons, enfin, faire observer que, bien que l'incompétence des tribunaux français puisse être opposée, du moins suivant la jurisprudence, toutes les fois qu'ils se trouvent saisis d'une contestation entre deux étrangers, il est certain qu'ils sont parfaitement compétents pour statuer sur l'action publique intentée contre un

---

(1) Loi du 13 brum. an V.

(2) Cass., 22 janv. 1818.

(3) Cf. sur l'ensemble de cette question Ortolan, nos 932 et suiv.

(4) Cf. les avis du Conseil d'État du 31 mai et du 4 juin 1806, qui décident que l'administration peut procéder au recouvrement des amendes prononcées par les tribunaux français contre des étrangers devenus Français par la réunion de leur pays à la France, cette réunion ne pouvant leur donner contre l'exécution des jugements prononcés contre eux en matière criminelle une exception dont ils ne jouissaient pas auparavant.

étranger, alors même que la partie lésée est étrangère : ils peuvent même statuer sur l'action civile intentée à cette occasion par un étranger contre un autre étranger, pourvu toutefois qu'elle soit poursuivie en même temps et devant les mêmes juges que l'action publique, parce qu'alors on peut dire que l'accessoire suit le principal (1).

88. Après avoir constaté que les faits criminels commis en France tombent toujours sous le coup des lois pénales françaises, nous devons examiner quelle peut être leur application aux faits criminels commis en pays étranger. On comprend que le principe de l'indépendance et de la souveraineté respectives des États s'oppose à ce que la puissance publique de la France puisse exercer sa juridiction sur le territoire d'une autre nation, et puisse, par conséquent, poursuivre les auteurs de crimes commis à l'étranger au préjudice de la France ou d'un Français, tant qu'ils se tiennent en dehors de nos frontières ; mais il serait naturel que le droit de répression naquît, pour les tribunaux français, au moment où les coupables viennent sur notre territoire et se trouvent à la disposition des autorités françaises : cependant, ils échappent généralement, même en pareil cas, à la juridiction de nos tribunaux (2).

89. Toutefois, cette règle comporte quelques exceptions, qui se trouvent énoncées dans les art. 5, 6 et 7 du Code d'instruction criminelle. Lorsque la nation française est intéressée à la répression de crimes commis à l'étranger, les deux conditions du droit de punir, savoir la justice

---

(1) Cass., 15 avr. 1842 ; Bordeaux, 11 août 1843.
(2) Cass., 26 sept. 1839.

et la nécessité sociale, se trouvent réunies à son égard : elle a donc le droit de punir sur son propre territoire, et en vertu de son droit de répression personnel, les actes criminels qui lui portent préjudice, en quelque pays qu'ils aient eu lieu. On a fait observer avec raison que notre législation positive n'a point donné à nos tribunaux une juridiction suffisamment étendue, relativement aux crimes commis en pays étranger, et que les règles qu'elle a posées à cet égard ne sont point assez efficaces, tant pour la punition de nos nationaux coupables que pour la protection de nos nationaux lésés. — Les art. 5, 6 et 7 (Cod. d'inst. cr.) distinguent entre le cas où c'est la France elle-même, et celui où c'est un Français qui éprouve quelque préjudice, par suite du fait criminel commis hors de notre territoire.

90. Le premier cas est celui où un Français a commis en pays étranger un crime attentatoire à la sûreté de la France, ou s'est rendu coupable de contrefaçon du sceau de l'État, de monnaies nationales ayant cours, de papiers nationaux, de billets de banque autorisés par la loi. Il a violé ainsi, de la manière la plus directe, le pacte social par lequel il se rattache à son pays : on décide en conséquence que, s'il revient en France, il pourra être poursuivi, jugé et puni conformément aux lois françaises. Si c'est un étranger qui s'est rendu coupable du fait attentatoire à la sûreté de la France, il pourra être également soumis à la juridiction de nos tribunaux, mais à la condition qu'il soit arrêté en France (1), ou que le gouverne-

---

(1) Il faut que l'arrestation ait eu lieu loyalement et légalement, et ne soit pas intervenue à la suite d'un cas de force majeure (arrêté des consuls, du 18 frim. an VIII).

ment français obtienne son extradition (1) : on ne peut donc point le juger par contumace. Il est à remarquer que, dans ce cas, le droit de répression naît au profit de la France, comme toujours, de la combinaison de la justice et de la nécessité sociale, mais qu'il ne constitue pas l'exercice d'un droit de souveraineté soit personnel, soit territorial, puisque le coupable est un étranger et que le crime a été commis hors du territoire.

91. Le second cas est celui où un Français a commis en pays étranger un crime contre un autre Français : s'il revient en France, il peut y être poursuivi, jugé et puni; mais, pour que cette poursuite soit possible, il faut la réunion de cinq conditions :

1° Qu'il s'agisse d'un crime ; — par conséquent, s'il n'a commis qu'un délit, quelque grave qu'il soit, il ne peut être inquiété en France (2) ;

2° Que ce crime ait été commis contre un Français (3) ;

3° Que le coupable soit de retour en France, car c'est

---

(1) L'extradition n'est jamais obligatoire, à moins de traités formels. — On refuse ordinairement l'extradition des individus accusés seulement de crimes politiques, et il est rare qu'un État accorde l'extradition de ses nationaux. — Cette matière a été réglée en France par le décret du 23 oct. 1811, dont la légalité a été contestée. Cf. aussi une circulaire du garde des sceaux, du 5 avr. 1841.

(2) Douai, 18 mai 1837; Cass., 26 sept. 1839; 31 août 1855 — Ortolan, n° 914; Carnot, *Instruct. crimin.*, t. I, p 122.

(3) On a jugé qu'un Français qui, étant encore marié, contracte un second mariage en pays étranger avec une femme étrangère de bonne foi, est punissable aux termes de l'art. 7 du Code d'instr. crim., car cette étrangère devient Française au moment du mariage criminel (Cass., 18 févr. 1819) : c'est une application du principe que le mariage putatif produit ses effets à l'égard de l'époux de bonne foi.

alors seulement que l'intérêt social vient s'ajouter à la
justice pour donner compétence à nos tribunaux ;

4° Que le Français offensé rende plainte contre lui ; —
l'action publique se trouve donc enchaînée à l'action
privée ; mais, une fois intentée, elle n'est pas arrêtée par
le désistement ultérieur de la partie lésée, car sa plainte
n'a servi qu'à révéler la criminalité et ne la constitue
pas (1) ;

5° Que le coupable n'ait pas été poursuivi et jugé déjà
en pays étranger.

Lorsque c'est un étranger qui a commis hors du territoire français un crime contre la personne d'un Français, le gouvernement peut user contre lui du droit d'expulsion (2) ou de la faculté d'extradition, faculté qui
appartient sans aucune restriction au chef de l'État, alors
même qu'il n'existe pas de traité, à cet égard, avec la
nation à laquelle l'étranger appartient (3) ; mais les tribunaux français ne sont point compétents pour juger cet
étranger, alors même qu'il aurait des complices français
justiciables de ces tribunaux et que le Français offensé
aurait porté plainte (4) : toutefois, la partie lésée n'en
conserverait pas moins le droit d'intenter en France contre
lui une action civile en dommages-intérêts, à raison du
préjudice qu'elle aurait éprouvé (5).

92. Les crimes commis par des Français ou par des

---

(1) Cass., 2 oct. 1852.
(2) Loi du 3 déc. 1849, art. 7 et 8.
(3) Cass., 30 juin 1827.
(4) Cass., 2 juin 1825 ; Bordeaux, 31 janv. 1838.
(5) Legraverend, *Législ. crim.*, t. 1, p. 95.

étrangers hors du territoire peuvent encore être punis en France, lorsqu'ils y ont été préparés ou qu'ils s'y sont achevés, si les faits par lesquels le crime a été ainsi préparé ou consommé sont punis, d'ailleurs, par la législation française (1); mais la connexité qui peut exister entre un crime commis en France et un autre crime commis en pays étranger ne suffit pas pour donner compétence aux tribunaux français relativement à celui-ci, s'il demeure en dehors des termes des art. 5, 6 et 7 (Cod. d'inst. crim.) (2).

93. Il importe aussi de faire observer que les fonctionnaires publics français, chargés de missions spéciales à accomplir en pays étranger, tels que les payeurs ou les consuls, peuvent être poursuivis même pour simple délit commis à l'étranger dans l'exercice de leurs fonctions; car ils lèsent ainsi les intérêts publics de leur patrie, qu'ils avaient la mission de sauvegarder par l'accomplissement de leur devoir (3).

94. Les art. 5 et 7 (Cod. d'instr. crim.) ne doivent point recevoir application dans le cas où un crime a été commis au préjudice d'un Français au sein de peuplades à demi barbares, étrangères aux règles du droit des gens ; en pareil cas, la France conserve les droits qu'elle puise dans le principe de la légitime défense : elle peut se saisir de la personne des coupables et les livrer à ses propres tribunaux (4).

---

(1) Cass., 18 avr. et 21 nov. 1806; 31 janv. 1822; 1er sept. 1827; Colmar, 25 août 1820.

(2) Paris, 8 févr. 1856.

(3) Merlin, Répert., v^{is} *Consuls français*, § 2, n° 4.

(4) Cass., 17 mai 1839.

95. Dans les différentes hypothèses que nous venons de passer en revue, alors que les juges français sont appelés à punir des crimes commis en pays étranger, si ces crimes sont frappés de peines différentes par les lois des deux États, c'est la loi du pays ou la poursuite a lieu, c'est-à-dire la loi française, qui doit être appliquée en principe. En effet, la peine doit servir d'exemple aux habitants du pays dans lequel elle est infligée, et, d'ailleurs, les tribunaux d'un État ne peuvent prononcer d'autres pénalités que celles qui sont établies par la législation de cet État (1). — C'est aussi la loi du lieu de la poursuite qui doit réglementer la question de la prescription en matière criminelle (2). — Est-il besoin d'ajouter que c'est encore la loi du lieu de la poursuite qui doit déterminer la forme de procéder ainsi que la compétence des autorités, et que c'est, enfin, d'après cette loi que doit se décider la question de savoir si les dépositaires de la puissance publique peuvent poursuivre d'office, ou si la partie lésée a seule le droit de se plaindre?

96. L'indépendance respective des nations s'oppose à ce que les jugements rendus en matière criminelle par les tribunaux étrangers puissent recevoir en France aucune espèce d'exécution sur la personne ou sur les biens (3). Quant aux condamnations civiles, on

---

(1) Cependant, si la loi du lieu où le fait a été commis le laissait impuni ou ne le frappait que d'une peine plus légère, la criminalité, et par suite la pénalité, devraient en subir l'influence (P. Voet, *De statutis*, sect. 11, ch. 1, n° 5; Martens, § 100; Ortolan, n°ˢ 904 à 907).

(2) Cass., 25 nov. 1830.

(3) V. toutefois *supra* n° 24, en ce qui touche les incapacités résultant de jugements des tribunaux criminels étrangers.

7730.

10

doit étendre à l'exécution des jugements étrangers qui les prononcent les principes adoptés relativement à l'exécution des décisions émanées des tribunaux civils étrangers (1)

APPENDICE.

DES EXCEPTIONS QUI RÉSULTENT DU PRIVILÉGE D'EXTERRITORIALITÉ.

97. Les nations policées ont toujours reconnu aux représentants des puissances étrangères certains priviléges attachés au caractère spécial de leur mission, et que l'on a réunis sous la dénomination de *privilége d'exterritorialité*. Il inporte, en effet, de ne point faire aux ambassadeurs une position subordonnée dans un pays auprès duquel ils sont chargés de représenter un gouvernement toujours égal en droit. Pour assurer leur indépendance, ainsi que la liberté et la fermeté de leur action, il faut des garanties spéciales contre les obstacles que pourraient leur susciter l'application des lois ou la compétence des tribunaux de la nation auprès de laquelle ils sont accrédités.

98. Le principe des immunités des agents diplomatiques, reconnu depuis longtemps comme principe de droit international, avait été confirmé en France par la législation intermédiaire (2). Enfin, le projet de Code civil

---

(1) V. *supra* n° 73.

(2) Décret de l'Assemblée nationale, du 11 déc. 1789; décret de la Convention, du 13 vent. an II.

renfermait une disposition exceptionnelle qui devait faire suite à l'article 3, et qui était ainsi conçue : « Les étran-
« gers revêtus d'un caractère représentatif de leur nation,
« en qualité d'ambassadeurs, de ministres, d'envoyés,
« ou sous quelque autre dénomination que ce soit, ne
« seront point traduits, ni en matière civile, ni en ma-
« tière criminelle, devant les tribunaux français. Il en
« sera de même des étrangers qui composent leur fa-
« mille ou qui seront de leur suite. » Mais cet article fut rejeté par le Conseil d'État, dans la séance du 23 frimaire an X, sur cette observation de M. Portalis : « Ce qui re-
« garde les ambassadeurs appartient au droit des gens ;
« nous n'avons point à nous en occuper dans une loi qui
« n'est que de régime intérieur (1). » — Toutefois, le principe que cette disposition devait consacrer n'en est pas moins observé en France.

99. Ce principe touche plutôt aux questions de compétence qu'aux questions de conflit entre deux législations différentes. Cependant, son application peut amener des dérogations aux règles générales que nous avons examinées.

Le statut personnel n'en est pas affecté. Le privilége d'*exterritorialité* ne serait, au contraire, qu'un motif additionnel de décider que les personnes qui en jouissent restent soumises, quant à leur état et à leur capacité, aux lois de leur pays, et les auteurs qui admettent que le statut personnel est régi par la loi du domicile plutôt que par celle de la patrie, doivent reconnaître eux-mêmes que l'état et la capacité des agents diplomatiques demeu-

---

(1) Locré, *Législ. civ.*, t. i, p. 580, n° 11; t. ii, p. 45, n° 21.

rent subordonnés à leur loi nationale, car, malgré une résidence prolongée dans le pays où ils exercent leurs fonctions, il est incontestable qu'ils conservent leur domicile dans leur patrie (1).

100. Il faut en dire autant du statut réel. En premier lieu, il est constant que les immeubles particuliers des ambassadeurs demeurent soumis à la juridiction du pays dans lequel ils sont situés (2), et s'il est vrai que les régles de l'exterritorialité permettent de soustraire à cette juridiction la maison dont l'ambassadeur est propriétaire et qu'il habite personnellement dans la ville de sa résidence (3), ou bien les objets mobiliers dont il a garni la maison qu'il a prise à loyer (4), nous pensons, néanmoins, que les tribunaux de son pays devront, pour juger sainement, appliquer à toutes les contestations relatives à la condition juridique de ces biens la loi du lieu de leur situation (5).

101. Le privilége des ambassadeurs ne nous parait point déroger, non plus, aux règles posées pour le conflit des lois qui régissent la forme des actes. L'exception que la plupart des auteurs croient devoir signaler à cet égard (6), réside dans ce fait que les ambassadeurs ne

---

(1) Merlin, Répert., v° *Domicile;* v° *Ministre public*, sect. 5, § 5, n° 1.

(2) Bynkershœck, ch. 16; Merlin, ibid., v° *Ministre public*, sect. 5, § 4, art. 6 et 8.

(3) Barbeyrac, Notes sur Bynkershœck, *Du juge compétent des ambassadeurs*, ch. 16, § 6.

(4) *Revue de droit français et étranger*, II (1845), p. 31.

(5) Rem. que les ambassadeurs étrangers doivent payer les droits de mutation, sinon pour les effets mobiliers à leur usage, du moins pour les immeubles qu'ils possèdent en France (Championnière et Rigaud, t. v, n°s 27 et 28).

(6) Fœlix, n°s 82 et 210.

sont point tenus de suivre, pour la forme des actes relatifs à leur personne, à leur famille et à leurs biens, les lois de la nation auprès de laquelle ils exercent leurs fonctions (1); mais nous avons vu que, même pour les étrangers simples particuliers, la règle *locus regit actum* est purement facultative, et qu'ils peuvent observer les formes consacrées par la loi de leur pays (2). D'autre part, il est tout naturel d'admettre que les ambassadeurs sont libres de suivre, s'ils le préfèrent, les lois du pays dans lequel ils résident, pour la forme des actes qu'ils y passent.—Au point de vue des lois qui régissent la procédure et les voies d'exécution, le principe de l'exterritorialité, en s'opposant à ce qu'aucune action puisse être intentée contre un ambassadeur devant les tribunaux du pays où il réside à titre officiel, entraîne cette conséquence qu'aucune contrainte par corps, ou aucune saisie ne peut avoir lieu contre lui, dans ce pays, pour dettes contractées avant ou pendant le cours de sa mission (3), privilége qui s'étend à sa femme, à ses secrétaires d'ambassade et aux personnes de sa suite (4); mais c'est encore une pure question de compétence, plutôt que de conflit de lois: nous ne prétendons pas dire que, relativement aux ambassadeurs étrangers, les tribunaux français doivent appliquer pour la procédure et les voies d'exécution la loi étrangère plutôt que la loi française :

---

(1) Grotius, *De jure belli et pacis*, l. 2, c. 18, § 4; Merlin, Répert., v° *Testament,* sect. 2, § 3, art. 8; v° *Ministre public.*

(2) V. *supra* n° 56.

(3) Paris, 5 avr. 1813.

(4) Paris, 29 juin 1811; 21 août 1841. — Merlin, Répert., v° *Ministre public,* sect. 6, n°s 1 et suiv.

ils ne peuvent appliquer aucune loi, parce qu'aucune action de ce genre ne doit être portée devant eux.

102. Nous pensons qu'au contraire la position spéciale que le droit des gens fait aux représentants d'un État souverain sur le territoire d'un autre État, doit réagir sur l'application des lois qui régissent la validité intrinsèque et l'interprétation des conventions, et de celles qui ont pour but d'assurer l'ordre public ou de réprimer les actes qui le troublent.

L'ambassadeur étant réputé, pendant toute la durée de sa mission, ne point avoir quitté l'État dont il est le représentant, et se trouver encore sur le territoire de cet État, on admet généralement que la convention par lui souscrite dans son hôtel est réputée écrite dans le territoire du souverain qui l'a envoyé (1) : il faut en conclure que, toutes les fois que l'interprétation du contrat doit être régie, conformément aux règles énoncées ci-dessus, par la loi du lieu où il a été passé, ce sera aux lois de la nation à laquelle l'ambassadeur appartient qu'il faudra se référer dans l'espèce, et non aux lois de la nation auprès de laquelle il est accrédité.

103. En matière criminelle, c'est un principe de droit des gens, reconnu par tous les peuples civilisés, que les agents diplomatiques ne peuvent être traduits comme pénalement responsables devant la juridiction du pays dans lequel ils accomplissent leur mission. Ce privilége est, du reste, un privilége de compétence plutôt qu'une véritable irresponsabilité, car ces agents doivent être

---

(1) Cette doctrine a été consacrée dans les États Sardes par un arrêt du sénat de Casale du 17 mai 1842 (*Annali di giurisprudenza*, 1842, p. 128).

poursuivis et jugés par les tribunaux de leur propre pays, et cette répression est toujours réclamée par la voie diplomatique. Leur immunité subsiste, alors même qu'ils sont accusés d'un crime contre la sûreté de l'État auprès duquel ils sont accrédités ; mais ils peuvent être éloignés ou expulsés du pays (1) ; on peut même les arrêter et les emprisonner, car l'État lésé ne fait qu'exercer ainsi son droit de légitime défense ; mais il ne peut les déférer à ses propres tribunaux (2).

104. Le privilége d'exterritorialité appartient aux souverains étrangers (3), à leurs ministres ou autres représentants, et à la famille de ces derniers, ainsi qu'à leur suite, c'est-à-dire à leurs chanceliers, secrétaires, attachés, interprètes, etc., mais non pas à leurs domestiques, surtout s'ils appartiennent à la nation auprès de laquelle ces agents diplomatiques exercent leurs fonctions.—Les consuls ne jouissent pas de ce privilége : ils sont soumis au droit commun, sauf les exemptions exceptionnelles qui peuvent se trouver dans les traités (4). En effet, ils ne sont point accrédités auprès des cours étrangères : leur mission a pour but spécial la protection d'intérêts individuels.

---

(1) Martens, *Traité du droit des gens moderne de l'Europe*, § 220.

(2) Ortolan, n° 517. — On ne reconnaît plus aujourd'hui aux hôtels des ambassadeurs le caractère d'asiles des malfaiteurs ; et l'on ne doit point considérer les délits commis dans ces hôtels comme ayant été commis sur le territoire de la nation qu'ils représentent (Cass., 11 juin 1852).

(3) M. Ortolan, n°s 532 et 533, ne reconnaît ce privilége aux souverains étrangers que s'ils voyagent dans un but diplomatique, car alors ce sont des ambassadeurs, ou bien si les lois de leur propre pays leur accordent le bénéfice de l'irresponsabilité pénale.

(4) Aix, 14 août 1829 ; Paris, 28 avril 1841. 25 août 1842 ; Cass., 23 déc. 1854.

PROPOSITIONS.

DROIT ROMAIN.

I. Il n'est pas exact de dire que la constitution des municipes fut empruntée à celle de Rome : les caractères que l'on retrouve dans la constitution romaine s'étaient manifestés, de tout temps aussi, dans la constitution des autres villes latines.

II. Les *quatuorviri* ne constituaient pas une magistrature unique, mais un collége composé de deux espèces différentes de magistratures.

III. Les *quinquennales* n'étaient point des magistrats spéciaux : les magistrats suprêmes des municipes prenaient ce titre, tous les cinq ans, au moment de procéder aux opérations du cens.

IV. Les municipes étaient des personnes juridiques.

V. Ces personnes juridiques ne pouvaient commettre ni crimes ni délits.

VI. Les comptes des administrateurs se prescrivaient

par vingt ans ou par dix ans, suivant qu'ils avaient été rendus par eux-mêmes ou par leurs héritiers : on n'aurait pu revenir sur l'apurement de ces comptes en alléguant qu'il avait été obtenu par faveur.

VII. Dans l'ordre des recours que la ville pouvait avoir à exercer contre ses administrateurs, il fallait distinguer suivant qu'il s'agissait d'*honores* ou de *munera*.

DROIT FRANÇAIS.

I. Les tribunaux français doivent, lorsqu'ils sont appelés à statuer sur l'état ou la capacité d'un étranger, appliquer sa loi nationale, alors même qu'il pourrait résulter de cette application quelque préjudice pour des intérêts français, et pourvu seulement qu'elle ne porte point atteinte à l'ordre public.

II. Ils doivent également tenir compte des jugements étrangers qui déclarent ou modifient son état ou sa capacité, alors même que ces jugements émanent d'une juridiction répressive.

III. C'est la nationalité, et non le domicile, qui détermine l'application du statut personnel.

IV. L'étranger légalement divorcé dans son pays peut se remarier, en France, du vivant de son premier conjoint.

V. L'étranger jouit, en France, de tous les droits qui ne lui sont pas refusés expressément par les lois.

VI. Pour que la femme mariée étrangère puisse exercer l'hypothèque légale sur les biens que son mari possède en France, il faut et il suffit que sa loi personnelle lui reconnaisse ce droit.

VII. On doit toujours appliquer à la succession mobilière d'un étranger la loi du domicile de cet étranger.

VIII. Le défaut de publications en France ne suffit pas pour faire annuler le mariage contracté par des Français en pays étranger, si ce mariage n'est point entaché, d'ailleurs, de clandestinité.

IX. L'art. 171 du Code Napoléon, qui ordonne la transcription en France, dans les trois mois, de tout acte de mariage célébré en pays étranger, n'a aucune espèce de sanction.

X. L'étranger peut tester en France dans la forme olographe, alors même que cette forme n'est point reconnue par sa loi nationale.

XI. Les militaires faisant partie d'une armée qui se trouve en pays étranger, ne peuvent point s'adresser aux officiers publics du lieu pour la rédaction des actes de leur état civil.

XII. Les actes juridiques pour la validité desquels la législation française prescrit la rédaction d'un acte authentique, peuvent être faits en pays étranger dans la forme sous seing privé, quand la loi du lieu de la rédaction se contente de cette forme.

XIII. Lorsqu'un jugement étranger est soumis à un tribunal français, celui-ci n'est tenu de procéder à la révision du fond que si c'est un Français qui a succombé dans le procès.

XIV. A défaut de stipulations expresses, l'association conjugale doit être régie, même quant aux immeubles, par la loi du domicile du mari.

DROIT CRIMINEL.

I. La résistance aux agents de l'autorité publique constitue la rébellion prévue et punie par l'art. 209 du Code pénal, alors même qu'ils procèdent à un acte irrégulier ou arbitraire.

II. L'individu acquitté par le jury de l'accusation de meurtre peut être poursuivi de nouveau devant le tribunal correctionnel comme coupable d'homicide par imprudence.

HISTOIRE DU DROIT.

I. L'existence de la constitution municipale était indépendante de la jouissance du *jus italicum*.

II. Il n'est point exact de dire qu'à l'époque barbare chacun eût le libre choix de sa loi.

DROIT DES GENS.

I. Les ambassadeurs ne sont point justiciables des tribunaux du pays dans lequel ils résident, même à raison des crimes qui attaquent le gouvernement ou portent atteinte à la sûreté générale de ce pays.

II. Les souverains étrangers jouissent, comme les ambassadeurs, du privilége d'exterritorialité.

Vu par le Président de la Thèse,
F. DURANTON.

Vu par le Doyen de la Faculté,
C.-A. PELLAT.

Permis d'imprimer :

Pour le Vice-Recteur,
L'Inspecteur de l'Académie,
H. SONNET.

www.ingramcontent.com/pod-product-compliance
Lightning Source LLC
LaVergne TN
LVHW051054060726
842525LV00003B/651